实践出真知

——新常态下大型商业银行改革实践与探索

牛锡明◎编著

中国金融出版社

责任编辑：王效端　王　君
责任校对：张志文
责任印制：张也男

图书在版编目（CIP）数据

实践出真知——新常态下大型商业银行改革实践与探索（Shijian chu Zhenzhi：Xinchangtai xia Daxing Shangye Yinhang Gaige Shijian yu Tansuo）/牛锡明编著. —北京：中国金融出版社，2018. 1

ISBN 978－7－5049－9424－0

Ⅰ. ①实…　Ⅱ. ①牛…　Ⅲ. ①商业银行—银行改革—研究—中国　Ⅳ. ①F832.33

中国版本图书馆CIP数据核字（2018）第016820号

出版发行　中国金融出版社
社址　北京市丰台区益泽路2号
市场开发部　（010）63266347，63805472，63439533（传真）
网上书店　http：//www.chinafph.com
（010）63286832，63365686（传真）
读者服务部　（010）66070833，62568380
邮编　100071
经销　新华书店
印刷　北京市松源印刷有限公司
尺寸　169毫米×239毫米
印张　24.75
字数　310千
版次　2018年1月第1版
印次　2018年1月第1次印刷
定价　70.00元
ISBN 978－7－5049－9424－0

序　言

党的十九大开创了中国特色社会主义新时代。在十九大报告中，习近平总书记要求“深化金融体制改革，增强金融服务实体经济能力”，这为新时代金融业深化改革指明了方向。自2008年国际金融危机以来，银行业所处的内外部环境已发生深刻变化。虽然金融危机的影响逐渐减弱，但仍未走出危机的阴影。中国经济发展则进入新时代，社会的主要矛盾已经转化为人民日益增长的美好生活需要和不平衡不充分的发展之间的矛盾，预示着未来经济发展将更加注重以人民为核心，不断满足人民日益增长的美好生活需要。

党的十九大指出，从十九大到二十大，是“两个一百年”奋斗目标的历史交汇期。深化供给侧结构性改革、加快建设创新型国家、乡村振兴、区域协调、完善社会主义市场经济体制、推动全面开放成为党和国家跨越关口的迫切要求。与此同时，“深化金融体制改革，增强金融服务实体经济能力”、“健全金融监管体系，守住不发生系统性金融风险的底线”，这是新的历史时期做好金融工作的指南针。商业银行的改革创新必须跟上时代步伐，践行新发展理念，不断探索理论创新、实践创新、制度创新、文化创新，推动新一轮的改革攻坚。必须坚持服务好实体经济，主动对接国家战略，大力发展绿色金融，加大对民生安居工程、小微企业、“三农”和扶贫等领域的支持力度。必须坚决防控金融风险，持续深化金融改革，提升金融创新能力，通过深化改革释放新活力、获取新动能。

交通银行一直是中国银行业改革的先行者。重组后的交通银行坚持“自主经营、自负盈亏、自求平衡、自我控制、自我发展”的商业化发展道路。在21世纪初，又率先完成了财务重组、引入境外战略投资者、在境内外资本市场公开上市的改革“三部曲”，在中国现代金融史上留下了浓墨重彩的一笔。在当今经济进入新常态、利率市场化深入推进、互联网金融崛起的发展环境下，交通银行再次站在了改革的前沿。2015年国务院同意“交通银行深化改革方案”，确定实施多个重点改革项目，通过破解内部体制机制约束，进一步提升自身竞争力，拉开了新一轮改革的序幕。

改革没有现成的经验、固定的模式。国际银行业的成功经验都是在特定的时代背景和市场环境中形成，蕴含着必然性与偶然性的辩证统一，不可完全照搬。更何况每一种改革的模式都存在不同程度的不确定性，要想成功推进改革，不仅要大胆解放思想，科学论证改革的模式和方案，更需要积极稳妥地推进。2015年以来，交通银行以事业部为改革主线，逐步探索和推动公司治理、用人和薪酬考核机制、客户管理、经营模式转型等各个方面的改革工作，在实践中探索大型商业银行的深化改革与转型发展，寻找新的改革发展之路。

2016年在交通银行深化改革一周年之际，我们编写了《创新超越——新常态下大型商业银行改革与转型》一书，对交通银行深化改革与转型发展的基本情况进行了理论研究和总结。2017年在两周年之际，我们进一步编写了《实践出真知——新常态下大型商业银行改革实践与探索》一书，对深化改革的重点领域进行了实践探索和总结。如果说前一本书是总体布局，那么这本书就是重点突破。我们希望通过这两本书，能够使大家对大型商业银行的深化改革与转型发展有一个全面了解。

“近水知鱼性，近山识鸟音。”“纸上得来终觉浅，绝知此事要躬行。”时代是思想之母，实践是理论之源，本书以实践为基础，从交通银行事业部制改革、客户分层管理创新、综合化和国际化改革发展、考核机制改革创新、人力资源管理改革创新、利率市场化条件下的利率预期管理、金融科技创新与探索等七个关键领域入手，记载了交通银行深化改革两年来应对市场变化、努力改革探索的具体工作，取得的实际成果和形成的主要经验。目的不仅是对交通银行深化改革实践经验成果的阶段性总结，更是为下一步深化改革理清思路、突出重点、明确目标。本书在2018年交通银行110周年华诞之际出版，希望能够为交通银行留下宝贵的改革历史资料，也让社会各方从中汲取交通银行改革的经验，为同业研究发掘国有大型商业银行改革发展内在规律贡献交通银行的一份微薄之力。

牛锡明

2017年12月

目　录

CHAPTER 1

第一章　事业部制改革

回顾百年银行史，事业部制改革是国际大型商业银行面对利率市场化挑战、变革图强的重要选择和突破口。当前，金融业内外部形势深刻变化，经济下行、利率市场化、金融脱媒、监管要求提高使国内商业银行经营发展压力与日俱增。面对深刻的环境变化和严峻的竞争现实，金融业新一轮改革大幕已经拉开。未来，全面深化事业部制改革不仅是商业银行适应新形势，更好服务实体经济的发展需要，也是完善商业银行内部治理机制等问题的突破口。

第一节　交通银行事业部制改革概况

1987 年，交通银行重新组建以来，一直走在国有银行改革实践的前沿。交通银行历史上的几次腾飞，都与抓住机遇进行体制机制改革密不可分。交通银行作为五大国有银行的改革先行者，上一轮改革红利已基本释放完毕。从中长期看，整体推行事业部运作管理模式是提升交通银行核心竞争力的重要举措，也是行业大势所趋。2015 年国务院批准的“交通银行深化改革方案”，将事业部制改革列入 12 条改革措施之一，这成为了交通银行探索经营模式转型与创新的重要举措。

一、事业部制改革的目标、原则和模式

交通银行事业部制改革的最终目标是在主要业务板块形成从上而下的事业部管理架构，构建前、中、后台定位明确、责权利相统一、纵向垂直管理、横向协同高效、决策和创新反应快速、流程顺畅合理，符

合国际先进银行主流管理模式的业务经营架构。

现阶段，要进行交通银行全行系统性改革的条件尚未具备。交通银行事业部制改革的近期目标是在局部开展渐进性的改革，力争通过改革实现三方面的管理效益：一是在相关领域构建上下之间利益取向一致的管理机制，使信息纵向传递更加直接，提高投资决策的及时性和有效性，发挥集约化、规模化经营的优势；二是促使相关二级经营机构和业务人员的专业化分工，提高业务的盈利能力；三是细化并明确相关业务条线的收益和成本，提升业务条线对全行利润的贡献度。

交通银行推进事业部制改革遵循了以下三项基本原则。

一是以客户为中心、以市场为导向的原则。金融市场和客户需求经常发生改变是常态。交通银行经营必须跟着市场走，跟着客户变，充分满足客户不断变化的多元化金融服务需求，适应我国经济转型需求和金融市场结构调整的变化趋势。同时要直面核心客户和前沿市场，实施业务流程改造和产品创新。在事业部内部建立服务文化，中后台要为前台业务发展服务，做好对分行的服务和支撑。

二是风险及收益平衡的原则。在各层级和各部门之间合理配置各项经营任务和管理资源，实现责任、权力和利益的有机统一。进一步完善风险和资本的计量，完善管理会计和成本核算，将风险和收益平衡的理念自上而下贯彻，从“做了算”转变为“算了做”，打造高效运作的长效机制。

三是专业化经营、集约化管理的原则。要形成专业优势，突出业务的专业特色，以专业化服务优势提升交通银行核心竞争力。要不断优化业务流程，实施科学高效管理，通过开展一体化、分类型、分层次、高效率的管理模式，对中后台管理要素进行整合，实现交通银行资源配置和管理效用最大化。

交通银行事业部制改革在以上三条基本原则的指导下，围绕强化直接经营、突出专业特色、防范新兴风险，打破了总分辖行三级管理、支行一级经营的传统模式，逐步探索出一条“双重模式并进，双轮驱动发展”的经营发展新模式。“双重模式并进”即坚持从业务实际出发，根据自营业务占比，采取“事业部＋准事业部”两种模式。“双轮驱动发展”即坚持不与分行争利，通过双边记账与分润机制协调条块关系，形成“事业部制＋分行制”双轮驱动发展。

二、事业部制改革的实施内容

交通银行从经营模式、管理模式、风险策略、激励机制和党建等多个方面入手推动事业部制改革，“双重模式并进，双轮驱动发展”的新经营模式已初步形成。

（一）构建直接经营、考核利润的独立核算实体

2013 年底，交通银行事业部制改革正式启动，探索建立事业部或准事业部制的利润中心。对于独立经营特点突出，与分行相关度较低，需要在总行层面直接经营的业务，实施事业部制改革。总行先后成立金融市场、贵金属、离岸金融、票据、资产管理、互联网金融等六大事业部制直营机构，加上较早前成立的信用卡中心，总行事业部制直营机构达到 7 家。对于与分行相关度较大，无法脱离分行独立经营的业务，实施准事业部制经营，考核总分行全条线业绩。采用这种模式的是私人银行、资产托管、集团客户、战略客户、跨境贸易金融等五个准事业部制利润中心。

与此同时，各分行根据本行实际，也各自探索相关特色业务的事业

部制经营，增强分行本部直接经营能力。其中，大客户准事业部制改革已覆盖 37 家省直分行及部分省辖分行。此外，2017 年以来还探索业务产品准事业部专营团队，总行层面，成立了手机银行等 7 个业务产品准事业部制专业团队；分行层面，在部分分行试点资产保全准事业部制专项团队建设。

（二）健全统一决策、授权经营的管理模式

在风险统一决策前提下，逐步扩大事业部业务授权，建立由上而下的条线化业务管理体系。事业部作为业务拓展的责任部门，直接承担业务发展规划、客户营销和管理、产品创新需求整合等职能，对业务发展成果负责。为提高事业部的市场反应能力和管理效率，一是允许事业部在达到利润目标和资产质量管理目标的框架下，对具体经营方向和业务发展重点进行调整；二是将相关业务条线产品创新的决策权和具体产品的定价权授予事业部；三是授予事业部在集团人力资源管理框架和其薪酬总额内的绩效考核、薪酬分配和干部人事管理自主权，总行人力资源部派驻管理经理具体指导实施；四是实行财务独立核算，在年度经营费用计划内，授权事业部自主支配费用，不向总行部门执行“一事一签报”，增强费用管理的灵活性。

事业部既不等同于总行部门，也不等同于子公司，仍然需要接受总行风险管理、预算财务、人力资源等职能部门的统一管理，业务上接受所在公司金融板块（以下简称公司板块）、个人金融板块（以下简称个金板块）、同业金融板块（以下简称同业板块）和风险板块的指导。总行统一管理，有利于克服事业部的“本位主义”，确保事业部在发展自身业务的同时为全行战略服务，实现事业部与集团的目标一致。如资产

管理业务中心，既是事业部制利润中心，也是集团资管、财管业务产品的主供应商。只有充分发挥总行统筹作用，才能将全局与局部两个利益结合好。

（三）实施统一管控、动态授权的风险策略

在交通银行事业部制改革过程中，始终把风险防控放在经营管理的首位，把握平衡好创新与合规、风控的关系，切实强化事业部风险基础建设，防止金融创新过度。严格按照前、中、后台分离的原则进行组织架构设计，前移风险关口，在各事业部设置风险中台二级部和风险总监，由交通银行总行风险板块进行业务指导和授权。超出授权范围的业务，事业部风险中台须报总行风险板块审批。事业部风险中台和风险总监实行向总行风险管理部和事业部双线汇报，接受双重考核。风险总监和风险中台负责人任职资格，由交通银行总行人力资源部和风险管理部严格把关。持续完善事业部风险管理策略，在全行统一的风险偏好和政策、资产配置策略大前提下，结合事业部特点进行差异化、专项化、动态化授权，并尽可能把日常风险管理工作提高到更高水平。此外，对事业部主要负责人建立了延期支付制度，防止出现不顾风险盲目发展的情况。

（四）建立科学有效、市场导向的激励机制

首先，完善职业经理人制度和绩效考核体系。目前，交通银行各事业部主要负责人均已纳入首批职业经理人范围，初步建立了以经营绩效为核心，以综合竞争力评价、内控评价、服务评价为基础，以员工幸福指数为补充的“1+3+1”履职评价体系，落实目标化考核。

其次，完善薪酬分配体系。交通银行各事业部的薪酬总额与部门业绩直接挂钩，鼓励事业部多挣多得，事业部内部通过指标分解，建立挂钩绩效的二次分配机制，使员工收入能高能低，奖优罚劣，拉开差距，打破大锅饭。

最后，建立成本控制体系。交通银行通过将人员编制核定与利润增长挂钩、薪酬总额与利润增长挂钩，在事业部建立起编制弹性约束与薪酬硬约束相结合的人力成本控制体系，推动事业部自我管理、自求平衡。通过参照市场价格制定内部转移定价，核算事业部业务资源成本，实现从“做了算”到“算了做”的转变。通过建立与收入挂钩的营业费用配置模式，有效控制事业部费用成本过快增长，提升业务条线对集团利润的贡献度。

（五）落实从严治党、经营发展的两个责任

在事业部制改革中，一直坚持党要管党、从严治党，做到党的建设同步谋划，党的机构组织同步设置，党组织负责人同步配备，党的工作同步开展，实现体制对接、机制对接、制度对接和工作对接。在交通银行各事业部成立之初，同步设立了事业部党委，由党委书记兼任总裁，将从严治党与经营发展两个责任一肩挑。为压实党建责任，把落实党建责任、党风廉政建设情况纳入事业部领导班子、领导干部考核评价体系，明确党委书记48条职责，实行党风廉政一票否决机制。各事业部把党建工作与自身经营发展有机结合，用五大发展理念统领事业部制改革，用党的建设凝聚队伍人心，努力把党的政治优势和组织优势转化为竞争优势和发展优势。加强事业部党风廉政建设和反腐败工作，强化对领导班子和领导干部的监督管理，设立总行纪委派驻直营机构纪检组，由交

通银行总行机关纪委书记兼任纪检组组长。2017 年多家直营机构纳入总行巡视对象，防范新兴业务利益输送和“四风”问题。

三、事业部制改革的成效和经验

实践表明，事业部制改革极大释放了总分行经营活力，是切合交通银行当前经营管理实际、利于长期持续发展的正确选择。交通银行通过几年来的改革，使全行经营体系由“三级管理、一级经营”转变为总—分—辖—支行四级经营，成为国有大型银行中建立起比较完善事业部制经营体系的银行。2016 年，交通银行 7 个事业部制中心实现利润同比增长 19.23%，远高于集团经营利润增幅，为集团增利润、保增长做出了重要贡献，事业部制改革取得显著成效。

（一）事业部制改革提高了经营发展的决策效率

近几年，交通银行事业部制改革在重点新兴业务上打破了“部门银行”的桎梏，将总行和分行本部从纯粹后方管理推向前线直接经营，让听得见炮声的人来决策，信息传递环节明显减少，业务链条大大缩短。事业部直接承担经营发展指标，开拓市场、服务客户的主动性大大提高，工作效率明显提升。

（二）事业部制改革增强了服务实体经济能力

客户和市场的诉求代表了来自实体经济的最直接金融服务需求。交通银行事业部制改革本着以市场为导向、以客户为中心的原则进行业务模式和金融产品创新，发挥总行专业化优势，建立更为灵活的投融资机制，为客户提供跨境跨业跨市场的“一揽子金融服务解决方案”，改变了过去产品设计分散在多个部门，客户服务停留在基层机构的粗放经营局面，服务实体经济的质量效率大为提升。

（三）事业部制改革强化了市场化管理导向

事业部按照价值最大化经营目标，在企业内部引进市场机制，用效益说话，其职业经理人制度、挂钩业绩的资源配置机制、业务资源内部计价、延期支付制度等无一不对国企文化下的行政化思维、平均主义、“大锅饭”思想等产生冲击，助推“干部能上能下、薪酬能高能低、人员能进能出”氛围的形成和资源投入产出效率的提高。

（四）事业部制改革推动了专业化人才队伍建设

事业部专业化水平高，讲求“专业的人做专业的事”，通过专家型人才队伍建设、战略型人才培养，初步造就了一支专业素质过硬的专业化人才队伍，包括市场紧缺的交易型人才、新兴业务风险管理人才和产品设计人才等，为实现向“八大业态”（即金融市场、贸易金融、国际金融、消费金融、财富与资产管理、投资银行、互联网金融、综合化金融）转型提供了人才储备。

事业部制改革是商业银行组织架构和经营管理模式的重大调整，涉及人财物资源的重新配置、制度流程的重新梳理、机构关系的重新组合，为确保改革目标顺利达成，交通银行在实践中总结出处理好五大关系。

（一）把握好发展与党建的关系

作为国有大型商业银行，交通银行始终把党的建设放在重要位置，坚持党要管党、从严治党，充分发挥党委总揽全局、协调各方的领导核心作用，不断增强管理现代金融企业的能力。事业部作为独立核算的经营主体和利润中心，虽然业务发展是主要任务，但党的建设不可偏废。在事业部制改革中，交通银行坚持党的建设同步谋划，党的机构组织同步设置，党组织负责人同步配备，党的工作同步开展，实现体制对接、机制对接、制度对接和工作对接。

（二）协调好经营与管理的关系

一是坚持专业化经营、集约化管理的基本原则。事业部高度关注经营，突出业务的专业特色，同时通过开展一体化、分类型、分层次、高效率的管理模式，对中后台管理要素进行整合，实现资源配置和管理效用最大化。二是坚持事业部制和准事业部制两种形式。事业部制是从交易主体、交易资格和专业性角度考虑，需要在总行层面开展的业务，与分行的相关度较低，独立经营特点更加突出，改革后基本不再承担对分行的管理职能，如金融市场、贵金属、票据业务中心等，采取类似子公司的运营管理模式。准事业部制是与分行相关度较大的业务，无法脱离分行独立经营，考核总分行全条线业绩，如资产托管、私人银行业务中心等，既要承担业绩指标，又要承担对分行条线的管理职能。三是坚持“双轮驱动”的经营模式。事业部制并非替代分行模式，而是对分行的合理补充和完善，分行模式仍是未来一个时期中国商业银行业务发展的主要模式。交通银行事业部制改革之初，便确立了总行事业部不与分行争利的基本原则，将“事业部 + 分行”的双轮驱动模式作为经营模式转型的重要支点，通过广泛采用分润和双边记账的方式，促使总行事业部与分行利益一致、运作协同。

（三）处理好集中风险管控与授权经营的关系

事业部制最关键的特点是“集中决策、授权经营”。首先，事业部必须在全行风险偏好、总行统一风险管理下决策，不能各行其是、各自为战，总行在指挥策略上对各个事业部进行总体把控和监管。但统一管理不是高度集权，必须给各个事业部更大的自主经营权，让事业部在总体风险管理框架下有独立的业务经营权和决策权。这不是一蹴而就的，需要在实践中不断摸索和实践。

（四）平衡好收益与风险的关系

实行事业部制的优势之一是有利于新兴业务风险的集中管控和隔离，这是事业部制改革的出发点和立足点，也是决定事业部制改革成败的关键。在利率市场化背景下，各事业部所涉足的新兴业务领域已成为商业银行增加经营利润的主要转型方向，但新兴业务跨境、跨业、跨市场的特点比较突出，交易结构和法律关系错综复杂，风险隐蔽性、传染性更大。为此，事业部制改革应该始终把风险防控放在经营管理的首位，坚持金融创新服务实体经济原则。

（五）掌控好激励与责任的关系

作为相对独立的经营责任主体，责权利统一是事业部制的优势之一。本着向前台、一线倾斜的资源配置导向，在事业部成立之初，即在人、财、物等各方面给予倾斜性支持，加大管理资源投入，如事业部人员的薪酬按照市场中上水平核定，信贷资源配置专项额度等。但激励不是无限度的，从长远可持续发展看，必须在事业部建立起一整套激励与责任有效结合的机制。

四、下一步深化事业部改革的思考

（一）充分发挥党组织的战斗堡垒作用

事业部作为新兴业务经营责任主体，日常工作压力大、诱惑多，更需要发挥党组织战斗堡垒和党员先锋模范作用。要深化事业部党委（组）书记抓基层党建，切实发挥从严治党主体责任。各总行事业部要在全行“两学一做”学习教育中发挥模范带头作用，通过党组织建设和党员教育，进一步统一思想、提高认识、正风肃纪、加强自律、防范案件，为事业部经营管理有序发展提供组织和政治保障。

（二）以创新精神不断拓展事业部制改革的内涵和外延

2016—2017 年，软件开发中心和金融服务中心成本中心事业部制改革工作正式启动。在中后台部门建立事业部制管理，在国内同业中尚属首创。软件开发中心和金融服务中心成本事业部将通过科学严密的内部成本核算和计价考核，引入市场化分配机制，推动软件研发和集中营运两大后台提升效率，改进服务，压降成本，为前台经营、客户拓展提供强大支撑。未来，交通银行将进一步在更广泛、更深入的领域内探索事业部制改革。

（三）持续完善全面风险合规管控机制

不断完善在新兴业务风险管理上的薄弱环节，建立“纵到底、横到边、全覆盖”的事业部风险管理体系。要在直营机构设立风险总监，探索建立“1+N”委员会制度，即在每个直营机构设置 1 个全面风险管理委员会和 N 个相关业务审查委员会，各委员会根据需要吸纳外部专业人员进入，形成跨部门的风险管理平台。同时，协调直营机构风险中台和总行风险大中台关系，建立定期报告、工作例会、重大事项快报、超权限审核、重点工作协同等机制，实现信息联通、资源共享、管理协同。

（四）努力打造业务发展共享机制

要让各事业部强化大局意识，跳出小账算大账，跳出一亩三分地考虑全行，比如信用卡中心要与个金板块其他部门实现客户共享、交叉销售。总行管理部门要主动作为，抓好统筹，为事业部发展提供“弹药”，比如将离岸业务纳入全行大的资产负债损益表统筹流动性，帮助离岸金融中心降低资金成本。事业部还要通过分中心建设，与分行、子公司、海外分行实现人员共享、业务共享，打通产品端与客户端，比如支持在境外分行挂牌金融市场业务海外分中心，打造环球金融市场中心。

（五）试点推广事业部制专营团队建设

目前，交通银行事业部制架构已经基本搭建，本着组织架构轻型化和减少震动的原则，未来事业部制改革形式应更加灵活，多探索以事业部制专营团队建设代替事业部制部门设立，即根据特定经营目标，在部门内或跨部门成立临时性的专营团队，创新市场化的人员招募和薪酬配置方式，任务完成即时重组，减少事业部制改革对全行机构、人员控制产生的压力，构建绿色、轻型、开放的组织架构。

（六）深入推进信息技术服务平台建设

事业部制的决策管理都是基于对信息数据的判断，必须进一步完善配套的信息平台建设。一方面，要在现有业务操作系统基础上，建设强大的客户业务信息平台，既增强对客户的专业化服务能力，也要通过运行数据的积累与分析为业务拓展和风险管理提供支持；另一方面，要推进管理会计在事业部内的全方位应用，不但要能对事业部的成本和收益进行核算，还要实现不同产品、客户维度的全流程、全成本准确核算，为事业部提供管理数据支持。

第二节 实践与探索：直营机构事业部制改革

交通银行总行事业部改革于 2013 年正式启动，先后建立了七大事业部制直营机构和多个准事业部制利润中心。几年来，事业部作为交通银行深化改革的主线，起到了推动各项改革付诸实施的作用。与以往相比，总行的经营职能大大增强，有机会更多地直接面向市场、面向客户，提高了对市场和客户需求的把握和反应能力。事业部改革也推动了资源的优化配置，一定程度上克服了交通银行管理体制上存在的弊端，成为总行直接经营、直接创利的新增长点。

下文，分别就直营机构事业部改革实践进行论述。

一、信用卡中心的改革实践

（一）信用卡中心事业部制改革的历史沿革

2004 年 10 月 25 日，交通银行太平洋信用卡中心（下文简称信用卡中心）成立，成为交通银行首个按照事业部模式组建的业务单元，负责集中经营全行的信用卡业务。

根据交通银行与汇丰银行2004年8月签署的“信用卡业务合作协议”，信用卡中心在发展初期实行交通银行领导、汇丰银行指导下的合作经营。中外合作的经营架构，使信用卡中心在经营理念、业务模式、管理工具、产品开发、品牌管理、风险控制、信息安全、合规管理、团队建设等方面，引入了国际先进的经营理念和实践，为信用卡业务发展奠定了良好基础。2012年11月，信用卡中心取得银监会批复的经营牌照，真正转制为持牌经营的省分行级专营机构，实现了公司化经营与管理。

交通银行信用卡中心是一个公司化经营的事业部，对交通银行事业部制改革具有示范效应。一是形成了相对独立的运行体系。建立了独立的预算财务管理体系，具有较为充分的内部资源调配的权力，实现了人财物相对独立，自负盈亏。二是形成了总分中心两级管理的运作模式。信用卡中心在全国各地建立了57家分中心，参照国有商业银行二级分行管理，有力地推动了业务的全国布局。三是形成了国际领先的风险管理经验。引进汇丰银行等国际先进的信用卡风险管理经验和工具，重视提升风险管理的“技防”水平。信用卡不良率控制水平和能力始终居于国内前列。四是形成了市场化的协调运作机制。除了积极开展外部市场化合作，积极打造信用卡生态圈之外，在集团内部重视与各分行的协调发展，配套落实双边记账和分润机制，充分调动分行发展信用卡业务的积极性，实现了互利共赢。

历经13年的实践和探索，信用卡中心取得了显著的经营成果。2017年上半年，信用卡实现经营利润110.29亿元，同比增长29%，全行占比16.96%，零售板块占比59.10%，分别较上年同期提高3.72个和7.89个百分点；非利息净收入60.03亿元，同比增长52%；在册发卡量达到 5 610 万张。

（二）事业部推进了信用卡核心业务的创新

信用卡中心围绕发卡获客、支付服务、消费信贷、互联网平台等信用卡商业模式核心环节，积极开拓创新，推进业务发展。

1. 发卡获客创新

为实现直销发卡效率提升和销售前端过程管理，保证客户信息安全，信用卡中心于 2010 年 10 月行业首创手持终端（PDA/iPad）代替传统纸制申请表，推出集申请、管理、推广、培训等功能为一体的“e 办卡”智能销售平台，获得 2013 年人民银行科技进步二等奖。针对消费者行为习惯的网上迁徙，信用卡中心建立了全新的网络发卡业务流程，通过强大的实时数据处理能力，完备的外部数据库，将网络发卡批核效率提升到秒级水平。

2. 支付服务创新

自 2015 年起信用卡中心先后推出了 HCE（云闪付）、Apple Pay、Samsung Pay、Huawei Pay、Mi Pay 等 NFC 手机支付产品。信用卡中心率先在银行同业中推出了扫码支付，2016 年 1 月推出 C2C 类扫码支付，2016 年 7 月和 2017 年 4 月分别上线了 C2B 类主扫和被扫支付，满足了个人间资金转移、个人向商户付款等场景下的支付需求。

3. 消费信贷创新

2006 年信用卡中心率先在业内推出账单分期服务，2011 年 7 月推出“好享贷”产品，通过给予客户信用卡额度之外的专项额度，使客户可在指定商户消费后享受分期还款服务。为了拓展年轻客群的消费信贷市场，2016 年 3 月信用卡中心推出“天使贷”。2017 年 9 月推出了“好商贷”和“好现贷”产品，“好商贷”为有购车、装修、教育、旅行等指定场景大额消费需求的客户提供专项额度，自动分期，“好现贷”专为有大额现金需求的优质客户提供专项额度，自动分期。

4. 互联网平台创新

2016 年 3 月信用卡中心正式推出“买单吧”APP，依托全开放的用户体系，建设以支付为核心的智能服务载体，集合信用卡基础金融服务和丰富的生活服务场景，构建 O2O 联动的完整生态圈。2017 年 4 月 17 日，信用卡中心正式推出“秒批、秒用、秒贷”模式的手机信用卡业务，发布了业内首份手机信用卡白皮书，提供从发卡到使用全程的“秒级”服务体验。

（三）财务管理体系优化

信用卡中心建立了独立的预算财务管理体系，具有较为充分的内部资源调配的权力，在与分行业务发展上配套落实双边记账和分润机制，实现了互利共赢。

1. 独立预算管理

2012 年以来，信用卡中心实行“营业费用与收入挂钩，工资增幅与利润增幅挂钩”的双挂钩独立预算政策，该政策一方面鼓励信用卡中心通过做大规模、精细化管理来增加收入，以获取支持业务发展必要的费用资源；另一方面将工资增幅与利润增幅挂钩，提高了员工的积极性。双挂钩政策促成了业务发展和资源保障的良性循环，截至 2016 年末，在实施双挂钩政策的五年内，经营利润与税前净利润更是取得了超 50% 的复合增长。

2. 双边记账和分润机制

为充分调动分行发展信用卡业务的积极性，2011 年就商户回佣实施了双边记账模式，将所有通过银联转接的信用卡境内外消费所产生的商户回佣，记分行中间业务收入实账，记信用卡中心虚账，使分行直观地感受到信用卡业务的收益。之后，新增了保险外呼手续费收入、分行消费信贷业务收入等双边记账项目。

除双边记账外，为确保更有效地利用资源，还对部分重点项目进行了分润。信用卡中心选取了部分重点项目实施分润模式，包括信用卡业务项下涉及分行的违规欺诈损失、境内分行与信用卡中心合作项下分行商场分期业务等。每年在设置双边记账及分润项目时本着“突出重点，精准施策”的原则，将有限的资源优先配置在重点项目中。

3. 精细化核算和成本管理

信用卡中心坚持“谁受益、谁承担”的原则，借助 SAP、ORACLE 等先进信息管理系统，实行精准、全面的成本核算，形成了一套较为完整的精细化财务管理体系。主要方式包括：成本归集，通过在财务系统中配置各类代码，采用直接分摊与间接分摊相结合，将成本归集到不同的部门、业务环节、产品、渠道。经济评价，建立 KPI 指标评价各业务、产品、渠道的成本收益比或边际贡献。多维分析，综合多种方法和数据集合方式，实现精细化成本管理。2016 年实施的降本增效项目通过准确地挖掘客服外呼产能提升、特惠商户清理、营销活动文宣品梳理等七个抓手，实现了 2.4 亿元成本的压降。

4. 贷款规模管理

资产证券化已成为解决信用卡信贷额度瓶颈的有效手段，保障了业务正常、快速发展。2015 年，信用卡中心尝试通过信贷资产证券化盘活存量资产，在中国人民银行对个人消费贷款推出“注册制”后，发行首单以个人信用卡分期债权作为基础资产的资产支持证券产品——交元 2015 年第一期信用卡分期资产支持证券，发行规模为 50

亿元。2016 年再次发行 80 亿元信用卡分期资产支持证券。目前，信用卡中心正在尝试发行信用卡不良资产支持证券，实现压降不良和腾挪信贷规模目的。

（四）市场化用人机制

信用卡中心加强干部队伍建设，配套完善的薪酬、招聘、绩效考评机制，形成了“人员能进能出，干部能上能下，工资能高能低”的市场化用人机制。

1. 干部队伍管理

优化职位体系。梳理岗位职责、职级和薪酬等情况，增加职级密度，延展职级跨度，解决部分职位缺失和职级对应的问题，明晰完善行政序列和专业序列设置，建立序列清晰、职级延续、职业通道顺畅的新型职位体系。

完善选人用人机制。出台“信用卡中心干部选拔任用管理办法”，完善晋升条件，确保干部选拔任用工作在坚持原则性的前提下兼顾灵活性和实用性。

加强干部交流。在重要职位轮岗、项目轮岗、交流任职、代职和借调五种交流类型的基础上，进一步拓宽干部交流渠道。完善薪资福利待遇、住房待遇和探亲待遇等配套机制，消除干部的后顾之忧。鼓励和引导优秀干部到业务一线历练。

实施干部自我更新。通过优化学历结构和实施干部自我更新机制双管齐下，2015 年以学历为切入点对运营经理级干部结构进行了调整。明确干部降职降级流程，淘汰不合格干部，2016 年经理级及以上干部淘汰 47 人，淘汰比例达 5.76%。

2. 薪酬管理体系

薪酬管理体系化。建立薪酬倍比关系，实现薪酬收入和结构差异化。根据业务属性，明确职能部门、运营部门、分中心薪酬倍比关系；根据业务条线，明确管理人员、业务人员、后台人员薪酬倍比关系；根据岗位价值，明确前、中、后台员工薪酬倍比关系。

薪酬管理个性化。针对承担核心经营指标的团队管理人员，制定季度奖金和绩效考评与业绩指标挂钩的考核方案。针对储备生、专业人才、关键人才、“鹰计划”人才等实施专项薪酬方案。建立面向一线和高绩效人员倾斜的绩效薪酬分配机制。

3. 招聘管理体系

增强外部关键人才招聘力度。建立了关键岗位人才的特殊招聘、晋升、培养和挽留机制，赋予部门关键人才核薪及调薪授权。引入“短期顾问式”用人机制，吸引具备国际视野的海内外优秀人才。

建立全流程招聘管理体系。通过 E-HR 鹰巢管理系统，实现了招聘全流程数据监控和管理，强化了招聘数据报表管理。通过在招聘系统建立重点岗位人才库并进行及时的维护，提高人才招聘效率。

完善模块化招聘渠道体系。针对不同人才类型制定相应的人才招聘渠道。积极拓展移动招聘端、互联网社交招聘平台等新型互联网招聘渠道的合作。建立猎头及委托招聘供应商的考核淘汰机制，持续优化内部员工推荐机制。

4. 绩效考评管理

差异化绩效考核。强化任务目标分解，根据总行下达的考核目标，按照部门职责分解，明确每季度及全年目标任务。差异化员工绩效考核，职能部门员工按照绩效排名实施考核等级强制分布，对承担核心经营指标的人员、分中心管理人员、中后台人员，同时设置绩效考核指标按百分制考核。

绩效考核辅导和结果应用。加强低绩效考核人员辅导，由部门进行绩效沟通，制定绩效改进目标和计划，开展绩效改进工作。强化绩效考核结果应用，员工奖金分配、培训、晋升、福利等方面均设置绩效考核要求。

（五）健全风险管理体系

信用卡中心充分借鉴国内外先进的风险管理理念、工具和技术，从管理架构、政策、流程和工具等各个方面不断健全完善风险管理体系。

1. 风险管理架构

信用卡中心按照总行授权，集中运营与管理信用卡业务，建立了相对独立、专业的风险管理和控制架构，在总行风险管理和内审部门的指导、监督下，开展风险管控工作。设立风险管理委员会，对重大风险事项进行回顾和决策。信用卡中心秉承风险与收益平衡的风险管理理念，借鉴国际国内先进的风险管理理念与方法，积极支持与促进信用卡业务发展。

2. 风险管理政策、流程和工具

信用卡中心根据信用卡业务集中处理的作业模式，统一制定风险政策和业务流程，包括发卡、账户管理、催收和反欺诈管理的风险策略；采用标准化的作业流程，对所有信用卡申请进行统一征信审批；引进国际先进信用卡业务风险管理工具，如评分卡、账龄分析法、滚动率分析、现在 / 过去分析、冠军 / 挑战者策略，加强对业务的风险监控，提高风险识别、监控、缓释及处置水平。

3. 提高风险管理“技防”水平

信用卡中心引进亚太地区具有领先优势的申请欺诈侦测系统

（Instinct）并上线运行，有效遏制了来自于申请端的外部欺诈。上线运行交易欺诈侦测系统（PRM），用于侦测交易端发生交易欺诈行为。依托该系统，信用卡中心建立了 7×24 小时准实时交易监控体系，防范各类交易欺诈。上线决策引擎管理系统（CDA），通过 CDA 解决方案，提高申请审核流程的自动化程度，加强对审核策略结果的监督，客户质量得到明显改善。为在账户管理方面添加分析功能，加强信用额度政策及信用卡系列产品催收的管理，上线账户管理系统（TRIAD），有效改善了信用卡客户管理流程，提升客户管理的容量、效率、精度、效益和灵活性。

（六）完善经营管理机制

信用卡中心围绕品牌建设、客户体验、流程管理、决策效率等方面完善经营管理机制，推动事业部制改革全面深化。

1. 品牌建设

在历经“中国人的环球卡”（2005—2010 年）、“国际品质 身边实惠”（2011—2013 年）的品牌发展之后，信用卡中心将品牌定位为“Easy for more 方便实惠交给你”，致力于让客户轻松享受高价值的生活。信用卡中心秉持着“创新、卓越、担当”的企业文化，结合信用卡业务的“方便和实惠”、“买单吧”互联网平台的“生活 · 金融新享法”和消费信贷业务的“秒级服务，全心对贷”等三个强有力的子业务品牌承诺，致力于在消费者心目中树立“信用消费生活专家”的品牌形象。

2. 客户体验

信用卡中心于 2015 年成立了客户体验团队，建立了以体验运营、数据策略和用户研究三大板块为核心的客户体验运作体系，全流程介入信用卡产品全生命周期。客户体验团队在产品需求阶段洞察用户的需求和痛点，指导产品设计。截至2017年7月，合计完成15项重点产品研究，提交80多条优化建议；完成182个产品测试，累计提出1 100多项体验建议。在产品迭代阶段，监测页面流失率、转化率、页面深度等指标，诊断并及时优化问题，页面流失率由从2016年的50%下降至2017年的43%。

3. 流程管理

为保障流程管理工作的可持续性，信用卡中心于2013年调优了流程管理目标，完善流程管理组织，规范流程设计、签发、运维、监控标准，逐步建立流程全生命周期管理机制。截至2017年6月底，完成516个Ⅱ级、Ⅲ级流程和466个SOP的梳理工作，覆盖99%的流程。信用卡中心重点围绕关键服务环节和投诉高发业务板块实施专项分析与改进工作。自2015年开始，每年针对10项重点流程进行专题分析和监控改进。

4. 决策效率

为进一步深化事业部制改革，推进经营管理决策水平的高效性，2017年信用卡中心把提高决策效率列为重点，在坚持战略导向、市场引领、客户体验、风险与收益平衡、量化评估等重要原则前提下，从落实决策会议、运用好办公系统、加强部门协作、重点在产品营销领域等四个方面提出了提高决策效率的相关措施并加以推动落实。

（七）信用卡中心下阶段改革

“十三五”时期，信用卡中心将推动“两个提升、两个转型”战略转型，构建完善的基于信用卡核心业务的信用卡生态圈，在深化改革和转型发展的重要领域和关键环节取得显著成果，业务规模和利润规模持续稳健增长，市场占比持续扩大。

一是切实培育创新文化，围绕市场和客户，深化体制机制改革，显著提升创新速度。二是聚焦个人支付和消费信贷服务供应商的战略定位，集中人、财、物等优势资源，重点开展互联网平台建设、移动支付拓展和消费信贷产品创新等工作。三是打破部门间的壁垒，实现客户、产品、数据、信息、系统、资源、流程的统筹管理，提升部门之间、总部与分中心之间的协同。四是充分依托集团资源，推进集团内多方联动，实现与分行、与零售业务板块的融合发展。五是保持开放态度和前瞻理念，打造开放的互联网平台生态圈，加强同业机构合作及跨界合作。

信用卡中心将持续推进业务规模全面增长和重点领域的转型升级。信用卡中心将围绕“客户经营立体化、支付业务生态化、消费信贷体系化、盈利来源综合化”，持续推进业务规模扩张和质量提升。同时，将充分发挥规模优势，落实深化改革的各项要求，积极开展业务创新，探索业务发展的新途径，在业务平台、产品服务、客群结构、区域布局、境外业务、品牌建设等重点领域推进转型升级。

二、金融市场业务中心的改革实践

2014 年 1 月 8 日，金融市场业务中心正式挂牌成立，作为首批事业部试点单位，开始了新的改革实践与探索。几年来，金融市场业务中心体制机制逐步优化，事业部改革初见成效，净经营收入增幅大大提升。

（一）金融市场业务中心事业部制改革的背景和成效

随着中国经济进入新常态，人民币利率市场化、人民币国际化、资本项下可兑换、多层次资本市场建设的不断推进，银行对实体经济的支持已经不仅仅局限在传统的“存贷汇”业务上，而是要为客户提供覆盖境内外、本外币、表内外各类资产负债业务的“一揽子金融服务解决方案”。要实现这个目标，金融交易业务不可或缺。它既可为银行和实体经济带来可观利润，也可锁定利率、汇率、股票、基金、期货等金融市场价格变动风险，为公司、机构和个人客户以及银行自身保驾护航。

因此，交通银行通过事业部制改革，积极探索金融市场业务发展管理创新模式，增强在新常态下金融服务实体经济能力具有重要意义。通过体制机制创新，激发交通银行金融市场业务发展活力，以人民币国际化和国家“一带一路”倡议为契机，通过借鉴国际经验，以交易型银行业务为抓手拓展客户和收入来源，创新业务发展和管理模式，实现低资本消耗、低成本扩张的转型发展，更好地为实体经济保驾护航。

按照2013年11月25日交通银行改革研讨会精神，12月9日交通银行下发了《关于组建事业部制利润中心的方案》，确定把金融市场部建成事业部制的利润中心。金融市场业务中心的职能就是打造成为交通银行本外币金融市场投资与交易业务的经营及主管部门，遵循“以利润为核心、独立核算、充分授权、市场化经营”的原则，在体制机制、组织架构、人事薪酬、考核激励、产品管理和研发、市场拓展和销售、风险管理、资金来源与运用、与监管和同业交流沟通等诸多方面，探索金融市场业务事业部制专业化、集约化的经营管理之路。

金融市场业务中心事业部改革的核心目标是增强盈利，特别是获取外部利润的能力，提升业务对全行的利润贡献度。因此从定价、授权、考核、业务开展等各个方面，金融市场业务中心都紧紧围绕全行收益最大化这个目标。一是要明确事业部的责、权、利范围，各个事业部对各自的利润计划负责。二是在核算以及考核事业部业绩时，要以外部收益最大化原则进行，促使金融市场业务中心通过投资交易业务提升利润贡献度。三是在授权和资源配置时，也紧紧围绕经营目标，通过薪酬与利润挂钩、成本与收入挂钩的两率激励方式，给予一定资源支持和政策倾斜。

金融市场业务中心事业部制改革几年来，坚持以利润目标为核心，取得较好经营管理业绩：一是金融市场业务作为转型业务八大业态之首，六年利润增幅明显高于全行水平。截至 2016 年末，金融市场业务中心增长 164%。二是净经营收入实现了事业部改革三年增幅大大高于未实行事业部改革前三年的增幅：事业部改革期间年均增幅 30%，未实行事业部改革前三年年均增幅只有 13%。

（二）金融市场业务中心事业部制改革的具体措施

1. 充分发挥党的领导核心作用，为金融市场业务中心事业部制改革提供政治保证

在金融市场业务中心成立之初，总行党委就成立中共交通银行金融市场业务中心党组，并在 2017 年改为中共金融市场业务中心党委，坚持党的建设和经营发展两手抓、两促进。通过不断探索完善中心党委工作机制和内容，切实发挥党委领导核心作用，落实管党治党责任，坚持“从严治党”，发挥党委在改革创新中的领导作用，围绕业务抓党建，抓好党建促发展，将金融市场业务发展与党建工作有机结合，提高了金融市场业务中心党员队伍政治素质和经营能力。

2. 明确发展目标，深化事业部组织架构调整

金融市场业务中心定位于“做成全球金融市场业务中心，探索境内外一体化运作的交易型银行”的发展目标。围绕该目标，金融市场业务中心积极探索建立条线事业部制组织架构，搭建全球交易平台，向交易

型银行转型。

境内方面，成立市场营销部，在推进总行金融市场业务中心和分行的双轮驱动发展的业务联动中承担双轮的“轮轴”功能，负责全面推进全行代客资金产品及分行代理总行金融市场业务中心线下产品的管理和销售工作，通过整合系统内分行的营销资源，大力发展交通银行代客交易业务，目前已初见发展成效，截至2017年6月末总分联动业务获取经营利润约4 000万元。

境外方面，金融市场业务中心重点开展香港分中心、伦敦分中心建设，完成了交易分中心业务框架、交易系统、风控系统的搭建，制定了业务发展规划。通过抓住市场时机与稳步经营策略，香港分中心2015年盈利3.34亿元，2016年盈利4.93亿元，逐年稳步增长；伦敦分中心夯实业务发展基础，完成结售汇夜盘及24小时业务平稳交接，发掘业务发展机会。

3. 改革绩效考核机制，激发员工积极性

实行“增量薪酬与增量利润挂钩”机制。直营机构人员薪酬采用“存量+增量”的方式核定，增量薪酬包与增量利润挂钩，提升直营机构负责人对薪酬包的调控权限。强化薪酬包对直营机构员工数量的约束，“增人不增薪”，在薪酬包内统筹考虑人员招聘。通过该机制，完成了金融市场业务中心从总行部门向经营机构的转变。金融市场业务中心2015年在仅新增3人的情况下实现利润超30%的增长，2016年在新增8人的情况下实现利润超20%的增长，有效提高经营效率。

做好中心“二次分配”，将激励充分传导至员工。通过建立并不断完善中心内部考核分配办法，促进业务创新平衡发展。一是实行绩效工资与交易员的利润完成率、考核结果挂钩。二是对不同层级的员工，金融市场业务中心、二级机构、个人的绩效在KPI中设置不同权重，确保个人与团队利益相一致。三是实施奖金池和工资递延支付，平衡利润当期性和风险延后性的关系。

4. 完善直营机构财务制度，加大对重点业务的支持

实行“增量费用与增量净经营收入挂钩”机制。将直营机构与业务密切相关的五项费用按“存量 + 增量”的方式核定，增量费用与增量净经营收入挂钩，并打通五项费用的使用，实行“总额控制，自行支配”制度。

对新设交易分中心实行单独核算、费用借支的方式。香港交易分中心、伦敦交易分中心相继成立，因其办公地点在香港、伦敦，各项费用使用情况与境内区别很大。总行为分中心单独建立起一套符合当地经营特点的薪酬和费用机制，为分中心长远发展提供制度保障，助力分中心开业当年实现盈利。

制定《交通银行金融市场业务中心财务管理实施细则（试行）》和《交通银行金融市场业务中心（香港）财务管理实施细则（试行）》等，进一步加强内部控制和管理。

5. 双轮驱动，加强金融市场业务中心事业部与分行交易业务合作

交易业务随着利率市场化、汇率自由化的到来逐步从场内交易收入为主扩展到场外交易为主，客盘将成为交易业务的主要收入来源。通过编写金融市场业务产品营销手册，建立产品的研发、推广、升级、评价机制，以及举办多期代客交易培训，金融市场业务中心联动分行，把代客人民币利率互换业务、代理中小商业银行同业客户发行同业存单等作为重点代客交易产品，积极拓展客户，做大代客交易。通过分润、双算、专项激励等多种方式对分行进行资源配置，激励分行做大客盘交易规模，提升客盘交易利润。

6. 强化事业部风险管理职能，确保业务经营与全行战略协调统一

金融市场业务中心作为直营机构，同时也承担着全行资金交易的风

险管理职责。在事业部制改革中，这些风险管理职能不仅不能弱化，还需进一步加强。这些职能包括：配合资产负债管理部确保全行流动性支付安全；协同分行加强直投业务和余券包销业务的存续期管理；通过债券投资业务，支持全行国库现金招标业务，协助分行维护大客户和当地财政关系；通过利润分成、双边记账方式和专项行动计划，实现总分行业务联动；牵头全行交易型业务流程优化和管理；协助总行发行二级资本债、金融债等。

（三）金融市场业务中心事业部制改革的未来方向

未来，金融市场业务中心还要从党的建设、体制机制、投资与交易、风险控制四个方面入手来推进改革：

一是党的建设方面，坚持党要管党、从严治党，坚持党的领导不动摇，发挥中心党组织的领导核心作用，保证党和国家方针政策、重大部署的贯彻执行，着力实现业务发展与党建工作两手抓、两手都要硬的目标，把提高效益、增强竞争实力、实现国有资产保值增值作为中心党组织工作的出发点和落脚点，让党建工作成为推动事业部改革的强大的思想武器和精神动力。

二是体制机制方面，继续深入学习借鉴先进同业的金融市场全球条线事业部的组织架构和业务模式、考核激励机制，让业绩与员工待遇挂钩更加紧密，鼓励员工多创利润多增收。

三是投资与交易方面。首先，通过市场研究驱动资产配置，优化配置创造超额收益，追踪预判国内外宏观经济走势，深入分析市场环境、监管政策的调整和变化，提前布局各季度市场业务持仓规模和产品种类，适度增加直投、债券、同业借款等资产配置。其次，利用利率、汇率市场化的有利契机，把握境内外市场变化趋势，积极捕捉资金价格波动带来的市场机遇，使交易业务创新增长实现新的突破，特别是做大代客交易业务。最后，按照全行深化改革20项工作的进度要求，加快境内外一体化交易型银行建设。以香港分中心、伦敦分中心发展规划为指导，将两个分中心打造成为交通银行开展跨境、跨业、跨市场业务的桥头堡、推动业务产品创新的排头兵、海外事业部建设的试验田。

四是风险控制方面。打好“531”工程[①]的持久战，加大对流动性、信用、市场、操作、合规风险的预防和管控力度。在业务数量和范围不断拓展的同时，严防各类风险事件，特别将债券违约、非信贷资产存续期管理、交易业务风险等方面要设为重点防控区域，实现业务有“质量”地发展。

三、贵金属业务中心的改革实践

（一）贵金属业务中心事业部制改革情况

2014年1月贵金属业务中心事业部正式挂牌，与金融市场业务中心合署办公，2014年7月贵金属业务中心与金融市场业务中心分设独立经营。贵金属业务中心定位为全行贵金属及大宗商品业务的经营管理部门，按照事业部制的模式运作，承担全行贵金属及大宗商品业务的自营交易、发展规划、产品管理等职能，在全面风险管理框架下牵头负责全行贵金属及大宗商品业务的风险管理，并协同条线部门，对分行的贵金属及大宗商品业务拓展进行双线推进。

---

① 2010年5月31日，交通银行召开党委会批准“531”工程启动。会议明确，“531”工程建设必须紧密围绕全行转型 发展、创新驱动、管理提升的发展要求，坚持“三个面向”、“三个突破”的原则，打造“支撑集团一体化发展、助推核心竞争力提升”的新一代业务信息系统，力求达到“新一代业务信息系统推出5年不落后”的目标。

在贵金属及大宗商品业务推进方面，贵金属业务中心“依托条线，依托分行”，充分利用现有渠道、团队和资源，总分“双轮驱动”协同进行客户营销和市场拓展；在团队建设方面，分行是产品经理、客户经理、风险经理的直接管理单位，负责业务推进的具体管理，贵金属业务中心统筹团队整体建设的规划，以及培训计划的制订和实施；在产品管理方面，贵金属业务中心负责产品研发的具体实施，分行负责产品的试点和具体推广落实，贵金属业务中心和分行共同面向市场，以客户为中心推进贵金属及大宗商品业务的创新发展；在预算考核方面，贵金属业务中心承担全行贵金属及大宗商品业务的预算考核指标，分行负责经条线管理部门下达的相关业务指标的落实。

自成立以来，贵金属业务中心充分发挥事业部体制机制优势，坚持以客户为中心、风险与收益平衡、专业集约化经营、与分行协作共赢的基本原则，总分联动、优势互补，有效推动了专业化经营和客户服务的良好协同。中心积极对接前台三大板块客户行动计划，并将重点产品纳入专项行动，依托双边记账和分润机制不断夯实客户基础、做大业务规模、提高综合收益；开展行内交易大赛和业务劳动竞赛，举办现场培训和专题讲座，持续提升经营单位和客户经理业务认知度和推进力；持续在客户营销、业务拓展等方面予以分行大力支持，协同分行走访重点客户，开展开户（交易）有礼、点差优惠、联动营销等活动，持续增强获客、活客能力。在事业部和分行的共同努力下，全行贵金属及大宗商品业务收入和规模显著提升，2016 年业务收入和交易量分别是 2014 年的 2.2 倍、4.6 倍。

（二）专业化经营释放了创新活力

1. 交易型业务创新发展

贵金属业务中心依托专业化经营优势，持续推动交易型业务改革创新，为全行贵金属及大宗商品业务发展和交易型银行建设注入了新的活力。

代理代客交易业务方面，贵金属业务中心牵头实施了上海黄金交易所（以下简称上金所）国际板代理、代理黄金 ETF、记账式原油、贵金属钱包、记账式贵金属、上金所代理业务第三代交易平台等多个重点产品的需求分析、系统研发、制度制定和上线推广等工作；完成了上金所市场包括代理黄金充抵保证金、国际板代理结售汇、新增交易合约、“上海金”定价等多项业务的业务创新和系统功能改造；实现了代理代客交易业务在网上银行、手机银行等线上渠道的拓展，持续为客户提供丰富的交易选择和便捷的投资体验。2016 年境内行代理贵金属交易量是 2014 年的 1.74 倍。

自营交易业务方面，与上金所同步推出黄金询价现金差额交割交易，达成同业首单通过国际板保管库黄金进口、上金所首单场内询价黄金期权交易，以及伦敦金属交易所（LME）铜合约、上海清算所铁矿石合约、人民币电解铜掉期等交易，获得上金所首批银行间黄金询价业务正式做市商、“上海金”集中定价业务首批定价成员，以及上海清算所大宗商品金融衍生品普通清算会员及自营业务资格，市场活跃交易银行地位不断巩固，业务规模逐年提升。2016 年黄金自营累计交易量是 2015 年的 1.78 倍。

2. 加速构建国际化发展格局

我国贵金属及大宗商品市场及行业的国际化步伐催生了广阔的业务空间，贵金属业务中心积极把握发展机遇，依托集团综合化与国际化优势，积极推动贵金属及大宗商品业务的国际化发展进程。

上金所国际板业务方面，随着 2014 年上金所国际板的推出，上海自贸区分行和香港分行成为上金所首批 A 类国际会员，交通银行成为首批国际板结算银行，位于上海的千吨级金库成为国际板首家指定交割金库。贵金属业务中心协同行内有关部门，深度参与上金所国际板业务，在国际板市场交易、库管结算等领域保持行业领先地位，同时积极推进国际板业务发展创新，达成交易所首笔黄金库存互换交易，香港分行达成首笔上金所国际板债券充抵保证金业务。

国际化业务拓展方面，交通银行成功申请成为伦敦金银市场协会（LBMA）普通会员并正式加入 LBMA 黄金定价机制，成为第 4 家成功加入该机制的中资银行，在国际黄金定价体系中发出更多“中国声音”、“交行声音”；成功上线伦敦金定价交易集中清算模式，成为新模式下参与伦敦金定价交易的 3 家中资银行之一；在金融市场业务中心支持下将纸黄金、纸白银、记账式原油等代客交易业务的 24 小时平盘工作同步切换至伦敦开展。贵金属业务中心积极推动实现条线事业部海外拓展，成立贵金属业务中心（香港），作为集团在香港的贵金属及大宗商品业务平台，通过开展代客交易及跨市场自营交易等业务，助力提升跨境跨业跨市场的交易和服务水平。

（三）改革的关键是优化用人薪酬考核机制

1. 着力推进专业人才队伍建设

自 2014 年正式挂牌成立事业部以来，贵金属业务中心在授权范围内通过社会招聘、行内调配等方式引进市场交易、产品管理、规划管理、风险合规管理等领域的多名专业人才，同时持续关注专业人才成长和职业发展，采取多种形式对全行改革发展的新要求、新举措、新成果进行及时传达和讲解，积极对接各项培训计划和人才工程，鼓励干部员工积极跟踪经济金融动态信息、深入钻研贵金属及大宗商品业务专业知识，着力营造关心人才、培育人才、发展人才的良好氛围。贵金属业务中心多名员工具备高级黄金投资分析师、中级黄金投资分析师、黄金交易员、期货从业、本外币交易、上清所大宗商品清算业务等专业资格，已形成一支业务水平高、工作能力强、层次分工合理的专业人才队伍。

2. 扎实推进干部选拔任用和后备干部培养工作

根据授权充分发挥干部选拔任用职能，认真贯彻落实中央和总行党委关于干部选拔任用工作的方针政策，深入落实全面从严治党和中央巡视整改要求，坚持“德才兼备、以德为先”的用人导向和民主、公开、竞争、择优的原则，围绕中心工作抓班子、用干部、选人才，一批政治素质高、领导能力强、业务素养优的干部走上了二级部管理岗位，为全行贵金属及大宗商品业务的健康发展提供了有力保障。贵金属业务中心大力推进后备干部队伍建设，坚持从严要求、重在培养、适时使用的原则，严格按照培养计划予以锻炼和评估，积极储备和培养中心未来经营管理和改革发展的中坚力量。

3. 持续优化落实考核分配机制

深入调研中外资同业绩效考核和薪酬分配模式，逐年制定中心考核分配办法，覆盖二级部管理干部及以下员工，积极探索建立更加市场化、更有竞争力、更具激励性的考核分配体系和延期支付与风险挂钩的兑现机制。考核分配办法重点突出个人业绩超额贡献计价考核，并通过团队奖金分配建立个人考核与团队考核的有效联接，充分激活事业部经营创利积极性，并将从严治党、廉洁经营的各项要求作为考核分配的基本准则和刚性约束，建立风险管理和内控案防的考核约束机制，制定对违反党风廉政工作要求及造成内控风险的考核分配一票否决制，取得良好实践成效。

（四）夯实风险管控是业务发展的保障

贵金属业务中心事业部设立了风险合规二级部。风险合规二级部作为贵金属风险“小中台”向中心和总行风险管理部门双线报告，实现贵金属及大宗商品业务风险的集中管控。中心持续推动将风险管理的理念和实践嵌入产品创新与业务发展的全流程，有效传导风险偏好，加强对风险的事前、事中、事后管控，推动实现各类风险可控、持续发展可期的经营目标。

1. 扎实做好重点风险管理工作

市场风险管理方面，贵金属业务中心对交易前、中、后全流程进行全面的风险识别、计量、监测和控制的管理，同时将市场风险限额分解落实到市场交易二级部和交易员个人，严格按照市场风险内部限额管理要求，对限额执行情况和市值变化情况进行监控，保证市场风险可控、业务运行平稳。信用风险管理方面，同业客户授信额度由总行同业授信牵头管理部门统一进行审批，由系统进行自动控制，贵金属业务中心定期对额度使用情况进行监控；企业客户相关业务授信由分行经营单位发起，按照统一授信流程进行审查审批，并由分行经营单位负责后续管理，贵金属业务中心密切配合总行风险管理职能部门开展相关业务风险排查。合规及操作风险管理方面，贵金属业务中心设置规章制度审查岗，对规章制度进行审核及定期梳理，严格开展合同性文件法律审查管理、印章管理、授权管理、业务连续性管理等工作，持续加强业务流程分析与风险控制评估，提升管理工具运用实效。

2. 扎实推进实物贵金属业务风险管理

实物贵金属销售合作机构管理方面，贵金属业务中心遵循集体审议、严格准入的原则，牵头推进实物贵金属销售业务合作机构准入相关工作。贵金属业务中心积极派员赴合作机构所在地，会同分行对合作机构开展实地调研，就合作机构的生产经营、质量管理、设计研发、销售团队、物流配送和售后服务等情况进行深入考察。实物贵金属产品质量管理方面，贵金属业务中心会同分行对实物贵金属产品实施抽检，配套系统管理，推动实物贵金属业务长期健康发展。

3. 从严开展风险管理及内控案防检查

根据全行对风险管理及内控案防检查的统一部署，贵金属业务中心遵循高标准、严要求，对内控机制、制度流程建设情况及业务审批机制进行梳理和评估，对业务重点环节和经营管理关键领域进行自查，检查范围涵盖主要业务、主要产品以及实物贵金属销售合作机构准入、市场风险监控、印章及授权书管理、档案与合同文本管理、财务支出与集中采购管理、重点岗位与重点人员管理、保密管理、规章制度建设和业务考核机制等关键环节，确保不发生内控合规及风险案件，为全行贵金属及大宗商品业务的长期健康发展保驾护航。

（五）下阶段的改革措施

贵金属业务中心将充分依托事业部体制机制优势，加大与条线部门、境内外分行、集团子公司的协作力度，进一步增强贵金属及大宗商品业务经营创利能力。

一是依托事业部集约化经营优势，不断提升全行贵金属及大宗商品业务整体运作效率。综合运用交通银行在“上海金”和“伦敦金”、竞价和询价、现货和期货等各类市场的交易资质，以及定价商和做市商优势地位、国际化和综合化协同效应等，巩固和发挥交通银行从实物、交易、租借到风险管理的全产品、全链条服务能力，有效拓宽收益空间。

二是线上线下同步提升事业部联通市场、面向客户的直接经营能力。线上拓展要以互联网思维为引领、以客户体验为中心，聚焦移动交易服务，优化签约链接、资讯推送、资产展现等手段，完善手机银行功能，推动产品整合和交易便利化，同步提升信息咨询、分析观点、在线专家等持续服务水平；线下推进要紧密协同条线、协同分行，对接三大板块客户行动计划，用好双边记账、专项行动、劳动竞赛等机制措施，组织实施有针对性的营销拓展活动，增强经营单位业务推进力，不断做大客户基础、拓展收入来源。

三是把控业务和市场发展趋势，发挥事业部专业化经营能力。加强业务需求排摸和市场价格走势研判，拓宽实物来源渠道，降低实物来源成本；提升租借费率前瞻性管理能力，综合考量客户风险、业务期限、整体贡献等因素，强化定价策略动态管理，巩固产品整体收益，确保业务高效平稳运行；不断丰富自营交易策略和标的，巩固交通银行贵金属及大宗商品交易型业务市场地位，努力打造跨境、跨业、跨市场的贵金属及大宗商品产品和交易服务商，不断提升经营创利能力。

四、离岸金融业务中心的改革实践

离岸金融业务中心（以下简称离岸中心）是交通银行首批成立的事业部，自成立之日起就以健全发展责任制和全面风险管控机制为重点，逐步完善经营体制机制，及时调整阶段性发展策略。随着多年稳健经营，离岸各项业务取得了较好发展，对全行国际化战略贡献不断提升。2012年到2016年末的五年间，离岸资产总额、存款余额、贷款余额的年化增长率分别达14.79%、19.81%和19.33%，离在岸联动效应大大深化。

（一）离岸中心事业部制改革的目标是提升客户服务能力

在体制方面，离岸中心在坚持利润中心为基本定位的基础上，逐步突出产品和条线事业部的作用，在推动总分行联动经营体制建设、完善考核激励机制等方面勇于进取、锐意创新，不断深化事业部制改革，全面提升客户服务能力。

1. 推动总分行联动经营体制建设

离岸中心始终在不断探索、完善自身的事业部定位，逐步形成“直营机构 + 产品事业部”的定位，不断理顺总行离岸中心与各省直分行的联动经营体制，特别是在业务营运模式、客户营销拓展两方面不断探索和实践。

从业务营运模式看，根据监管规定，离岸业务采用总行直接经营、集中管理、分行协办的营运模式。离岸中心作为总行直营机构在不断做大资产和利润规模的同时，不断强化与分行的业务联动，尤其是 2012 年离岸上线“531”业务处理系统后，分行对开户、汇款、反洗钱尽职调查、单证结算等业务营运上充分发挥分行就近服务便利优势。在管理考核政策上，目前以客户为纬度，离岸客户全部归属到分行，客户项下的存款、结算、非利息收入、有效客户数等全部计入分行考核。

从客户服务模式看，离岸业务的主要客户是境内中资企业在海外的分支机构，因此离岸中心采取跟随性策略，在“走出去”、“一带一路”倡议的大背景下，伴随客户成长，依托交通银行的国际化优势，逐步将业务开展至世界各地。在客户拓展模式上，离岸业务开展采取“中心 + 分行”，“境内 + 境外”的联动客户拓展模式，以境内分支机构为业务触手，同时辅以离岸中心专业化营销支持，逐步建立多元化营销渠道和激励机制，将离岸业务打造为开创银企合作局面的突破口，带动离在岸业务共同发展。在客户维护模式上，离岸中心发挥境内分行就近服务客户的优势，同时加大自营客户维护力度，努力做好贷后管理和持续营销工作，促进离岸业务稳健发展。

在总分行联动经营体制不断完善下，离岸业务得到了长足发展，离岸业务特别是离岸结算量、非利息收入等指标贡献日益重要，为全行国际化发展做出了重要的贡献。截至2016年末，37家省直分行的离岸国际结算量占其离在岸国际结算总量的30%，离岸业务带来的非利息收入占37家省直分行国际业务非利息收入的10.76%。未来，离岸中心将进一步明确离岸“直营机构＋产品事业部”的定位，既充分调动分行积极性做大做强联动业务，也不断提升自营能力，将部分联动业务权责下放分行、部分条线管理职能移交总行职能部门统一管理。

2. 推进离岸业务创新基地建设

2013年上海自贸区分行获准经办离岸业务后，离岸中心看到了在特定区域创新发展离岸业务的机会。至今全国已有11家自贸区挂牌成立，“1+3+7”的自贸区格局逐步形成，离岸中心将自贸区发展视为离岸业务跨越式发展的第二次契机，紧抓国家自贸区政策机遇，优选自贸区内分行作为试点，推进离岸业务创新基地建设，以离岸业务为抓手助力新兴经济开发区发展。

截至2017年上半年，交通银行37家省直分行中已有14家分行挂牌离岸业务创新基地，并有多家自贸区内分行正在申请挂牌。目前离岸业务创新基地采取只挂牌不增设实际机构、不增加人员编制的方式运营，离岸业务创新基地与当地分行国际业务部为“两块牌子，一套人马”。

各离岸业务创新基地自挂牌以来，对外扩大了离岸业务在当地的市场影响力，实际发挥了离岸业务面向客户的第一道窗口作用；对内缓解离岸中心在直属分行无下设机构的问题。同时，离岸中心在资金、营销组织、培训等方面给予各创新基地优先支持，有助于更好发挥当地分行积极性。经过近三年的运行，已挂牌离岸业务创新基地的14家省直分行国际结算量占离岸国际结算总量的71.64%，非利息收入占离岸非利息收入的53.46%。离岸业务创新基地的设立对离岸业务发展起到了良好的带动作用。

3. 优化考核机制、调动经营机构积极性

离岸中心不断优化考核激励机制，调动协办分行的积极性，推动离岸业务发展。近年来，交通银行离岸业务对协办分行的考核指标体系和措施逐步完善。一是双边记账指标逐步丰富。从最初离岸存款、离岸结算和中间业务收入，到现在进一步增加了联动业务收入、对公有效客户净增数和中高端客户数等指标，推动分行从重点抓大户转变到注重提升离岸客户结构的基础性工作。二是建立了离岸与分行的分润机制，对分行增加了贷款收益分润等指标，在全行加强经营收入考核的背景下，进一步提升离岸业务对分行的贡献，较好地调动了分行拓展离岸业务的主动性。三是利用国际化专项行动和劳动竞赛等手段，对离岸业务开展情况优异的机构和个人实行奖励，提升经营机构业务开展积极性。

不断深化内部改革、完善考核机制，调动中心内部员工工作积极性。一方面调整完善各二级部门职能，不断充实市场营销和反洗钱合规管理两方面的专业人员；另一方面对各二级部和员工考核中大幅增加经营指标的权重，逐渐形成以利润为导向的考核激励机制。

（二）突出专业特色，服务国家战略落地

离岸中心在不断优化内部体制机制改革的同时，不断发挥自身离岸业务专业优势，积极配合国家战略政策落地，服务了一批优质中资企业走出国门。

1. 积极参与境外银团，满足国内优质大型企业的境外资金需求

在境外融资工具的运用上，银团贷款在促进金融机构跨国跨境合作、助力中资企业“走出去”等方面发挥着不可或缺的重要作用。近两

年中资企业海外银团融资项目不断增加，中国成为亚太地区（除日本外）最大的银团贷款市场，占整个区域总额的26%（2016年），其中基础设施贷款、项目融资和资本性支出融资仍然占据中国贷款市场的主导地位，占总额的2/3以上。

2014年以来，离岸中心不断加大银团贷款的参与力度，通过加入APLMA（亚太区贷款市场公会）强化与同业间的联系，逐步成长为海外银团市场的活跃力量。2016年离岸中心成功参与银团贷款项目27个，累计投放金额超过15亿美元，进一步提高了交通银行在国际银团市场中的地位与形象。

2. 以创新业务产品为抓手，服务“一带一路”沿线客户

中央提出“一带一路”倡议以来，离岸中心积极响应国家倡议，将“一带一路”地区作为离岸业务拓展的战略重点，加大资源支持力度，力争成为“一带一路”资金融通主力军和排头兵。截至2017年9月末，离岸中心在“一带一路”沿线共跟进境外重大项目近10个，贷款余额近3亿美元，项目区域已辐射至孟加拉国、阿布扎比、赞比亚、越南等多个国家和地区，为“一带一路”倡议落地做出卓越贡献。未来，离岸中心将继续聚焦“一带一路”沿线，重点关注央企优势突出的能源、高铁、核电、基建等行业，储备支持优质企业参与的海外工程、并购、投资等项目，提升离岸中心跨国金融服务范围及能力。

3. 稳健发展贸易融资业务，助力具有真实贸易背景企业的发展

自挂牌成立以来，离岸中心一直将服务优质企业、支持实体经济发展作为立业使命，不断加大对企业的综合金融服务力度，拓宽国际结算渠道，助力外贸企业“走出去”，推进贸易融资业务，切实服务实体经济发展。离岸中心贸易融资业务实施专业化和集中化经营，恪守收益覆盖风险的基本定价原则，通过提高服务的专业化程度和产品创新的力度，

获得合理的利润。截至 2017 年上半年，离岸中心贸易融资余额达 84.49 亿美元，在全国四家离岸同业中排名第一。

（三）实施内嵌式管理，增强风险管控，推动业务稳健经营

1. 不断完善风险管理体制搭建

离岸中心围绕全面风险管理，将反洗钱合规风险管理作为重点，并在流动性风险和操作风险管理的基础上，结合经济阶段性特征与监管形势变化，在总行管理支持和分行经营配合下，细化操作流程和风险防范措施，重点加强信用风险和反洗钱风险管理，通过标准流程打造和系统建设，助力离岸业务稳健发展。

在风险管理体系构建上，离岸中心已形成“1+1”全面风险管理委员会工作机制，设立全面风险管理委员会，下设贷款审查委员会专职审查授信业务信用风险。同时，由离岸风险合规部逐步承接离岸业务风险合规管理工作；在离岸银行部内设反洗钱风险管理组，设立日常反洗钱流程标准和规章制度，负责离岸业务的日常交易监控、大额可疑交易报送等工作。

2. 强化信用风险管理

信用风险是离岸授信业务开展过程中面临的主要风险。离岸信用风险管理重点在于从“管投向、管流程、管风险、管回报”四个方面，努力构建权责对等、运行规范、信息对称、风险控制有力的合规发展体系。一是授信准入在符合授信政策的基础上，强化项目主体和业务背景调查，切实履行反洗钱、反恐合规性审查工作等。二是持续落实管户客户经理贷后管理的第一责任和各级经营机构贷后管理的主体责任，通过流程设计和制度优化，细化信用风险管理要点，实施离岸授信业务风险管控前

移。三是坚持全覆盖的授信业务存续期管理，根据授信项目的规模和风险，实施差异化贷后管理，强化风险化解能力；重视通过交易合同可靠性、资金回笼及时性、交易对手稳定性等环节反馈的信息来关注企业经营及履约动态；及时掌握并有效防范客户信用和交易风险，通过财务指标约束、提高融资合理度和加强存续期管理等措施管控风险。

3. 反洗钱风险管理为重点

随着全球洗钱和恐怖融资愈演愈烈，全球监管机构不断推出新的指引规范，离岸客户身份和以美元清算为主的业务特点，决定了离岸在反洗钱、反恐怖融资管理和其他合规性管理方面的压力会越来越大，特别是随着美国域外管辖加强、美国《海外账户税收合规法案》（FATCA）实施等，业务发展中稍有不慎，将对交通银行资产安全和社会声誉造成严重影响。因此离岸中心近年来不断加大反洗钱管理力度，从 2014 年开始离岸中心在同业中率先提高新开户准入门槛，加强存量客户身份持续识别管理，建立客户尽职调查和评分体系，建立对高风险低质效客户强制清退机制，持续完善洗钱识别规则，优化反洗钱系统；等等。近三年客户清退速度达到年化 151%，优质客户比例在不断提升，离岸业务洗钱风险隐患也有效降低。

（四）离岸业务事业部深化改革的思考

1. 推行离岸业务全行一体化运营

为进一步集中人、物、财力资源向前台营销倾斜，突出离岸中心事业部的经营定位，未来离岸业务中涉及全行性的营运、合规管理职能交由总行相关职能部门统筹安排，深化全行离岸业务一体化管理。如涉及柜面管理、离岸操作人员资质培训、反洗钱监测等离岸业务管理职能，总行相关管理部门在人员、系统等方面享有更多专业资源，由其统筹管理这类职能将更加专业高效。因此离岸中心将协同总行其他管理部门，理顺营运流程、明确营运标准，规范前台营运操作人员的资质和管理，加强离岸日常营运的风险监控。

2. 提升息差管理能力

离岸业务经营特点是资金价格随境外市场实时波动，在当前美联储加息缩表管理形势下，预计未来离岸美元市场价格继续走高，离岸息差进一步收窄。离岸中心将从资产负债配置、客户基础发展、市场风险管理等方面进一步科学谋划，努力提升息差管理水平。一是加大高收益贷款资产的营销力度，以资产业务为锚并带动非息收入增长。二是持续推动存款客户发展，增强资金来源稳定性，减轻对市场化同业资金的依赖度。三是推动百汇通、全球代发工资等创新结算产品推广，扩大交叉销售的范围和力度，提升客户资源的体内循环质效。四是坚持做结算、做交易、做流量，做大优质客户低成本负债沉淀，拓宽低成本负债来源。五是提高对市场变化的敏感度，加大市场研判投入，提早预判国际市场中重大事件对离岸业务的影响并制定应对策略，积极防范市场利率变化对盈利的侵蚀。

3. 新业务系统建设

为推动经营和管理模式的调整，离岸中心已计划再次上线新业务处理系统，在理顺全行离岸业务一体化发展管理机制的前提下，启动离岸新版“531”上线工作，借助系统推动总分支管理经营架构落地、一体化经营管理落地、分行离岸业务经营落地支撑等，助力全行离岸业务跨越式发展，提升精细化管理水平。

4. 加强团队建设力度

离岸业务发展必须发挥全行系统性资源力量，持续加强对分行离岸业务培训，增强一线营销人员对离岸业务的了解和实战能力尤为必要。

离岸中心将不断完善现有培训制度，提升培训质效。一是结合合规管理和操作风险管理需要，同步加强对分行一线人员反洗钱、离岸“531”系统操作、单证结算等培训。二是培训名额向中西部地区省行和发达地区的辖行倾斜，扩大受训覆盖面。三是借助第三方合作机构力量和业务优势，突出市场热点，契合客户需求。四是加强培训反馈和后评估，不断增强实用性和有效性，提高培训质量和效率。

五、票据业务中心的改革实践

（一）票据业务中心事业部制改革成效

1. 经营业绩稳步提升

2013 年底以来，票据业务中心事业部制改革取得积极进展，经营效益稳步提升，各类业务指标均保持良好的增长态势。2016 年票据业务净经营收入较 2013 年增长 287%，票据业务累计交易量较 2013 年增长 416%，同业新开户净增数较 2013 年增长 183%。多年来，票据业务始终保持无假票、无资金损失，资产质量持续保持优良。

2. 聚焦服务实体经济

票据业务中心积极探索服务实体经济的出发点和落脚点，不断提升服务实体经济的能力。2015 年，票据业务中心开拓创新“准直贴”[①]业务，联合总行公司机构业务部开展票据重点客户名单梳理，通过给予优质企业客户价格优惠，鼓励分行积极参与客户票据竞标、竞价活动，积极打通“分行办理贴现→中心‘准直贴’（转贴现）→中心转出票据”

① “准直贴”业务是指交通银行各省直分行将直贴后的票据以转贴现的方式转让给交通银行总行票据业务中心。

一体化经营渠道，促进全行直贴业务显著增长，大幅提升承贴比。“准直贴”业务交易量从 2014 年的 115.57 亿元增至 2016 年的 1 091.76 亿元，净增逾 9 倍，系统内 37 家分行均参与交易，覆盖率达到 100%。全行承贴比 2014 年仅为 13.8%，而截至 2017 年 6 月全行承贴比已达到 68.54%。2017 年上半年，票据业务中心“准直贴”业务覆盖 31 家分行，交易量为 509.94 亿元。票据业务中心将坚决按照党中央国务院的要求，聚焦服务实体经济，全力支持国民经济健康发展。

3. 风险防范卓有成效

票据业务中心紧紧围绕交通银行“三大任务、三大重点、三大目标”，坚持业务发展和风险管控两手抓，积极推进落实案件防控治理工作。同时，结合自身业务特点，积极应对票据市场风险高发，全面梳理流程，识别、评估风险，完善有效控制措施，强化内控管理、内部培训，加快系统建设，积极推进全面风险管理体系建设，提高业务风险管控能力，确保各项业务安全高效运营。

自成立以来，票据业务中心保持无假票、无资金损失、无案件风险的记录，资产质量指标持续优良。票据业务中心已建立风险防控长效机制：一是积极打造风险合规小中台建设，扎实开展风险文化教育，不断提高全员合规经营自觉性；二是结合全面风险管理要求，切实把好风险关口，积极推动上下级贯通、前中后协同的风险管理体系建设；三是明确“客户经理是第一责任人、全面风险管全面、专业人做专业事”三项原则，坚持“前、中、后台各司其职，严格履行岗位职责，风险控制全员参与”的风控理念；四是坚持以制度建设为抓手，扎实推进票据业务中心全面风险管理工作，强化内控管理基础，积极推进风险合规建设。

（二）票据业务中心事业部制改革实践

1. 体制机制改革

发挥党组织核心作用，强化工作机制建设。票据业务中心在单设后重新组建了党组织班子，接受总行党委直接领导。为加强决策的民主化、科学化和规范化，2015 年初票据业务中心研究制定了《票据业务中心党组会议议事规则》，随后又制定了总裁办公会工作条例，为重大问题的审议和决策建立了规范化的议事平台。

以提升直营能力为重点调整内部营运架构，完善经营体制。一是按照“壮大前台、精简中后台”的要求，完成运营架构的调整、明确前、中、后台职责，同时加大优势资源向前台倾斜的力度，扩充前台营销队伍，目前前台人员占比为 46%。二是成立风险合规部，建立前、中、后台的风险制约机制，加强业务发展过程中的风险控制能力。

建立以经营导向为主事业部考核体系。建立了以经营绩效考核为核心的内部考核机制，即前台部门以经营指标为主，中后台部门侧重本岗位管理职责的同时捆绑经营指标。通过考核指挥棒的导向作用，逐步在票据业务中心内部形成人人谋发展的良好氛围。

狠抓制度建设，梳理业务流程，完善二级部门岗位职责。在结合业务实际和总行管理要求的基础上，票据业务中心集中精力研究制定了《交通银行票据回购业务专营管理办法》等 18 个制度办法和 22 个标准业务流程，明确岗位分工，统一操作规范，提高工作效率，有效防范操作风险。

加强人才队伍建设。一是通过选拔优秀行内人才、内部培训、带教等方式，逐步培养一支研究能力强、市场敏感度好、风控水平高的专业团队。二是建立线上线下沟通机制，开拓与分行票据团队日常沟通和联系的新渠道。并定期举办票据业务培训班，加强对分行票据经营团队的指导和培训，提高全行票据经营管理的整体水平。

2. 经营模式改革、创新

改进业务管理方式，提升经营发展质效。引入分行间竞价交易方式，提升资源管理效率。票据业务中心拟定《票据买断业务竞价规程》，试行系统内分行竞价交易办法，以此鼓励分行参与竞价，移存优质票据。

制定一周策略例会制度。为业务策略的制定、业务规划的统筹提供较为全面的预测与分析平台，统领指导票据业务的开展。

实施精细化票据定价管理。根据 FTP 利率走势，灵活操作，合理配置票据期限结构，实现票据收益最大化。

落实专营监管要求，推动全行票据回购业务健康有序发展。2015 年 4 月实现同业第一家回购业务专营以来，通过“分行报价—中心审批”的方式，高度集中价格信息，避免造成分行间资源内耗的情况。2016 年 3 月回购专营系统正式上线，基本实现“回购业务申报—票据业务中心审批通过—票据转贴现额度预订—回购业务操作”全流程管理，为全行回购业务提供有力的服务支撑。

着力推进“准直贴”业务，夯实票源基础。票据业务中心积极引导分行加大对重点公司客户、当地票据同业业务的拓展，并设置专项奖励、组织劳动竞赛等措施着力推进“准直贴”业务，融通系统内外票源、实现总分行合作共赢。同时，有效推动了全行低成本核心负债的发展，提升了交通银行在票据市场的影响力，增强了客户黏性，并积极发挥了票据“蓄水池”作用。

多渠道创新负债端业务，拓宽资金来源。在全行流动性紧张时点，通过正回购业务操作，从市场融入低成本资金，支持全行流动性调节工作。2016 年票据业务中心以低于同期限同业存款的成本从市场融入资金共计 230.12 亿元；截至 2017 年 6 月末，从市场融入资金 589.66 亿元，积极拓展资金来源渠道，为全行流动性调节管理做贡献。在2015年初次试水再贴现业务的基础上，继续加强与人民银行联系，积极寻找业务机会，多元化吸收资金来源，降低负债经营成本。

加强票据资产证券化研究，推动票据创新类业务发展。调查研究市场上现行的票据资管模式、监管政策、行内业务办法等，锁定中心票据资产证券化的业务创新方向。加强与基金公司、券商等金融机构展开交流探讨，研究票交所上线后的合作模式，以及创新类票据业务模式。会同交通银行相关部门具体探讨产品设计、定价、管理、风控等相关内容，明晰业务流程，积极推动票据资产证券化业务落地。

优化经营结构，丰富交易模式。借票交所上线契机，抓住利率窗口期，加大正回购、逆回购业务及资产再定价业务拓展；同时，研究分润机制，鼓励分行拓展逆回购业务客户，加快“流量”交易，以量补价，推动从“持有”向“交易”转型。

积极拓展票交所同业客户群，在实践中优化交易操作流程，继续提升在票交所平台的交易活跃度和市场影响力。

优化息差管理，助力票据业务中心利润稳步增长。票据业务中心积极参加全行关于利率市场化条件下息差管理大调研、大讨论、大献策的专题研讨活动。通过建立工作机制，拟定研究课题，制订调研计划等措施，确保调研工作顺利高效，确保调研方向有针对、有实效，从而指导业务实践，实现票交所交易模式下利润的稳步增长。

3. 加强市场拓展、搭建同业客户网络积极拓展市场

搭建同业客户网络，在夯实业务基础。票据业务中心加强与分行合作，定位新潜力客户群体，着力重点客户和核心客户名单制管理，开拓分级特色营销等方式，并借力专题研讨、同业交流，打通同业客户合作渠道，加深与金融同业的沟通合作，在夯实票源的基础上拓展与企业、

同业客户的合作空间，并进一步优化双方在转贴现、回购及票据创新产品、系统对接等方面的合作，不断挖掘新的利润增长点。2015 年，共计开展 36 场同业推介交流活动及客户拜访；2016 年，共走访 10 家分行和 26 家重点客户。两年新客户交易量均约占全年交易总量的 15%。

打造专业服务方案，扩展业务契机。根据同业调研，票据业务中心积极探讨与城商行、农商行、财务公司业务合作的近期产品切入策略和远期规划，在调研报告的基础上，形成了财务公司、城商行、农商行服务方案。同时将财务公司及城商行、农商行的重点客户也纳入名单制管理，制定客户经理对口联系制度。

4. 打造票据业务中心和分行“双轮驱动”新格局

采取给予分行专项信贷规模和价格优惠等措施，引导分行加大对公司客户、当地同业票据业务的支持，提供票源，做大做优贴现业务，加快票据周转频率。协助分行开展直贴业务招标项目，以优惠的“准直贴”价格鼓励分行积极参与客户票据竞标、竞价活动，持续推动票据业务一体化经营。推动建立分行票据业务利润考核新机制，建立“分行票据专业团队→支行→客户经理”的利润考核新机制，调动基层客户经理开展直贴业务的积极性。组织开展票据业务专项行动计划，即“准直贴”业务专项行动和回购专营业务专项行动，充分调动基层客户经理的积极性。

5. 建立全方位风险防控体系

全面加强风险管控，确保各项业务安全高效运营。以市场分析为抓手，做好市场风险管理。加强票据市场信息搜集，分析研判利率走势，积极防范市场风险，提高市场化经营水平。以同业授信管理为抓手，做好信用风险管理。建立同业授信业务动态跟踪体系，优化同业授信管理，积极推进同业客户票据类授信的集中申报和新增授信的管理工作。以监督检查为抓手，做好操作风险管理。中心结合监管、总行管理部门及中心实际要求，建立定期、不定期开展专项风险排查机制，通过实地定期检查、不定期抽查等方式，监督检查风险管控情况，杜绝操作风险事件。以风险分析例会为抓手，做好风险后评估管理。按季度召开风险例会，分析评估风险管理情况，并将评估结果应用于流程优化、关键风险指标制定及监控预警设置中。

提高内部控制管理手段，多角度防范风险。运用“启信宝”、总行风险管理部的风险小工具严控出票人风险。对票据业务开户资料实施电子化规范管理，推行客户经理负责制，加强对交易资料和跟单资料档案的管理。加强新老员工的业务知识、监管文件政策学习及合规培训，加强对交易前、中、后的分段管理，做到业务流程的规范、连贯和高效。

强化风险排查监测，提高业务风险管控能力。加强风险信息收集。通过提取外部系统数据库，实时跟踪风险信息，及时获取公示催告、挂失止付等风险数据，主动防范业务风险。围绕内控目标、内控建设、内控监督检查和整改、内控评价与考核等四项内控体系的重点内容，制定《票据业务中心内控问题五级分类规则》，加强内控基础建设。对接总行风险管理部“风险监测平台”，协助做好票据业务风险信息落地和运用。借助大数据分析技术，改变票据风险数据收集和利用的模式，创新票据风险监测的手段。

6. 加强系统建设，提升业务支撑能力

票据业务中心顺利完成“531”工程上线。在充分运用数据的基础上，不断优化流程，提高业务处理效率。优化改造外挂票据管理系统。与“531”项目成功对接，并满足业务发展和管理要求。牵头完成回购专营系统开发上线工作。实现代理回购“申请—审批—放款”全流程线上管理，彻底解决额度空锁空占问题，提高业务效率，实现风险实时监控。2016 年 10 月电票资产托管系统完成上线，积极适应票交所电票发展的大趋势，推动交通银行电票资产托管业务发展。成功上线中国票据交易所一期系统，并于 2017 年 2 月 28 日当天在该系统平台上实现交通银行首次票据转贴现全品种交易。根据 2018 年 10 月交通银行通过系统接口直连模式与票交所系统对接的计划，票据业务中心将配合总行公司机构业务部优化改造交通银行票据业务相关系统，积极参与需求、测试等各项工作，努力打造交通银行电子票据金融服务平台，进一步提升交通银行票据交易银行的竞争实力。

（三）推进票交所模式下的票据交易银行建设

1. 资产端业务发展

不断夯实直贴业务，培育票源基础。直贴是服务公司客户的重要产品，有助于增强客户黏性，吸收低成本结算资金，也是票据交易类业务的基础。开展票据二级市场交易只有做强票据资产前端环节，夯实贴现票源，才能形成直贴带动转贴经营的合力。票据业务中心将配合总行公司机构业务部强化前端客户拓展，鼓励分行积极参与重点直贴客户票据竞标竞价活动，不断拓展优质票源。

立足“准直贴”业务，充实票据资产。“准直贴”业务不仅能带来存款、结算等综合收益，带动全行低成本核心负债和承贴比提升，同时业务风险把控能力强，可进一步提升交通银行稳健经营形象和市场竞争力。票据业务中心将通过重点客户名单制管理、专项规模配置、劳动竞赛等措施，引导分行加大对公司客户、当地同业客户的支持，持续推进“双轮驱动”格局。

推进回购业务，提升同业竞争力。随着全行回购专营的落地，票据买入返售（逆回购）已成为交通银行一项重要的资金业务。回购业务交易对手为同业，占用银行信用，是票据业务中心利用资产端提升同业交易竞争力和活跃度的重要渠道。票据业务中心将在风险可控的前提下进一步拓展回购业务交易对手，力促全行票据回购的市场化、专业化和规模化运作。

配置商票业务，优化资产收益。商业承兑汇票信用风险溢价高，议价能力强，后续更加有利于创新发展票据理财、票据资产证券化等业务，未来有广阔的发展空间。票据业务中心将联合总行公司机构业务部，结合重点客户名单，梳理商业信用基础好、票据使用量大的企业客户进行商票承兑及转让交易，实现票据业务中心商票资产的合理配置。

深化财务公司合作，拓展业务空间。票据业务中心作为市场上为数不多的资金供应商之一，将充分依托总行的资金规模优势，在风险可控的前提下，深化与金融同业的票据合作，进一步提高票据资金化运作能力。票据业务中心将密切跟进财务公司的具体需求，与分行及相关部门通力合作，提供银票、商票等优质票据资产，拓展业务合作空间。

2. 负债端业务发展

用好央行再贴现市场，降低资金成本。再贴现是央行调节货币政策的重要工具，充分认识把握央行再贴现利率具备的特点，择机使用再贴现渠道，降低负债经营成本。

依托银行间市场，积极跟进票据资产证券化。随着新资本管理办法的出台，票据作为信贷优质资产将成为交通银行突破资本约束困境的优先选择。票据业务中心将积极推动电票、商票与资产证券化相结合，明晰基本操作，会同相关部门探讨在产品设计、系统改造、定价、管理、风控等方面的具体内容，推动票据资产证券化业务尽早落地，利用银行间市场实现票据“存量资产”向“流量交易”业务的转型。

延伸同业资金市场，实现资金来源多元化。票据业务中心将通过同业资金市场，实现不同期限、利率、金额的负债端配置。通过票据市场卖出回购、利用财务公司富余资金等同业业务渠道获得资金来源。

3. 打造票据交易银行的配套措施

完善运营机制，快速适应票交所模式下经营管理思路。未来票交所模式下将会出现新型的一级交易模式、新型的票据投资业务以及新型的一级市场业务带动一二级市场业务联动经营。二级市场交易的集中将减少单个机构对场内业务员的需求，法人机构主体间总对总的线上交易或将成为主流。未来票据业务开展的顶层设计和管理统筹的重要性日益凸显。在同业纷纷向集中经营调整的趋势下，分散经营有可能导致资源内耗，不利于全行票据业务外部市场竞争力的提升。下阶段，重中之重的工作是统筹协调，理顺总分行票据业务运营机制，合力打造以事业部和分行票据团队为支撑的票据交易银行。

完善同业客户网络，夯实业务基础。票交所模式下，将引入更多的交易主体，在面对新交易模式和新交易主体的情况下，票据业务中心将进一步拓展和完善同业客户网络，夯实业务基础。加强对财务公司的业务沟通，探索和加强同财务公司的业务合作，同时扩大优质票据来源。进一步加大与同业在传统及升级型票据业务上的合作，在积极拓展优质同业客户数量的基础上，做大票据交易量。加强与同业就创新型票据业务的探讨，提前布局、抢占先机，增强中心在票据市场的竞争力，打造一流交易银行形象。

打造优质交易团队，优化考核机制。未来从事票据转贴现、回购业务的市场营销人员要逐渐向交易员转变，需要拥有更强的市场研判和交易机会把控能力。从事风险管理的人员需要具备量化和精细化的风控能力，从以往的管控操作风险向更好的管控市场风险与信用风险方面倾斜。为积极适应变革，票据业务中心主动改革，倾力打造“三大团队”，即研究团队、交易团队和风险团队。

六、资产管理业务中心的改革实践

（一）资产管理业务中心事业部制改革的历程

在利率市场化过程中，商业银行以利差为主的传统盈利模式不断受到挑战，资产管理业务作为增加中间业务收入、提升自主投资管理能力的重要途径，逐渐成为商业银行新的盈利增长点。按照国际通行原则，有序推进事业部改革是资产管理业务发展的一项重大顶层设计。根据国务院《关于金融支持经济结构调整和转型升级的指导意见》（国办发〔2013〕67号）及银监会《关于完善银行理财业务组织管理体系有关事项的通知》（银监发〔2014〕35号）的相关规定，商业银行按照“单独核算、风险隔离、行为规范、归口管理”的四项基本要求积极推进理财事业部改革。

交通银行结合监管要求及“专业化经营、集约化管理”的事业部改革原则，通过事业部制改革激发资管业务发展潜力。2014年是中国银行业开展资管业务事业部制改革元年，也是交通银行资管业务事业部改革的元年，其间经历了从总行部门到准事业部制再到事业部制的改革历程。2014年1月17日，交通银行审议通过《资产管理业务构建准事业部制实施方案》，1月23日，交通银行人力资源部印发《关于成立总行资产管理业务中心（资产管理部）及内设架构调整的通知》，正式确立资产管理业务准事业部制的运作体制，明确了资产管理业务中心经营中心和利润中心的定位。资产管理业务中心成为总行第一家试行准事业部制的经营单位，负责牵头统筹管理全行资产管理业务，整合业务资源、产品和服务体系。2014 年 5 月 27 日，资产管理业务中心由准事业部转制为事业部。2015 年 6 月，资产管理业务中心举办揭牌仪式，标志着事业部制经营管理体制正式运作。

2014 年资产管理业务中心事业部制改革以来，经营业绩实现跨越式增长。2013 年底交通银行人民币理财产品同业排名仅名列第七位，到 2017 年中交通银行理财产品余额同业排名升至第四名，表内外理财余额约为 1.6 万亿元。从经营效益上看，2016 年经营收入较 2013 年翻两番。从产品创新上看，交通银行 T+0 系列理财产品、结构化理财产品、量化投资理财产品以及境外投资理财产品等多款创新产品持续领先同业，为超过 500 名个人客户和 4 万名法人客户提供资产管理服务，赢得了良好的创新效益。经营业绩连续跨越式增长，是交通银行事业部改革成功的最直接体现。

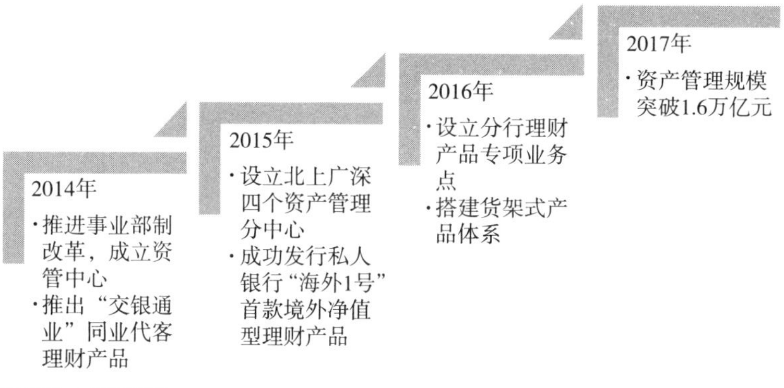
2014年
·推进事业部制改革，成立资管中心
·推出“交银通业”同业代客理财产品
2015年
·设立北上广深四个资产管理分中心
·成功发行私人银行“海外1号”首款境外净值型理财产品
2016年
·设立分行理财产品专项业务点
·搭建货架式产品体系
2017年
·资产管理规模突破1.6万亿元

资料来源：交通银行。

图 1–1　事业部制改革以来，资产管理业务中心实现跨越式增长

（二）事业部制改革主要措施

资产管理业务中心事业部制改革遵循了交通银行事业部制改革的

三条基本原则，通过结合资管的业务特点，具体开展了以下方面的实践与探索。

1. 探索党委领导核心和现代公司治理有效结合，充分发挥事业部党委的作用

党的领导核心是社会主义公司治理的基石。在资产管理业务中心事业部党委的具体指引下，资产管理业务中心不断深化改革、积极创新，在事业部体制机制改革上取得了积极成果。事业部党委通过有机结合从严治党和经营发展两个责任，体现了全行发展战略意志，提升体制机制运作效率，最大程度地激发各相关主体参与转型发展的积极性，实现经营业绩跨越式提升，交银理财品牌影响持续扩大。

2. 坚持“专业化经营、集约化管理”原则，明确事业部定位

资产管理业务中心既是资产管理业务的管理部门，也是参与市场竞争的业务拓展部门，是总行直接经营功能的强化。资产管理业务中心在遵循“效益优先、兼顾规模”原则的基础上，突出利润导向，明确作为经营中心和利润中心的定位。资产管理业务中心牵头全行资产管理业务各项经营目标，统筹表内表外理财业务管理，既牵头承担并分配全行理财业务各项考核指标，又承担本级利润指标，接受总行考核。部门内部实行前中台分离，后台共用全行后台的模式，充分发挥前台部门的业务自主性。通过专业化经营提高资源配置效率、最大化管理效用，通过推动经营体制机制改革，促进资管业务成为交通银行新的利润增长点。

3. 坚持“风险及收益平衡”原则，建立专业化运作的长效机制

深化捆绑考核机制，通过双边记账与分润机制协调条块关系，实现风险与收益的平衡。一方面，总行和分行协作中突出风险收益平衡，在强化事业部直接经营、突出资管专业特色的基础上，推动总行和分行实现责任、权力和利益的有机统一，推动“事业部制 + 分行制”双轮驱动

发展；另一方面，总行开展业务发展秉承风险收益平衡理念，业务推进过程中，持续完善业务流程和规章制度，实现资产管理业务中心产品创新和业务发展的稳健推进。

4. 坚持“以客户为中心、以市场为导向”原则，完善事业部职能

首先，完善资产管理业务中心客户的营销职能。增加面向特定客户直接营销的职能，在保持现有联动销售机制不变情况下，对非交通银行金融机构类和行外超高净值个人客户等非传统理财客户的机构类客户开展直营。其次，拓展资产管理业务中心资产发起权。针对标准化市场交易类资产、机构增信的债权资产、可以通过市场化估值并进行止损的资产，增加特定资产发起职能。最后，优化资产管理业务中心审批流程。对于可以进行市值评估或可以通过市场直接进行风险处置的市场化投资工具，由资产管理业务中心风险中台在授权金额范围内自主审批，超出授权再报总行授信审批部门集中审批，提高资产管理业务中心审批流效率。通过完善事业部制职能，实现经营模式转型与创新效率的提升。

（三）事业部制改革阶段性成果

几年来，资产管理业务中心坚持市场化改革方向，积极稳妥地在体制机制、组织架构、人事薪酬、考核激励、产品研发、风险管理等方面探索事业部制改革措施，主要体现在以下几个方面。

1. 初步建立“双轮驱动”的专业化管理架构

资产管理业务中心根据业务需求打造了总分行协调机制顺畅、管理效率提升、市场应变能力较高的专业化组织架构。

一方面，总行资产管理业务中心通过功能和资源整合，已经形成了以市场需求为导向，前、中、后台功能较完备，权责清晰的人才体系和

组织架构。在总行资产管理业务中心层面，已形成固定收益部、结构融资部和资本市场部共 3 个资产端业务二级部，专户理财部和私银理财部共 2 个产品端业务二级部，资产管理业务中心香港分中心共 1 个横跨资产和负债端专营跨境业务的二级部，以及由综合管理部、业务运营部、风险合规部共构成的中后台部门。

另一方面，总行资产管理业务中心将专业化经营延伸至分行，对分行资管团队在发展规划、业务审批和定价、产品创新和推广、风险防控等方面实现自上而下的统一标准和垂直管理。现阶段，分行层面已经形成北京、上海、广州、深圳共 4 个资产管理业务分中心和 21 个分行理财产品专项业务点。在“双轮驱动”的专业化管理架构下，总行资产管理业务中心负责在全行层面充分优化资源配置，提升资管业务的规模经济效应，强化了一体化经营能力；分行资管团队充分发挥区域经营的积极性和自主性，提升资管业务的直接营销能力、市场反应能力和决策效率。

2. 建立灵活的人力资源管理和绩效考核体系

事业部党组在总行赋予的人员聘用和干部提任等人力资源管理职权范围内，根据业务发展需要，在一定的授权范围内，开展人员自主招聘、录用、定岗、定薪等管理工作。通过猎头推荐、市场化招聘和行内竞聘等方式，资产管理业务中心已经建立了涵盖固定收益、权益投资、境外投资、衍生品投资和量化投资领域的高层次人才队伍，既有海外高学历人才，又有国内的行业骨干，队伍的学历层次和专业素质领先同业。初步建立投资研究一体化的投研体系，打造了宏观政策、策略研究和趋势分析的专业研究团队，并将研究团队有效融入投资经理队伍中，形成了良好的研究导向、团队作战的投资文化。目前，资产管理业务中心专业人才队伍建设领先同业，也是全行高层次人才最为集中的部门之一，高层次人才队伍的建成，成为未来进一步领先同业的坚实基础。

3. 实现业务流程和制度办法建设基本全覆盖

按照“业务发展、制度先行”的思路，以提高事业部经营效率为目标，资产管理业务中心对流程梳理和权限梳理进行有机结合，在大量精力推动业务流程和制度办法建设的同时辅以业务流程优化和整合，目前基本实现了业务链、产品链的全覆盖，基本建立起清晰高效、内控严密的业务流程。

流程建设成果显著。现已实现将理财业务全过程、全品种纳入全行统一的信用和市场风险管理体系，建立前、中、后台业务分离体系、自营与代客风险隔离体系、理财产品的独立核算体系、投资与审批分离、投资与交易分离的既有效配合又相互制约的业务流程。

制度办法建设完善有效。既做到每个业务、每个流程都有制度的全覆盖，又实现了基本制度、办法和业务指引的分类分层规范，确保每项业务的开展和每个新业务的推出都有相应的制度依据，遵行相应的业务流程。

嵌入式的风险管理机制初步成型。资产管理业务中心内设事业部建立风险小中台，采取双线汇报、双线管理，通过嵌入式的风险管理模式，确保事业部在风控防控上做到前、中、后台分离，重点抓好授权内的业务审批、贷后和存续期管理等工作，使事业部集盈利增长与风险防控责任于一身，做到合理平衡。

4. 以客户为中心的专业化经营水平持续提升

在全行分层分类分级的客户管理体系下，资产管理业务中心逐步打造“产品种类丰富、渠道覆盖广泛、投资管理集中”的货架式理财产品体系。

初步建立货架式理财产品体系。交通银行在业内较早提出财富管理服务理念，已经塑造面向公司客户的“蕴通财富”产品系列，同业客户的“交银通业”产品系列，零售客户的“得利宝”产品系列等市场领先的理财品牌。在“交银理财”品牌优势进一步夯实的基础上，通过丰富期限种类、优化分档定价和主题式理财产品，建立了集约式、灵活的产品开发和产品创新体系，为资产管理业务中心理财产品体系的长期发展奠定基础。

持续完善跨部门的产品开发协作机制。资产管理业务中心发挥资产配置方面的优势，借助个金板块、公司板块、同业板块渠道部门发挥了解客户需求的优势，统筹协调完成产品设计方案，建立由资产管理业务中心牵头的常态化、多层次联席会议机制，扩大资产管理业务中心事业部的协调资源和调动资源的能力，建立一体化、集约化的理财产品开发和运营体系。

初步构建多层次的理财产品销售渠道。资产管理业务中心从产品设计逐渐延伸至产品销售端，主动介入产品营销策略、分行产品销售和培训、客户交流反馈、产品升级需求等市场竞争的前端，统一构建全方位、多层次、市场化的理财产品销售渠道体系。现阶段，通过有效利用激励制度，大力推动了T+0产品、净值型产品、长期限理财产品等重点产品的资源配置，通过财务考核调动业务发展的积极性，有效促进了资管业务发展战略的落实。

5. 构建表外资产负债表管理体系

在交通银行全表管理的管理框架下，资产管理业务中心已经初步建立表外资产负债表，根据市场情况实现表内表外资源配置的统筹安排和动态优化。

首先，建立定期的表外理财报表工具体系，形成资产管理业务的动态全貌。通过表外理财业务资产负债报告、运营情况月度分析报告、全行理财日报等资管业务报表，不仅将资管业务融入全表管理报表体系，还为业务提升提供数据基础和分析基础，体现资管业务“代客理财”的本质特点。

其次，在全行制度框架下完善表外理财业务的流动性管理制度建设。基于全行流动性风险管理办法和资产管理业务中心资产管理业务管理委员会，确定资产管理业务中心资产负债委员会工作条例，形成流动性风险管理细则和预案，完善流动性管理议事规则和规章制度建设，提升集团化、全表化的流动性风险管理水平。

最后，借助表外资产负债表，开展前瞻性资产负债管理。结合全行宏观经济形势展望和利率预期管理体系，按季度编制表外理财业务资产负债配置报告。资产管理业务管理委员会审议资产负债配置报告后，将资产及负债计划分解至月度和周度，形成对前台部门业务开展投资管理的战略指导，最终由前台落实，打造系统化、制度化的管理机制。

（四）持续深化事业部制改革，打造资产管理业务中心八大开放式平台

未来，资产管理业务中心将事业部制改革与全行战略相结合，借助“两化一行”[①]战略优势，以境内外债务资本市场的投资和交易一体化运作为抓手，推动交通银行从资产持有大行向资产管理大行转型。面对复杂多变的外部环境，资产管理业务中心将依托集团化优势，发挥资管业务跨境、跨业、跨市场特点，打造开放式平台，提升全集团业务协同效应，以联动创新为抓手，为资管业务快速健康发展注入新的动力。

---

① 为适应金融全球化的发展趋势，交通银行于2009年明确提出“两化一行”发展战略，即“走国际化、综合化道路，建设以财富管理为特色的一流公众持股银行集团”，将交通银行科学发展水平提升到新的高度。

一是与渠道部门联动，打造理财产品供应平台。与渠道部门围绕市场和客户加快理财产品供应和新产品发行节奏；加快创新产品开发进度，结合各类应用场景设计一站式、开放式金融产品超市。联合渠道部门参与理财产品设计，合理拉开资产风险等级和收益梯度，推出风险收益相匹配的各类理财产品，满足客户多样化投资需求。在渠道部门的支持下，在现有品牌体系框架下建立统一的净值型产品品牌，突出主题，进一步提升交通银行理财产品品牌影响力。

二是与前台部门联动，打造资产业务创新平台。积极配合公司机构业务部把握市场热点和客户需求，创新产品设计方案；强化对分行客户营销的支持力度，加强项目储备对接；在信托和券商资管通道的基础上，积极探索投顾业务去通道的专户理财模式；借助金融市场业务中心和贵金属业务中心力量，通过委外模式积极介入金融衍生品市场和国际大宗商品市场。

三是与子公司联动，打造综合金融服务平台。以服务实体经济为宗旨，联合交银国信、交银施罗德深度参与主动投资管理、委托投资管理业务，提高决策效率和跨业经营能力；联合交银国际打造投资平台，进一步提升集团跨境、跨业、跨市场的综合金融服务能力；借助集团多个子公司投资平台，建立投资管理专业人才队伍，发挥子公司在投资项目主动管理的价值，寻求新的利润增长点。

四是跨境联动，打造全球资产管理平台。实现资管产品发行全球化，通过专户管理有效服务机构客户的全球投资需求，探索境外客户参与境内资产投资的途径；探索资金来源全球化，组织海外分行、离岸中心等机构为资产管理业务中心的境外资产管理平台提供资金支持，带动境外分支机构资管业务发展；推进资产配置全球化，扩大境外资产配置范围，与金融市场业务中心、金融机构部、境内外分行等紧密沟通，研究成立北美和欧洲资管分中心，拓宽资产获取渠道，从固定收益、稳定型投资品种开始，逐步向权益类、另类投资探索。

五是与发展研究部、金融市场业务中心等研究团队联动，打造专业投资研究平台。与发展研究部、金融市场业务中心、交银国际等专业研究团队联动，持续提升宏观研究、市场分析和政策解读能力，服务于全球资产配置、风险管理和产品创新；与金融市场业务中心、贵金属业务中心等联动，对外汇及其衍生品、贵金属、原油等领域开展深度研究，前瞻把握市场发展变化趋势，准确把控业务风险点；与国际知名资产管理机构、银行和投资服务信息提供商等建立长效战略合作机制，加强定期的外部沟通和研讨，共享外部专业资源，提升交通银行资产管理团队的专业水平。

六是与风险板块联动，打造风险管理平台。紧跟授信管理部全行授信政策指引，结合资管业务特点制定投资策略，做好动态管理监控，确保不进入“两高一剩”以及限制进入的行业；持续做好全面风险管理体系建设的工作，全面对接总行全面风险管理各项要求和制度流程建设；与风险管理部、法规合规部联动，制定可标准化新兴业务品种的法律合同文本，制定各类资管业务的风险管理方案，奠定资管业务长久发展的制度基石。

七是与营运、托管、审计等部门联动，打造资产管理系统平台。持续完善系统建设和流程梳理，提高理财业务全流程管理的电子化程度，探索优化理财产品估值核算方法；推动净值型产品转型、信评系统、委外业务相关系统的建设；加快对接代销、第三方托管等系统；建立全面评估机制，在业务全流程中嵌入评估环节，不定期请各后台部门为资管业务做评估和全面体检，查缺补漏，杜绝“亚健康”。

八是与人力资源部、外部机构联动，打造人才发展交流平台。联合人力资源部、交银金融学院等广邀行内外优秀从业人才，搭建学术探讨、业务交流、技术共享的互动平台；联合预算财务部和人力资源部，结合实际情况科学、合理、动态调整增量薪酬挂钩幅度和比例；联合人力资源部探索市场化业务的组织架构和团队建设机制，根据业务实际需要自主设立专业团队，放开专业序列人员职数限制，加强储备人才培养。

七、资产托管业务中心（资产托管部）的改革实践

（一）资产托管业务中心（资产托管部）准事业部改革情况

2014 年以来，资产托管业务中心（资产托管部）从发展定位、组织架构、业务推进、党组织建设等方面加速推进准事业部制改革，着力发挥托管业务功能，充分调动全条线积极性，取得积极成效。截至 2017 年 6 月末，全行资产托管规模较 2013 年同期增长 232.17%，托管收入较 2013 年同期增长 102.81%，保持快速增长势头。

1. 明确定位，确定改革发展方向

资产托管业务中心（资产托管部）在认真分析全行发展战略，全面总结托管业务发展实际基础上，明确了准事业部改革的总体指导思想，即坚决落实交通银行党委对托管业务的发展要求，发挥托管业务锁定客户、锁定产品、锁定账户、锁定资金的“四个锁定”功能，继续坚持托管业务服务主体业务、服务存款和中收、服务全行转型发展的“三个服务”业务定位，将托管业务作为提升息差管理水平的助推器。

2. 组织建设，夯实业务发展基础

构建科学合理的营销架构是准事业部改革的重点。资产托管业务中心确立了“一体两翼”全行资产托管业务营销和运作框架，即以总行托

管中心为主体，以 37 家省直分行托管团队和交银资产托管中心（香港）为两翼，实现境内境外全面发展的托管业务营销和运作框架。总行资产托管业务中心（资产托管部）作为准事业部，兼具营销、管理、创新、运作等综合职能，负责落实全行经营计划，统筹全行条线业务资源，直接开展客户营销、产品研发与创新、业务运作，管理、指导并推动条线业务开展，是全行托管业务的龙头。

同时，建立集约化的运营体制，在资产托管业务中心（资产托管部）内成立副部门级资产托管运营中心。16 家分行资产托管部和 21 家省直分行专业托管团队负责在总行资产托管业务中心（资产托管部）的指导下，落实准事业部条线考核目标，做好客户营销和业务运作等工作，是全行托管业务的重要支撑和骨干；交银资产托管中心（香港）负责香港和亚太地区以及全球市场的客户营销和维护、产品开发和创新、境外托管资产服务运作，是全行托管业务进入全球托管市场的重要平台和窗口。

3. 双轮驱动，总分一体发展业务

加强总行直营能力，形成总分“双轮驱动”，是准事业部改革的核心。资产托管业务中心（资产托管部）在准事业部改革中，牢牢将强化总行直营能力、做好分行组织推动，作为改革的核心。

一是优化前台二级部职责分工。根据产品特点和服务要求，将托管产品划分为专属产品和共属产品，打破完全按照产品划分的二级部职责分工，建立“专属产品 + 所有区域”、“共属产品 + 对口区域”的营销推进模式，扩大了全市场业务营销的广度和深度。

二是优化前台二级部内部分工。将分行、客户落实到每一位前台客户经理，开展精准营销；整合原分散在前台各二级部产品经理职能，集中开展共属产品合同的管理、洽谈、签署、上线等工作，提高营销效率和专业服务能力。

三是落实用人薪酬考核机制改革要求，制定差异化的考核分配办法，突出中心营销定位，强化业绩导向，提升资源激励效果。通过上述措施，激发了总行托管中心前台二级部营销的内在主动性和积极性，有力提高总行直营能力。

四是做好分行营销的组织推动。通过总行集中培训和分行现场培训，做好政策解读，指导分行用好、用活、用够总行各项激励政策。通过深入分行开展业务培训、联合拜访、共同制定服务方案等方式，有效提升分行拓展市场的能力。通过搭建业务系统、强化操作培训、优化运营流程，实现托管运营在分行平稳落地，大大提升了全行托管运营能力。强化风险管理，通过完善风险控制体系、制定风险管理制度、现场/非现场检查、实施追踪评估等方式保障分行托管业务的健康发展。

4. 资源整合，一个交行一个客户

充分协调集团资源，形成全行一盘棋。资产托管业务中心（资产托管部）在准事业部改革中，本着“一个交行一个客户”的经营、服务理念，跳出托管做托管，主动加强与总行各部门、集团各子公司的业务联动，积极协调集团在负债端、资产端方面的业务资源，着力为客户提供一揽子、综合化的金融服务。持续加强与公司、同业、个金等前台板块业务部门的联动，积极争取理财资金、直投、项目、销售等业务资源的联动支持。继续加强总分行业务联动，用好总行专项行动、双边记账等考核激励政策，落实托管中心对分行的托管账户、存款和收入等联动倾斜支持措施，全面调动分行业务发展积极性，推动总、分行共同做大做强托管业务。加强与交银国信、交银租赁、交银基金等子公司的紧密协作，为子公司业务发展提供安全高效的托管服务。

5. 打造特色，养老托管市场领先

打造养老金特色业务品牌，是准事业部改革的突出任务。资产托管业务中心（资产托管部）在准事业部改革过程中，着力做好养老金市场拓展。强化与养老金重点客户合作。继续加强与养老金重点客户的良好沟通，配合做好绩效评估新体系建设、投资项目对接工作以及课题研究等增值服务。拼抢基本养老保险基金托管资格。全力抢占全国基本养老保险基金市场，于 2016 年成功中标全国基本养老保险基金托管银行。备战职业年金市场。以分行属地化综合金融服务支持为切入点，组织动员分行全力营销各省、自治区、直辖市职业年金托管业务，争取取得营销成果。巩固企业年金市场。坚持攻守结合，维护好重点企业年金存量客户，积极拓展新客户，如机关事业单位的编外人员新建企业年金计划等。做大养老理财规模。协同资产管理业务中心不断优化养老理财产品服务功能，推动全行养老理财产品营销持续攀升。

6. 夯实基础，强化业务发展支撑

建立坚实的业务支撑体系，是准事业部改革的基础。资产托管业务中心（资产托管部）在准事业部改革过程中，下大力气完善风险控制、信息系统和客户服务等业务支撑体系。扎实有效推进风险管理。明确全年风险管理要求，开展重点分行、重点业务检查，配合银监会开展系列专项治理业务自查。跟踪做好“两加强、两遏制”整改及“新五大领域”深化治理。抓好托管业务系统建设。全力保障业务系统平稳运行，完成新一代托管系统（二期）证券类业务投产；推进新一代托管在线客服系统需求编写及测试准备，打造集客户服务、业务处理和宣传推广于一体的互联网托管服务平台。持续提升客户服务能力。加快推进客户服务体验优化建设，开展托管业务服务问卷调查，为优化客户服务提供依据。认真组织开展托管条线息差管理大讨论。成立了息差管理工作领导小组和工作小组，制订了工作方案，明确了阶段工作目标、责任人及工作要求，与分行对接有序推进息差管理的调研、讨论和献策工作。

7. 加强党建，引领业务快速发展

加强党的建设，是准事业部改革的重点。资产托管业务中心（资产托管部）在准事业部改革过程中，积极落实交通银行党委决策部署，牢固树立"党要管党、从严治党"理念，扎实深入推进"两学一做"学习教育，坚持把抓好党建作为推动全行托管业务健康快速发展的重要保证，推动支部党建工作与各项业务工作相互促进，紧密结合，协调发展。全面加强班子和队伍建设，贯彻执行民主集中制，优化支部委员配备，增强班子整体工作能力。深入推进"两学一做"学习教育，制订计划、落实责任、抓好推进，定期召开专题组织生活会，做好党员民主评议，认真开展批评与自我批评。扎实做好支部自身建设，制定资产托管业务中心党建工作责任制，坚持"三会一课"制度，积极开展各项主题教育活动，抓好党建宣传，落实好各项党建工作任务。着力强化党风廉政建设。落实"一岗双责"要求，健全支部党风廉政建设责任体系，加强党风廉政教育，营造风清气正的发展氛围。

（二）资产托管准事业部改革的成绩

1. 业务规模稳步增长

准事业部制改革以来，资产托管业务中心（资产托管部）全面加强总行直营能力，充分调动分行营销积极性，"双轮驱动"效果显著。截至 2017 年 6 月末，总行端资产托管规模较 2013 年同期增长 232.08%，托管业务收入较 2013 年同期增长 192.25%，总行资产托管业务中心（资产托管部）直营能力显著提高。与此同时，分行充分认识托管业务的重要作用，有效运用了各类托管产品，托管业务快速增长。截至 2017 年 6 月末，分行端托管规模较 2013 年同期增长 207.27%，托管业务收入较 2013 年同期增长 79.44%，分行成为全行资产托管业务发展的主力军。

2. 业务特色更加突出

准事业部制改革过程中，资产托管业务中心（资产托管部）持续发展养老金托管和国际托管两个特色业务，在市场上树立了良好形象、打造了特色品牌。

养老金业务特色。截至 2017 年 6 月，交通银行养老金托管规模保持市场领先地位。养老金托管产品线不断丰富，于 2016 年成功中标全国基本养老保险基金首批托管行，成功营销一大批大型企业年金客户，养老保险理财产品规模持续上升，实现托管产品覆盖城乡养老保障体系的三个支柱。

跨境托管业务特色。充分发挥交银资产托管中心（香港）“桥头堡”作用，整合集团资源，内外联动，立足香港，面向亚太，积极拓展境外托管市场，跨境托管业务持续增长。截至 2017 年 6 月，交通银行跨境业务托管规模快速增长，并成为业内首家 QDLP 产品托管行。

3. 风险管理持续加强

准事业部制改革过程中，资产托管业务中心（资产托管部）重视风险控制体系建设，持续加强风险小中台建设，继续推进全流程、全链条风险管理，重点做好内外部审计和风险排查，连续 11 年获得国际会计师事务所出具的“无保留意见”内部控制审计报告，系统性开展分行端、重点产品、重点项目、重点领域的风险排查，确保托管资产安全。

实践证明，实施事业部制（准事业部制）改革是提升市场化、专业化、特色化经营能力和集中式风险控制水平的重要途径，是积极应对市场变化及外部挑战的有效手段，有利于全面激发和调动员工的创造性和创新精神，有利于增强对市场和客户需求的快速反应能力，有利于提升内部管理和运营的效率，进而增强条线业务的盈利能力，使事业部（准事业部）成为增大全行创利规模的新的利润增长点。

（三）下一步改革思路

1. 强化党建引领，以党建促发展

资产托管业务中心（资产托管部）将充分发挥党建工作统揽全局、促业务发展的作用，树立大局意识、落实主体责任、创新工作机制，实现党建工作与业务发展的深度融合。继续深入开展“两学一做”学习教育，坚持将学习教育与业务实际相结合，推动学习教育常态化、制度化。扎实做好支部自身建设，坚持“三会一课”制度，积极开展各项主题教育活动，抓好党建宣传，落实好各项党建工作任务。认真履行“一岗双责”，坚持廉洁自律，营造风清气正的氛围。

2. 优化营销机制，推进双轮驱动

继续推进准事业部改革必须充分激发总行、分行业务人员内在积极性和主动性，发挥好总行和分行“双轮驱动”作用。继续强化总行直营功能。在资产托管业务中心（资产托管部）前台二级部营销模式由“单一产品分工”向“产品分工＋区域分工”相结合转变的基础上，启动“我是托管专家”培训机制，进一步加强对前台客户经理培训，打造一支“讲得透”、“说得明”、“做得精”专家型业务团队，做专“专属产品”，做透“共属产品”。同时，适时总结分析前台营销模式转变的实际效果，并结合市场实际，进一步优化完善前台二级部营销模式。启动托管业务运营流程优化工作，在对资产托管业务中心（资产托管部）运营中心运行情况进行评估的基础上，做好全行运营模式研究及优化调整，提升全行托管运营能力。进一步做好分行的组织推动。资产托管业务中心（资产托管部）前台客户经理要深入分行营销一线，帮助分行做好业务分析、找准营销思路和推进方向，协同分行密切与当地资产管理机构的合作，采取多种方式为分行培训托管业务人员，做精、做透分行推动工作。

3. 抢抓业务机遇，做优养老品牌

资产托管业务中心（资产托管部）将以国家推进养老保障体制改革历史机遇为契机，紧跟政策动态，做大做强养老金托管业务。在基本养老方面，持续做好基本养老保险基金的托管服务，积极争取市场份额。在补充养老方面，以分行属地化综合金融服务支持为切入点，以职业年金托管业务为重点，争取取得营销突破。同时，做好企业年金存量客户服务和新客户挖潜工作。在个人养老方面，协同资产管理业务中心，加大产品销售推动，做大养老理财产品规模。积极推进个人养老保障产品业务，不断丰富养老保障产品线。密切跟踪第三支柱养老金政策动态，把握市场先进。加强对养老金客户服务诉求的调研和分析，通过完善技术手段、业务流程等，全面提升养老金托管运营服务客户体验。

4. 抓好产品创新，开拓发展领域

当前，我国处于经济发展新时代，市场热点、市场机遇层出不穷，资产托管业务将进一步加大创新步伐，开拓托管业务新领域。主动对接国家战略。要加强对国家重大决策部署和调整的研究，主动对接，寻求相关业务领域托管业务嵌入的可行性。强化市场调研和分析。加强市场、同业、客户的调研，敏锐捕捉创新业务机会；发挥总行市场营销中心、业务指导中心、产品研发推广中心作用，为全行托管业务发展和产品创新提供支持。做好产品开发。围绕全行经营管理、存款和中收、风险管理和精细管理、客户和市场需求，加快开发面向多渠道、多领域、多市场的各类产品。调动分行自主创新潜能，引导分行根据业务发展和客户需求，提出创新思路，做好对分行创新的业务指导、风险管理和技术支持等。

5. 夯实基础建设，保持稳健发展

完善绩效考核机制。继续落实用人薪酬改革制度，坚持业绩导向，突出营销定位，完善托管中心前台和托管运营中心差异化考核机制。继续把风险管理放在突出重要位置。持续推进总行风险小中台和分行风险管理团队建设，将风险管控嵌入业务发展的全过程，实现风险管理全覆盖。抓好技术系统建设和维护。推动新一代托管业务系统在分行端全面上线，持续完善托管业务系统功能，优化业务处理流程，提高工作效率，控制人力成本。打造托管专业人才队伍。坚持引进和培养相结合，着重抓好思想建设和能力建设，全面提高队伍凝聚力和战斗力。

第三节　普惠金融事业部制的改革探索

普惠金融（Inclusive Finance）是当前全球经济与社会发展的一个新热点，不仅涉及金融业态多样化和金融服务均等化，更与互联网、共享经济等新业态、新模式带来的产业变革、技术革命、社会结构调整密切相关。由于普惠金融本身的多样性、探索性，其基本概念在过去几十年处在不断变化和延伸过程中。普惠金融有别于传统金融，它强调要构建一个包容性的金融体系，目标是能够在任何经济主体有金融服务需求的时候为其提供理想的金融服务。普惠金融理论认为：一是享受金融服务是每个人的权利，所有人都应该被赋予享受均等金融服务的权利；二是要制定合理完善的制度，实现金融服务供给与需求之间的匹配；三是在一个成熟的普惠金融体系下，每个经济主体可以得到其所需要的合理的金融服务。

一、普惠金融事业部制改革的背景

普惠金融这一概念由联合国在2005年提出，是指立足机会平等要求和商业可持续原则，以可负担的成本为有金融服务需求的社会各阶层和群体提供适当、有效的金融服务。小微企业、农民、城镇低收入人群、贫困人群和残疾人、老年人等特殊群体是当前我国普惠金融重点服务对象。

普惠金融的内涵就在于“普”与“惠”。“普”说明了金融服务的普遍性，体现了一种平等的权利。即所有人应该获得金融服务的机会，从而保证其有效参与到社会的经济发展当中，实现全社会共同富裕、均衡发展的目标。“惠”即惠民，是指金融服务的目的就是要各类金融服务需求者提供便捷的渠道、便捷的方式和便捷的服务，强调金融对普通人特别是贫困、弱势群体的支持，体现了金融为人民大众改善生活水平、为小微企业、“三农”业者、贫困人群提供各类金融服务带来便利。

2017年来，党中央、国务院高度重视普惠金融服务，要求银行业金融机构建立健全普惠金融服务体制机制，大力发展普惠金融，提高普惠金融服务能力。2017年国务院政府工作报告提出，鼓励大中型商业银行设立普惠金融事业部，国有大型银行要率先做到，实行差别化考核评价办法和支持政策，有效缓解中小微企业融资难、融资贵问题。2017年5月召开的国务院常务会议要求大型商业银行2017年内要完成普惠金融事业部设立，成为发展普惠金融的骨干力量。商业银行作为金融体系的重要组成部分，要通过调整产品结构、加大创新力度、推进网点建设等方式，促进小微企业、“三农”、金融扶贫等领域金融服务不断取得新进展，在践行普惠金融的商业可持续发展方面积累实践经验。

在此基础上，银监会陆续下发了《大中型商业银行设立普惠金融事业部实施方案》（银监发〔2017〕25号）、《关于推进大型商业银行普惠金融事业部设立工作的通知》（银监办发〔2017〕62号）、《关于深入推进大型银行普惠金融事业部相关工作的通知》（银监办发〔2017〕135号），并组织普惠金融现场督导组分别到工、农、中、建、交五大国有商业银行总行及分支机构，了解并督促普惠金融业务持续发展。

二、交通银行普惠金融事业部制改革实施方案

按照《中国银监会办公厅关于推进大型商业银行普惠金融事业部设立工作的通知》（银监办发〔2017〕62号）和《关于印发大中型商业银行设立普惠金融事业部实施方案的通知》（银监发〔2017〕25号）相关要求，交通银行结合普惠金融业务发展实际情况，形成了《交通银行普惠金融事业部制改革实施方案》（以下简称《方案》），明确了普惠金融事业部制改革目标、基本原则、运行模式、组织架构体系和相关配套机制，并提出明确的时间进度计划表，于2017年6月底前上报银监会。

（一）明确普惠金融事业部制改革目标和原则

通过探索普惠金融事业部制改革，构建科学的普惠金融事业部治理机制和组织架构。积极对接各类内外部资源，解决普惠金融业务体制机制上的瓶颈和障碍。构建普惠金融专业化服务体系，持续提高普惠金融服务能力，有效缓解重点领域、重点客群“融资难、融资贵”难题。不断提升普惠金融服务的覆盖率、获得感和满意度，持续推进“三个不低

于”指标达标，促进小微、“三农”、扶贫、“双创”、助学贷款及其他各类普惠金融业务全面协调发展。

在改革中坚持以下原则：

1. 商业化运作

按照成本可算、风险可控、保本微利的总体要求，坚持收益覆盖成本和风险，加大信贷投入，倾斜资源配置，加强金融产品和服务模式创新，促进普惠金融业务商业可持续发展。

2. 条线化管理

建立普惠金融条线垂直管理体系，按照贴近市场和客户的原则自上而下搭建垂直的经营管理体系，通过专项授权机制，提高市场反应能力和审批效率，实现经营战略的有效引导和落实。

3. 专业化经营

建立专门的综合服务、统计核算、风险管理、资源配置、考核评价机制，将内部资源、政策向普惠金融服务领域倾斜。下沉经营重心，建立健全权、责、利相结合的自我激励约束机制。

4. 差异化发展

立足现有客户基础、业务特点、服务优势，突出重点，提高服务精准性和有效性。发挥资金、网络、产品等方面优势，解决薄弱行业、重点领域、重点人群金融服务不足、不到位的问题，形成特色化、差异化的普惠金融服务模式，提高金融服务的获得感、满意度。

5. 分步骤实施

科学制订总体发展计划，明晰业务界定，循序渐进，分阶段、分步骤推进普惠金融事业部制改革。稳步推进自上而下的普惠金融管理体系建设，配套业务流程改造、系统功能优化和产品服务体系的创新，持续提高专业化服务水平。

6. 配套政策支持

交通银行在体制机制、人员配置、信贷资源、费用配置等方面，给予普惠金融事业部政策和资源支持。同时，积极对接、充分利用政府部门、监管机构的支持政策，有效缓解业务风险，降低业务成本，增强普惠金融业务可持续发展能力。

（二）完善普惠金融业务运行模式

交通银行通过事业部制改革，必须加强普惠金融业务整体规划，统筹协调和推进分布在不同条线、不同层级、不同业态的普惠金融业务，确保小微、“三农”、扶贫、“双创”、助学贷款以及其他各类普惠金融业务全面达成目标。总行建立统一的核算体系，整合并全面体现普惠金融业务经营成果。在具体实施方面，鉴于不同层级、不同业态的普惠金融业务差异较大，难以适用统一的业务模式。为积累经验，解决主要矛盾，初期以小微业务作为探索普惠金融事业部制改革的突破口和落脚点，其他层级和业态的普惠金融业务逐步优化。

在运行模式探索上，一是引导分行在事业部下建立专营团队，形成“专营团队 + 传统网点”分层覆盖的立体式前台营销与服务体系，优化业务转介机制。二是巩固现有的零售信贷管理部审查审批模式，持续完善专项授权机制，继续保持业务中台的独立性和专业性。对于开户结算、交叉营销等联动业务，以及人力、科技、法律、审计、监察、保卫、党团工会等后台支撑和行政管理部门维持现有管理关系不变。三是逐步推进事业部制派驻模式，条件成熟的省直分行，可试点由零售信贷管理部向普惠金融事业部派驻审查审批和风险管理团队。四是试点“客户经理 + 风险经理”的平行作业模式。

三、普惠金融事业部制改革的措施

（一）加强顶层设计，建立条线化管理机制

1. 加强顶层设计

董事会层面，在董事会战略委员会的基础上挂牌成立普惠金融发展委员会，定期听取近期普惠金融工作进展情况报告；高管层层面，成立普惠金融管理委员会，行长担任委员会主任，分管行长担任副主任，成员部门包括普惠金融事业部、公司业务部、个人金融业务部等12个部门，落实董事会战略委员会相关决议和计划，统筹管理、协调和推动全行普惠金融业务的经营和发展。定期召开会议，听取普惠金融事业部工作进展情况汇报，研究推进普惠金融业务发展需要解决的相关问题。普惠金融管理委员会下设日常办事机构普惠金融管理委员会办公室，统筹协调和推进分布在不同条线、不同层级、不同业态的普惠金融业务，确保小微、“三农”、扶贫、“双创”以及其他各类普惠金融业务全面达成目标。

2. 自上而下建立健全普惠金融业务条线化管理机制

总行层面，在总行小企业金融部基础上成立普惠金融事业部一级部，并承担普惠金融管理委员会办公室职能，负责落实普惠金融业务的统一规划、统筹管理，部门内增设统计核算二级部，承担统计与核算等相关工作。截至2017年9月末，37家省直分行和197家辖行均挂牌成立普惠金融事业部。全国31个“中国制造2025”试点示范城市（群）中，交通银行在已设机构的29个城市实现普惠金融事业部挂牌（宁夏回族自治区吴忠市和广东省阳江市，交通银行在当地暂未设经营机构）。与此同时，目前交通银行287家县域网点机构均开办普惠金融业务，并通过组织架构和网点布局的优化，按照“专业的人、专业的事、专门的考

核”的要求，组建了130家小微专营团队。

（二）持续推进“五专”经营机制落地

1. 建立专门的综合服务机制

制定普惠金融领域信贷政策。在全行统一的授信政策纲要和信贷投向指引的基础上，建立了差异化的小微授信政策和投向指引，并逐年调整。针对不同地区、不同客群、不同担保方式，制定差异化的准入策略以及总量管理方案，并指导分行因地制宜制定政策细则，结合当地产业特色、区位优势及政策导向发展业务。制定小微专项融资授权方案，针对小微项目制和小微产品进行差异化业务授权和产品授权。

调整现有相关信贷政策适应普惠金融业务发展。在年初纲要和投向指引的基础上，根据监管政策及时动态落实监管要求。印发《关于落实央行要求做好2017年信贷政策工作支持经济转型升级的通知》、《交通银行关于落实银监会要求提升服务实体经济质效的意见》、《关于落实监管要求做好2017年“三农”金融服务工作的意见》等，进一步补充完善2017年普惠金融的相关信贷政策要求。2017年7月，组织开展投向政策全面回顾检视，印发了《关于修订〈交通银行2017年授信与风险政策纲要〉的通知》，对普惠金融相关内容进行修订。

推出专门的普惠金融产品和服务。建立了包括小微、“三农”、消费金融等领域普惠金融产品体系，为客户提供涵盖结算、融资、理财、投顾等综合化、一体化服务。其中在小微金融服务方面，形成包括基础融资产品、特色融资产品、贸易融资产品、结算产品等四大类50多个产品系列。如围绕产业链领域的应收账款融资、快捷贴现、快捷保理，围绕商圈领域的租金贷、POS 贷、快捷抵押贷，围绕银政合作、科技园区领域的履约保险贷、风险补偿贷、厂房按揭贷，围绕提升结算服务的融资结算组合产品优贷通、“抵押 +”等。

2. 建立专门的统计核算机制

设计生成普惠金融有贷户统计核算报表。形成较为完善的数据提取、加工和数据质量管控体系。总行成立项目组，启动统计核算需求研究，明确上线时间进度安排。

合理确定成本分摊和收益分项机制。定制开发小企业机构利润分析表。在此基础上，将进一步完善普惠金融业务成本分摊和收益分享机制。通过系统自动抓取客户项下外部收益、内部损益等数据信息，从总分支行三个层级分别抓取相关成本中心的营运成本，主要涵盖人事、场地、营销等各项财务支出。

合理确定和动态调整内部资金转移价格。适应利率市场化加速的外部环境，进一步加快存贷款 FTP 的主动调整频率，优化内部资金转移定价机制，深化 FTP 定价机制改革，建立更加适应现阶段利率市场化要求的 FTP 调整逻辑和机制。

3. 建立专门的风险管理机制

优化风险计量手段。2008 年起，交通银行小企业业务、个贷业务内部评级开始实施，2014 年银监会首批核准交通银行实施初级内评法。交通银行不断深化模型应用，推进计量模型对业务发展的支撑。针对初级内评法实施情况，按季度监控模型，根据表现适时优化。加快推进高级内评法优化完善，为后续核准实施打好基础。

出台风险容忍要求。依据业务发展实际情况，设置宽松于全行平均水平的普惠金融业务不良容忍度指标，并建立动态调整机制，为普惠金融业务稳健发展提供必要支持。

出台尽职免责要求。出台《交通银行小微企业授信尽职免责办法(试行)》，规定了尽职免责工作流程，明确了尽职免责分类和标准，确定了尽职免责事项和不得免责的事项，配套制定了责任认定方法和等级，推动小微业务商业可持续运行。

4. 建立专门的资源配置机制

设置单独的普惠贷款专项计划。制定各类普惠金融业务发展规划。依据达标要求，单列普惠金融信贷计划，分解到各条线、各分行作为必达任务。为持续服务小微企业，落实服务实体经济要求，明确小微实质性贷款投放不受规模管控限制。

为普惠金融条线配备足够的人力资源。持续推进建设数量充足、结构合理、与普惠金融业务发展相匹配的专业经营管理队伍，满足普惠金融服务效率不断提升的需要。总行普惠金融事业部内设规划管理部、产品研发部、客户拓展部、风险合规部和统计核算部（新增）共 5 个二级部，依据新增职责增配人员编制。在总行增配岗位人员的同时要求分行落实相关岗位和人员配置。截至 2017 年 9 月末，全行开展小微业务的客户经理达到 8 000 多人。

为普惠金融条线配备足够的固定资产资源。依据部门具体工作和人员配置需要，总行单设楼层为普惠金融事业部办公地点，并依据员工的具体工作需要，配置内外网办公机器以及相关辅助办公设施。分行层面同步配置业务发展所需要的固定资产资源。

建立普惠金融专项激励机制。建立了包括专项规模、FTP 补贴、开门红、劳动竞赛、专项行动等全方位的资源支持政策体系。依据下达的贷款计划同等配置信贷规模，持续推进全员全产品计价系统建设与推广，打破“平均主义”，体现多干多得的分配机制，提升全员拓展普惠金融业务的积极性。

5. 建立专门的考核评价机制

建立普惠金融业务专项评价机制。实行双线评价、按季度考核通报、年度兑现的专项评价机制。总行对省直分行、省分行对辖行分支机构建立起垂直管理的综合评价机制。

对总行部门建立横向的考核评价机制。通过正向激励和负向惩罚相结合的绩效考核模式，进一步提升总行部门及分支行经营机构对普惠金融业务的重视程度。

与各级机构年度综合绩效考核挂钩。通过在省直分行经营绩效考核办法中设置小微、“三个不低于”及涉农贷款等普惠金融业务考核指标，与省直分行综合绩效评价挂钩，同时影响分行综合竞争力评价、内部控制评价，并与分行总体绩效薪酬及分行行长个人绩效薪酬挂钩。对总行部门的考核评价结果，按照前、中、后台分别排名，并与部门整体绩效薪酬和部门负责人绩效薪酬挂钩。

（三）推进普惠金融业务商业可持续运行

1. 加强产品创新体系建设

建立动态、持续、完善的产品创新体系，满足目标客户群差异化需求。制定小微企业产品组合及服务创新管理暂行办法，规范引导分行依据客户需求，结合地方经济特点和市场特征，通过产品组合、设计研发、整合包装、服务创新等方式，丰富小微企业金融服务产品体系。明确了产品创新的基本原则，梳理形成了围绕十大要素灵活开展产品创新的基本方法，建立了创新产品方案设计、申报、审批、推广、退出流程管理机制。

鼓励引入新经营理念，促进产品、工具、渠道和服务模式创新。加强客群规划，将相同或相似性质的客群作为一个项目实施批量开发，降低服务成本，防范群发风险。重点围绕产业链、银政合作、园区、商圈、科技金融、第三方平台等重点客群自上而下制订方案。建立内部联动和外部合作的营销拓展机制。内部联动方面，建立公司机构业务、小企业金融、个人金融业务等不同部门的联动机制，实现客户共享、信息共享、额度共享。外部合作方面，总行与国家工信部、科技部、商务部、税务总局等部委建立总对总合作关系，引导分行加强与政府部门、核心企业、第三方平台合作，批量获客。持续推进小微数据实验区、小微营销管理平台与小微名单制客户流程控制三大平台建设，加大对第三方数据平台的引入运用，为产品和金融服务创新提供有力支撑。成立小微业务全线上项目工作组，集中力量搭建适合小微业务特点的“全线上金融服务平台”。应用场景金融、数据挖掘及机器学习等创新方法，采用“简单小额业务全线上办理，复杂业务线上线下联动作业”理念，打造适合小微客群特点的线上小微创新产品。

完善创新风控框架，防止不当创新引发风险。总行信用风险管理委员会对小微业务新产品、新业务以及重大政策修订进行审议。完善创新产品、创新业务决策机制，建立重大事项集体审议机制，制定重大事项集体审议议事规程，明确审议程序和表决规则，普惠金融相关的重大事项、重要政策、重点产品均纳入议事机制。总行风险管理部向普惠金融事业部和个人金融业务部派驻分管风险小中台的副总，由风险管理部和普惠金融事业部、个人金融业务部实施双线考核。派驻制副总作为桥梁连接前台和中台，有效传达总行风险管理部相关风险管理要求，推动风险偏好和管控措施在前台快速落地。

2. 推进信贷流程再造

在前端获得渠道上，普惠金融专职客户经理主营拓展，其他条线客户经理兼职拓展，形成多渠道营销、跨条线转介、专兼职客户经理共同拓展普惠金融业务的客户拓展模式。加快“全线上金融服务平台”的搭建，加大“白名单”客户推送，提升客户经理精准营销效率。

建立差异化的信贷流程，依据风险程度，依托信贷系统，差异化设置短流程、中短流程、一般流程、长流程，区分不同的审批人资质，灵活匹配信贷流程。

推行“双人调查、平行报告、派驻审批”的管理模式，试点“客户经理 + 风险经理”平行作业。实施“限时服务承诺”，监控全信贷流程的效率，以及管控时效偏离度，对偏离度大、效率低的分行专项督导。

3. 提升风险管理自动化水平

建立了全流程的小微业务风险管控机制。形成总分支行三级管理，行业客群、项目制、单户三层风险过滤，行业准入、内评管理、区域管理、授权审批、授信流程、贷后管理等全方位风险管理体系。完善担保公司分级分类管理体系，推进担保公司总量控制和结构调整。

依据普惠金融业务特点，由系统评估的客户风险等级及数据挖掘识别的风险预警信息确定贷后监控频率和具体要求，替代传统的固定式贷后监控频率和全部客户“一刀切”的管理要求；突出产品特色，根据普惠金融创新产品的风险管理特点设计差异化贷后监控规则，持续完善差异化贷后监控体系。

普惠金融事业部制改革以来业务发展取得较好成效。截至 2017 年 9 月末，交通银行小微企业贷款余额 7 549.3 亿元（银监本外币口径），同比增幅 13.02%，高于全行平均贷款增幅 3.83 个百分点；小微企业贷款客户数 152 102 户，较 2016 年同期增加 9 649 户；小微企业贷款申贷获得率 92%，较 2016 年同期提升 0.57 个百分点。按照监管口径阶段性达成“三个不低于”目标。全行涉农贷款余额 6 499.8 亿元，较年初增长 478.4 亿元，增幅 7.95%。金融精准扶贫贷款余额 90.26 亿元，其中建档立卡贫困个人贷款余额 38.61 亿元，产品和项目精准扶贫贷款余额 51.65 亿元。

未来，为进一步推动普惠金融事业部制改革，交通银行将从全局角度制定普惠金融发展战略，建立更具包容性的普惠金融体系，完善普惠金融政策保障体系，改善普惠金融风险补偿机制，以更好地满足多样化普惠金融需求。

CHAPTER 2

第二章　建立客户分层分类分级管理体系

客户基础是商业银行发展的根基，未来五年交通银行贯彻“两化一行”发展战略、推进“十三五”发展规划的顺利实施，关键在于夯实客户基础、做深做透客户。推动经营理念和经营方式从“以业务为中心”向“以客户为中心”转变，构建客户分层分类分级管理体系，成为交通银行的必然选择。

第一节 搭建公司客户分层分类分级管理体系

近年来，随着市场快速发展，不同类别的公司客户逐渐发展出不同的需求特征和风险特征，分散、割裂、单一的传统客户管理体系已难以满足不同公司客户综合化、差异化的服务需求。在此背景下，交通银行于 2016 年第三季度正式启动了客户分层分类分级管理体系构建工作。

一、公司客户分层分类分级管理体系建设的目标

客户分层分类分级管理体系建设的核心目标，是以客户分层分类分级为基础，构建多层次营销服务体系、经营责任体系、授信管理体系、风险管理体系和资源配置体系，打造协作高效、反应迅捷、服务专业、权责清晰、利益共同的新型客户管理体系，全面提升客户服务能力和市场竞争能力。具体包括以下五项核心任务。

——以客户分层分类分级为核心，构建客户营销服务体系。在行业和市场研究的支撑下，对客户实施纵向分层、横向分类和管理分级，匹

配相对应的总行级客户、分行级客户、支（辖）行级客户营销服务体系，形成统筹推进、协同高效的一体化营销服务力量。

——以权责利对等为原则，构建多层次经营责任体系。明确总、分、支（辖）行在不同层级客户管理中的经营责任，并通过建立经营责任人制度，切实推动经营责任体系落地。

——以强化总分行直接经营管理能力为目标，深化大客户准事业部制改革。总行公司业务部组建战略客户部，做深做透优质战略客户；集团客户部持续深化准事业部制改革，进一步提升对央企的服务能力；省直分行继续创新优化管理模式和机构设置，扩大大客户部客户管理范围和质效。

——以差异化管理为方向，优化授信和风险管理体系。针对不同类别客户的需求和风险特征，适配相应的流程，实现授信审批流程、专项授权体系和风险管理政策的精准对接。

——以协同保障为准则，加强配套机制建设。完善客户维度的靶向资源配置体系，用好双边记账和分润机制、FTP补贴、专项行动等政策工具，协调各方利益，充分发挥资源配置的杠杆作用。加强人力资源配套，进一步强化客户经理队伍建设，拓宽客户经理成长通道，提升客户经理专业能力。落实系统建设和营运保障，加快推进系统升级和营运模式改造，优化流程、提高效率。

二、客户分层分类分级管理体系的探索

对客户进行细分是客户分层分类分级管理体系的一项基础性工作，是实施差异化和精细化客户管理的基本前提。交通银行按照分层、分类和分级三个方面设计了客户细分维度。为确保客户细分的统一

性，同一个集团下的所有成员均按照集团整体情况进行统一分层分类分级。

分层是从客户需求角度出发，综合考虑客户的资产或销售规模、区域分布、行业市场地位、战略合作价值及合作潜力等因素，将客户分为第一层级、第二层级和第三层级客户。其中，层次越高的客户，一般需求规模越大、需求复杂程度越高。

分类是从客户风险角度出发，综合考虑交通银行授信行业政策和投向指引、客户经营和财务情况、PD 评级等因素，将客户分为支持类、维持类、减退加固类和风险保全类。

分级是从交通银行管理角度出发，基于分层分类的结果，对全行公司客户进行管理分级，将客户分为总行级、分行级和支（辖）行级客户，确保不同层次、类别的客户得到对应级别的管理维护。

2017 年初，经总、分行的逐级排摸和梳理，全行公司客户已完成了首次分层分类分级，将全行公司客户划分为三个规模层次、四个风险类别和三种管理级别。

在客户分层分类分级的基础上，交通银行着手搭建相对应的总行级客户、分行级客户、支（辖）行级客户营销服务体系，形成统筹推进、协同高效的一体化营销服务力量。根据管理客户的级别不同，各级客户营销服务体系的管理主体、管理目标和侧重各有不同。

（一）总行级客户营销服务体系

总行级客户营销服务体系通过总行牵头营销、分行具体经营、支（辖）行贴身服务的三级协同管理模式，形成总、分、支（辖）行的一体化营销服务力量，以利益共享、风险共担的责任体系调动各方积极性，实现对总行级客户的科学、有效管理。

总行级客户营销服务体系的管理主体包括总行、分行和支（辖）行三个层级的经营部门/机构。其中，总行负责直接对接集团总部，在全面掌握集团整体发展战略、目标和需求的基础上，确定客户发展策略，策划一体化服务方案；设计集团授信方案并发起申报，牵头落实集团整体风险防控；牵头开展重大项目营销，整合全行产品、技术和政策资源，组织全行力量共同服务客户；同时注重上下游链属企业的拓展与服务。

分行在总行制定的集团统一策略和集团授信方案项下，负责集团成员单位的需求挖掘、尽职调查、业务方案制定、单笔业务用信审批发起、存续期管理、档案管理和其他具体经营管理工作。支（辖）行负责为客户提供贴身服务，开展客户信息和基础材料收集、系统录入和维护及其他业务具体操作等日常维护工作，参与尽职调查及存续期管理等基础性管理工作，及时报告重大风险事项，并在总、分行的指导下拓展核心企业上下游链属优质中小微客户。

总行级客户营销服务体系侧重于做深做透核心客户群体、扩大市场份额、提高综合收益，力求充分发挥总行专业化、综合化服务优势，拉动重点集团客户在全球、全国及产业链上下游各个领域的业务和项目在交通银行落地，将总对总优势延伸到业务和项目所在地分行，以点带面，带动全行公司业务的发展。

（二）分行级客户营销服务体系

分行级客户营销服务体系由分行牵头经营和管理，支（辖）行联动支持，实现分、支（辖）联动。

分行级客户营销服务体系的管理主体包括分行和支（辖）行。其中，分行负责在全面掌握客户整体发展战略、目标和需求的基础上，确定客户发展策略，策划一体化服务方案，牵头开展重大项目营销，组织全辖力量共同服务客户，同时制定并发起单一企业（集团）授信和用信方案，落实客户整体风险的防控。

支（辖）行则在分行制定的总体策略下，做好对落脚在辖内的分行级客户成员单位的贴身服务、日常维护和基础性管理工作，并在分行的指导下拓展核心企业优质上下游链属中小微客户。若分行级客户的授信跨多家省直分行，则原则上由客户总部所在地分行为主办分行，客户成员单位所在地分行为协办分行。主办分行大客户部须充分发挥对客户的牵头经营和管理职能，协办分行须在主办分行制定的集团策略下，配合开展辖内集团成员单位的经营管理。

分行级客户营销服务体系侧重于以下几方面：一是注重因类施策，实施针对性、科学性管理；二是通过名单制管理，组织推进对潜在目标客户的营销拓展；三是着力提升财政、军队、烟草、社保等辖内重要负债类客户的合作紧密度，夯实负债业务发展基础；四是全面强化主办分行的牵头经营和管理职能，切实做好跨省集团客户的经营和管理工作。

（三）支（辖）行级客户营销服务体系

支（辖）行级的客户由支（辖）行独立维护。支（辖）行级客户营销服务体系侧重于以下几方面：支（辖）行根据自身规模、业务结构、区位特征等确定差异化业务发展定位；加强挖掘总、分行级客户的上下游优质客户群，提高获客能力；依托商圈、园区、政府机构，“做大做综合，做小做特色”，批量拓展客户；公私联动，交叉营销，提升小微客户黏性和综合回报；加强无贷户的挖潜和培育，构建小企业无贷户综合提升机制，进一步提高综合收益。

三、总、分行大客户部准事业部制的改革实践

（一）总行客户准事业部制改革

全面推进总行客户准事业部制改革试点是提升总行直接经营能力、切实提升总行级客户管理层级的重要举措。为提升综合收益、业务渗透度、产品覆盖度和市场份额，全面打造总行大客户准事业部价值创造能力，重点推进实施了以下举措：持续深化北京管理部集团客户部准事业部制改革，着力深化对央企总部的直接服务能力；在集团客户部准事业部制试点的基础上，于2016年末组建总行战略客户部，重点加大对总行级战略客户的直接经营管理力度，全面提升对战略客户的服务能力。

集团客户部、战略客户部两大总行客户准事业部通过发挥“总对总”服务优势，强化牵头营销、牵头服务和牵头管理的能力，全面提升总对总对接客户、确定客户合作策略和营销拓展计划、制定集团授信方案、开展整体风险防控并组织全行力量整体推进业务的力度和能力，以此做深做透总行级客户，以点带面，带动全行公司业务的整体发展，夯实客户基础。

（二）深化省直分行大客户准事业部制改革

持续推进和深化省直分行大客户准事业部制改革的目的，是进一步强化分行层面直接经营的能力，实现分行客户关系维护能力、产品覆盖度、综合收益和贷后管理水平的全面提升。在管理范围上，明确分行大客户部的主要服务对象是总行级客户在当地的成员单位以及分行级客户；在管理模式上，允许分行开展模式创新，以客户体验为主要衡量标准，分行大客户部和支（辖）行客户经理协同管理或分行大客户部独立

经营模式实施对分行级重点客户的集中管理和实质性授信业务的发起，提升分行直接面向市场、面向客户的统筹能力和管理水平；在机构设置上，为确保大客户部设置数量满足业务发展和管理提升的需要，鼓励分行加大对分行大客户部门职数的倾斜力度，总行则根据分行大客户管理需要适当核增职数，为大客户部发展壮大创造有利条件。

（三）加快推进省辖分行大客户部体制建设

为强化客户分层分类分级管理体系的基础支撑，交通银行进一步加大力度突出省辖分行的经营职能，督促省辖分行本部从管理机关向直接经营转型，加快推进省辖分行大客户部体制建设。一是原则上将省辖分行公司类授信业务全部集中至省辖分行本部的公司业务部门经营。二是鼓励一类、二类省辖分行设立大客户部，由辖行大客户部集中对落脚在辖内的所有总、分行级客户成员单位开展日常服务和基础管理，并实现对部分重点辖行级客户的经营管理。三是鼓励部分条件成熟的省分行直接在辖行设立分行大客户分部，在人员、绩效、考核、分配等方面实施全辖一体化垂直管理。

（四）创新差异化的授信管理流程

为在有效落实集团风险一体化防控要求的前提下，切实提高授信发起层级、加快市场反应速度，按照“好客户短流程、高效率，其他客户严把关、控风险”的总体原则，开展公司客户授信流程优化工作。

新的授信流程按照“自上而下”的授信申报理念，实施“集团预授信 + 单户授信审批”的预授信模式。即集团牵头管理部门 / 机构“总对总”对接集团总部，直接发起集团授信，确定预授信总额，在风险与收益匹配的原则项下，实现对集团客户在全行总体风险敞口的合理确立；集团成员分管机构在经审批通过的预授信方案下，按照集团整体策略，根据实际用额需求，发起单户授信申请，经集团牵头管理部门 / 机构同意切分额度后，可对本机构授权限额内的申请直接审批。

为更好地发挥预授信模式的积极作用，总行还可结合集团客户的分类和分行风险管控能力的等因素，在分行常规授权的基础上给予分行专项授权，从而有效提高成员企业审批效率，落实分行对成员企业的经营责任。上述预授信模式将在总行战略集团客户开展先行试点，并择机推广至总、分行级支持类集团客户。

（五）健全完善配套机制

1. 从客户维度出发点，完善靶向资源配置体系

持续健全完善以集团客户为主体的跨行、跨境、跨条线双边记账和分润机制，充分调动各分行、子公司和经营单位的积极性，促进全行客户资源共享；强化省直分行内部跨条线、跨经营单位双边记账和分润机制的运用，使双边记账和分润机制在总、分行两级客户的管理上发挥实质性作用。

在客户分层分类分级基础上，针对不同层级客户制定差异化的 FTP 补贴政策、专项行动资源和重点储备项目专项规模资源的配置政策，通过对重点客户的专项配置和靶向撬动，实现业务的精准发力、精准对接。

鼓励各级预算财务部门大胆创新，打破原有的传统资源配置模式，敢于超配多配错配，加大力度支持前台业务拓展，为强化全行一体化客户营销创造有利条件。

2. 加大人力资源政策的配套支持，加快客户经理队伍建设

逐步充实壮大客户经理队伍，结合实际管户需要增配各层级客户经理，确保客户分层分类分级管理要求的有效执行。建立了全行统一的对公客户经理授信资质管理体系，统一管理标准和要求，持续提升客户经理队伍的专业性，要求总行及分行大客户部客户经理必须具备相应的授信资质，确保履职能力。修订客户经理相关制度办法，在客户经理的职级、职数、专家型人才等方面向总行公司业务部门、分行大客户部等直接经营部门的客户经理倾斜,以此提升客户经理团队的质量和服务水平。

3. 完善集团客户管理系统工具，提升集团客户科学管理水平

配合客户分层分类分级管理体系的建立，优化核心系统，通过增加客户分层分类分级系统标识、实施授信流程配套改造、推进境内外一体化管理等系统改进和优化，为加快客户分层分类分级体系的落地创造有利条件，全面提升客户信息管理水平。开发集团客户风险监测系统，加快推广运用，为客户风险识别和集团关系树管理提供有力的系统支撑。持续优化集团客户财务报表一览系统,强化客户财务情况前瞻分析能力。推广使用集团客户营销信息共享平台,实现集团客户管理团队线上协作，提高团队合作效率。加快开发集团客户综合贡献相关系统，为提高全集团全视角评估集团综合贡献能力提供有效工具支持。

四、下一步改革推进的思路

（一）进一步健全完善公司客户综合贡献评价

全面、客观评价公司客户的综合贡献是实施精细化客户管理的基础。为贯彻“以客户为中心”的经营理念，进一步提升客户的精细化、

差异化管理水平，改变分散、割裂、单一的传统客户评价模式，推动客户价值评价向综合化、国际化、关联集成转变，实现对客户的全面、统一评价，并以此为基础配套差异化的营销、授信及资源配置政策，下一步客户分层分类分级管理体系的重点方向之一是健全完善公司客户综合贡献评价，评估公司客户整体对交银集团的全部直接和衍生贡献。交通银行将构建客户综合贡献评价模型、优化客户综合贡献数据管理，搭建客户综合贡献评价系统，并研究探索结合评价结果开展管理资源和业务资源配置。

（二）聚焦集团客户管理，提升客户管理落地执行成效

提升客户管理成效的关键在于各项管理要求的落地执行，只有通过完善的评价、考核、回顾及总结机制，才能真正实现有法可依、有法必依、执法必严。因此，确保客户分层分类分级管理要求及配套管理制度办法的切实落地执行，完善的客户管理评价机制是关键。下一步交通银行将聚焦集团客户管理，建立健全集团客户管理评价制度，根据集团客户管理要求，设计评分体系，从集团关系树管理、营销管理、授信管理及存续期管理方面，对分行的集团客户管理职能落实情况、管理效率进行综合评价，并借助系统监测、抽查等方式，按季度统计各分行的得分情况和排名，配套奖惩机制，强化分行对管理要求的重视程度、提升分行履行管理要求的主动性。

（三）强化全辖一体化管理，激发分行经营活力

客户分层分类分级后，总行级、分行级客户的成员单位均须由支（辖）行提升至分行层面经营，分行公司业务部门和支（辖）行间如何

发挥营销合力、共同经营管理分行大客户成为亟须解决的重要课题。交通银行将通过进一步健全相关管理规章制度，明确分行公司业务部门和支（辖）行间的职责分工，从分行层面切实提升客户的营销管理层级，实际参与到客户的营销策略制定、营销计划实施等具体工作中，同时发挥分行在区域内的高层对接优势，突破客户营销的关键节点；支（辖）行充分发挥营销服务半径优势，在分行的组织、指导下开展客户营销维护和贴身服务。同时，在全行不定期开展分行关于促进分行公司业务部门和支（辖）行有效分工协作方面开展的创新机制和先进经验分享和推广，逐步推动各分行在辖内形成分行—支辖行各司其职、协同经营、立体营销的管理架构，提升全辖一体化经营管理合力。

五、北京管理部直营模式及案例介绍

（一）交通银行北京管理部简介

作为总部在上海的国有大型商业银行，为构建总行基于北京总部经济资源的综合性营销、服务、协调平台，进一步巩固和发展交通银行在京业务，交通银行于 2010 年经银监会审批在北京设立了直属机构——交通银行股份有限公司北京管理部（简称北京管理部），并于 2014 年末对其进行了准事业部制改革，将原北京管理部综合部、北京管理部集团客户部和北京集团客户授信审批部三个总行一级管理部门合并改制成为北京管理部（集团客户部），以进一步加强对集团客户总对总营销、专业化经营、一站式服务和集中化管理。

北京管理部作为交通银行总行准事业部直营机构管理，内设前台业务部门、中台风险合规部门和后台综合管理部门，负责总行授权名单内的集团客户的统一营销、一站式授信及风险管理工作。2014年末授权管理名单内集团客户92户，客户分两大类运营管理，其中18家集团客户总部采取直营管理方式，其余采取直管模式。名单内客户央企占9成，大多占据行业龙头地位。客户经营规模大，发展和合作潜力较大。

（二）北京管理部准事业部制改革的背景

央企集团客户集中化程度高，多数集团客户已实现现金集中管理，重大业务决策逐渐上收总部，分/子公司对合作银行选择上的影响力有所弱化，集团总部话语权强。在这一趋势下，银行的营销服务却仍然较为分散，体现在地域分散和职能分散两个方面，境内外分支行分别营销集团客户遍布各地的分/子公司，对集团客户的业务发起与管理总体上属于“自下而上”的分散模式。职能上客户部门负责客户营销和大部分业务办理，产品部门或条线管理部门负责业务决策和部分业务产品的操作，链条还比较长，统一协调能力还比较弱。随着集团客户集中化趋势逐渐加强，提升总行直接经营能力，加强一体化服务的需求日益突出。

服务央企必须提高对集团客户全融资服务能力。央企是推动国家战略实施落地的骨干力量，在对接“一带一路”倡议及“中国制造2025”、新型城镇化、京津冀协同发展、长江经济带、“互联网+”等国家战略过程中，大型央企融资呈现多元化特点，金融需求向跨业态、综合化、定制性的方向转变；同时由于自身深化改革在混改、并购、增发、股权激励、改制上市等领域存在多层次金融需求，对合作银行的全融资服务能力提出了更高要求。

服务央企必须提升服务效率和自身综合创新能力。当前央企创新步伐加快，改革力度不断加大，产融结合逐步加深，通过以产业基金加项目融资为代表的创新方式解决企业扩大规模、投资运营的综合需求，使得商业银行必须提升自身综合创新能力，抢抓市场机遇，同时进一步提升整体服务效率。

服务央企必须提高整体把控集团客户业务风险的能力。集团客户作为一种特殊的客户组织形态，成员多、融资渠道复杂，核心企业与附属企业并存。对于与其合作的银行来说，集团客户的风险特征非常复杂，具有交叉性、隐蔽性、突发性、传染性，整体把控需要高层级全视角，在成员企业的风险管控上同时涉及境内外分行、子公司和各业务条线板块。尤其在当前央企兼并整合重组加快，供给侧结构性改革实施的背景下，企业经营发展出现显著分化，集团客户结构优化调整、风险管控的压力进一步加大，对银行完善全面风险管理机制和执行体系提出更高要求和挑战。

（三）改革的具体措施和成效

北京管理部准事业部制改革的核心在于提升经营责任主体的层级，强化部门牵头营销、牵头服务、牵头管理和牵头推进的能力。改革目标是让北京管理部按照统一营销、一站式授信及风险管理的工作要求，对名单内集团客户实施了全流程的统一管理，承担对名单内集团客户营销和风险管理的牵头责任，并在改革发展过程中逐渐形成一套以“总对总”直接和牵头营销，“一站式”授信服务和统一风险管控为核心的创新模式。

1. 实现内部整合和职能调整

改革之初，北京管理部首先按照新的组织架构进行了内部职能调整和整合。组织前、中、后台对原独立的三个总行一级部业务与管理流程进行梳理，实现前、中、后台相互配合又相互制约的体制，形成客户营销前台部门、风险合规中台部门、综合监察后台部门三大板块的组织架构；完善了包括贷审会、非信贷评审和授信审查审批的相关制度规范，建立贷审会运行机制；研究制定了二级部绩效考核办法，针对不同考核主体实施差异化考核。

2. 提升总行直接经营能力

加强对央企客户总部的直接经营是北京管理部改革的工作重点。部门坚持从实际出发，全面谋划直营改革发展策略，确定了“效益优先、兼顾规模”的经营理念和“以利润为核心，夯实负债业务基础，调整资产业务结构”的经营方针，在直营业务方面坚持“低成本扩张、低资本占用”，在“打基础、控风险、稳存款、增效益”四个方面狠抓落实。

在营销策略方面，部门全面摸排了直营客户业务现状，“一户一策”制订年度客户发展行动计划，明确了业务营销方向、表内外业务投向重点、风险管控关键环节，围绕客户需求，以调整业务结构为重点，加强表内外业务效益核算，运用“商行＋投行”、“境内＋境外”、“表内＋表外”、“股权＋债权”等新型营销策略，调动全行相关资源，为客户提供一体化、一站式服务。

在配套机制方面，部门推动解决内部利益分配，与北京市分行就效益、业务发展和资产质量等各项考核指标实现了双边记账（实记分行，虚记北京管理部）。结合公司客户分层分类分级管理体系建设，对部分直营核心客户试点由北京管理部直接发起集团授信集中申报，进一步提高集团客户授信申报、审查效率和交通银行对集团客户的综合服务水平。

在团队建设方面，部门设立了由北京管理部、北京分行大客户部、北京分行经营单位负责人和相关客户经理为核心团队，境内分行、海外分行相关大客户部、经营单位负责人和客户经理为成员的一体化综合服务团队，形成了北京管理部统一协调指导下各负其责、统一行动的团队运行机制。2017 年在北京、湖南、四川、江苏、湖北、广东、江西等 7 家境内省直分行试点客户经理团队全行一体化考核，进一步推进了客户经理团队建设。

在绩效考核方面，准事业部制改革后，总行对北京管理部直营团队实施单独考核，单独配置薪酬和费用，业绩达成与直营团队员工薪酬挂钩。部门结合业务和人员现状，制定了“客户分类、客户经理分角色、体现团队协作和差异化的多层次、多视角”绩效考核体系，结合客户发展计划将考核任务分解到户，明确达成目标的路径及部门内部相关资源配置，充分激发了团队干事创业的工作动力。

3. 发挥牵头作用带动重要系统营销

改革以来，北京管理部通过“建系统、搭平台、拓渠道、嵌链条”服务全行，统一牵头全行烟草、军队系统和建筑行业供应链营销，全面带动与烟草、军队、建筑类央企在全行的合作。

烟草系统。改革以来，烟草总公司在交通银行全系统的存款持续增长，系统合作覆盖面不断拓展。2017 年存款日均余额超过 400 亿元。烟草工业部分 17 家省级中烟公司有 12 家与交通银行开展合作；商业部分 33 家省级商业公司有 22 家与交通银行开展合作。交通银行为国家烟草专卖局设计开发的新商盟网上跨行支付平台、零售商户专属 BOSS 信用卡以及手机订烟等创新产品得到国家烟草专卖局的高度认可，为烟草公司的烟款结算业务提供了有力支持。自 2012 年开展新商盟网上卷烟跨行系统合作以来，5 年间已为 48 家地市级烟草公司上线该平台，累计结算量逾 700 亿元。太平洋 BOSS 信用卡及手机订烟与交通银行的跨行支付系统互相配合，促进了商户拓展及存款增长。

建筑行业系统。以供应链金融产品为抓手积极拓展建筑行业央企集团上下游客户，有效带动了分行新开户、中收和低成本核心负债等综合业务发展。此外，北京管理部还积极布局“一带一路”和雄安新区系统营销，摸排所管央企对接国家战略金融需求，持续跟进重点项目。

4. 形成对央企客户“总行牵头、总分支行协同”的一体化营销服务模式

在总行在京直接经营体制改革落地的同时，北京管理部进一步明确自身在牵头全行总部在京集团客户营销方面的职能定位，发挥在全国、全球业务的整体带动作用，将营销和服务延伸至全行。

整合全行服务集团客户的前台营销力量。针对所管央企逐户组建了以总行客户经理为组长，相关分行和经营单位客户经理为组员的一体化集团客户管理团队，建立“双线汇报”机制，统筹安排整个集团相关业务开展，落实风险管控措施。部门对名单内集团客户建立了客户档案，逐户研究制订年度客户行动计划，探索对集团客户实行多边记账，指导带动分行开展集团客户营销工作。

着力提升“总对总”营销对全系统的带动能力。改革以来，北京管理部每年牵头开展交通银行总行在京的各类高层会见和营销，与央企总部在长期合作、互利共赢基础上建立全面合作伙伴关系，与45家央企总部签订了全面战略合作协议或“总对总”相关协议。发挥牵头营销职能，强化了对“三总部”的考核，从总部层面直接与客户开展项目对接与业务谈判，提升重大项目的营销层级，提高客户响应速度和决策效率，有效增强对分行重点项目的营销参与和支持。

探索央企重点项目联动营销模式。北京管理部发挥总行牵头和直接营销、专业部门产品支持、分行具体经营、支行贴身服务的“四位一体”营销服务效能，通过整合全行产品、政策和技术资源，集中力量在效率和资源整合上对同业形成非对称竞争优势，逐步在项目选择、方案制订、协同营销等方面形成具有示范效应的方法，进一步完善央企重点项目一

体化营销模式。改革以来，交通银行重点支持了包括首都新机场、首旅集团环球影城、杭州大江东产业集聚区基础设施 PPP 项目、中信滨海新城在内的重大项目，成功跻身央企主要合作银行之一。

统筹全行境内外资源，积极推动“走出去”业务合作。部门紧跟央企“走出去”步伐，重点支持央企具有战略背景的海外重大项目，进一步深化了与能源类、建筑类、交通运输类、装备制造类央企海外业务的合作，带动海外分行做大规模，为境内分行的后续结算、负债及代发工资等业务奠定了良好基础。同时借助服务央企有利契机，积极推进“交行—汇丰 1+1”项目落地，在债券承销、买方信贷融资和境外银团贷款等方面与汇丰银行开展务实合作。

牵头开展以产业基金为代表的业务创新。部门积极响应国家推进各类投资基金、资产证券化业务发展政策，联合交银国信、交银施罗德等相关子公司推进央企在产业投资基金、PPP 融资、并购基金、资产证券化等项目的发展。推动中铝交银四则产业投资基金、中国建材股份债转股合作等创新业务落地，为交通银行与央企合作提供了新路径，有效提升交通银行的市场地位。

5. 牵头开展在京集团客户统一风险管控

北京管理部把防范集团客户系统性风险放在首要位置，根据集团客户分层分类管理的总体要求，自上而下传导集团客户授信投向及管理策略，合理摆布信贷资源，着力支持符合国家产业政策导向的行业和领域。

一是对所管集团客户全融资敞口进行全覆盖管理。部门在总行授权额度内归口承担了对所管集团客户境内信贷、类信贷、债投、集团财务公司、金融租赁公司等业务领域的审查审批工作，通过会审参与海外分行授信业务审批，基本实现了对集团全部客户及全融资敞口的全覆盖。

二是完成对全部所管集团客户的集中模式授信审批。部门实现了名单内客户授信管理由监控模式向集中模式的转变，对集团客户授信额度在全融资口径形成了扎口管理，为统一集团客户风险偏好、集团客户营销、授信策略制定和全面风险管理奠定了基础。

三是对集团客户实施分类管理并初见成效。通过集团授信集中管理，部门按信用风险维度将所管集团划分为三类进行管理，对每个集团客户针对性地制定了授信业务发展策略，并持续开展信贷结构调整和优化，分类管理的结果与目标达成一致。

四是进一步优化授信申报流程。在提高集团客户业务处理效率方面，部门提高了集团客户发起层级，对56家优质集团客户优化授信业务申报流程，采取由所属分行大客户部/公司业务部直报北京管理部的一站式申报模式，实现了在业务终审前公司条线申报线路拉直，力求简化流程、提升效率。

五是构建了北京管理部全面风险管理工作会议领导下的“1+1”风险管理架构体系。建立和细化了针对集团客户的全面风险管理体系，落实总行风险管控多线汇报机制，形成集团客户总分行、前中台、贷前贷后的多层次、全方位、全流程的风险管控机制。

经过近三年的探索实践，北京管理部集团客户直接营销、直接经营经验基本成型，业务发展取得阶段性成果。对央企总部的直营模式成为集团客户营销的重要抓手，显现出多方面的比较优势。从效益提升角度，部门充分利用“总对总”营销带来的信息反馈链条短、环节少，决策层级高、速度快，业务规模大、条件灵活性强等特点，结合内嵌“一站式”授信审批的高效率，推出多种创新产品、组合产品，实现了超平均水平的利润增幅。从风险管控角度，北京管理部利用自身“对口总部、辐射全国”、信息流汇集中心的有利地位，从集团客户整体风险管控的高度审核具体项目，实现风险管理的“全国一盘棋”。从转型发展角度，真正确立了“以客户为中心、以市场为导向”的经营理念，为下一步全行大客户直营改革的深化、统一分层营销体制机制的完善积累了有益的经验。

第二节　搭建同业客户分层分类分级管理体系

交通银行“十三五”时期同业客户发展纲要贯彻落实“两化一行”发展战略以及全行“十三五”发展规划，聚焦交易型、同业低成本负债以及表内外投资等重点业务，按照金融子行业维度分别提出客户服务策略以及重点业务目标计划。同业客户在规模体量、风控能力以及综合贡献等方面存在较大差异，贯彻实施客户发展纲要，需要在各金融子行业内部对客户进一步细分，并建立差异化的客户营销体系、经营责任体系、授信管理体系、风险管理体系以及资源配置体系，实现客户精细化管理。从制定客户纲要到构建差异化、精细化的客户关系管理体系，建立科学、客观、系统的客户分类体系是关键环节。

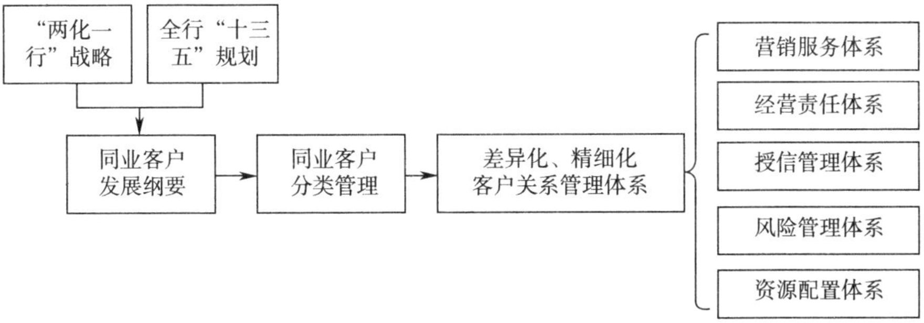

资料来源：交通银行。

图 2-1　同业客户管理体系

一、同业客户分类管理探索

2012年，交通银行即着手开展同业客户分类评价工作，针对银行、证券、期货、保险、信托等行业客户，开展公司治理状况、风险评价、综合实力、综合贡献度等维度的综合评价，将客户分为核心客户、价值客户和一般客户。客户分类评价结果主要应用在以下三个方面：将评价结果作为客户准入的主要依据；根据评价结果制定各行业年度风险类机构名单；优先满足综合贡献度高、忠诚度高的客户的业务合作需求。

2014年制定的同业客户分类评价办法进一步扩大参评客户范围，覆盖银行（农村信用社）、信托公司、金融资产管理公司、金融租赁公司、证券公司、证券投资基金公司、期货公司、保险公司、金融要素市场等九个行业。根据客户综合实力和综合贡献度，将客户分为核心客户、价值客户和一般客户。在评价结果应用上，除了实行差异化的客户准入和分类营销之外，首次提出建立总、分行分级客户管理体系，将核心客户纳入总行级客户，由总行牵头组织营销和服务；价值客户和一般客户由主办分行牵头组织营销和服务。

2015年制定的《境内金融机构客户分类评价管理办法》，首次从“信用风险”和“综合贡献”两个维度分别开展客户评价，并根据客户在两个维度的排名将客户分为核心客户、价值客户和一般客户。其中，信用风险和综合贡献排名皆靠前的客户纳入核心客户，两项指标排名皆靠后的客户纳入一般客户。在评价结果应用上，明确提出“在产品政策、审批流程、价格、存续期管理等方面对不同等级金融机构客户实施差别化管理”，初步提出了建立差异化的授信管理和存续期风险管理体系的基本框架。

经过四年理论探索和工作实践，同业客户分类评价体系更加精细化，在评价结果应用上，已经初步提出了总分行分级客户管理、建立差异化的授信和存续期管理体系的构想。

在前期实践探索基础上，2016 年构建的同业客户分层分类分级管理体系，进一步总结和提炼前期同业客户分类管理的实践经验，是同业客户分类管理探索过程中的阶段性成果。

首先，在分类评价体系的设计上，沿用了 2015 年两个维度单独评价的方法，一方面，“纵向分层”，根据客户规模及行业地位，将客户分为超级层、第一层级、第二层级和第三层级客户；另一方面，“横向分类”，以客户自身信用资质为主，综合考虑综合贡献度、PD 评级及负面指标等因素，将客户分为重点合作类、一般合作类、谨慎合作类客户。

其次，在客户分层分类基础上，构建客户分级管理体系。将超级层客户以及第一层级客户中的重点合作类客户纳入总行级客户，其他客户主要纳入分行级客户，如图 2-2 所示。针对部分特定客户建立委托营销管理体系，发挥受托管理单位专业化优势和经营创新优势，提升对客户的特色化经营能力，委托管理客户的主管客户经理由受托管理单位客户经理担任。目前，境外银行类客户由总行国际业务部受托管理。

最后，在评价结果应用上，系统地提出建设客户营销体系、经营责任体系、授信管理体系、风险管理体系以及资源配置体系等五大客户关系管理体系的总体框架。此外，同业客户分层分类分级评价体系首次将境外客户纳入评价体系，参与评价的境内外法人客户数量逾千户。

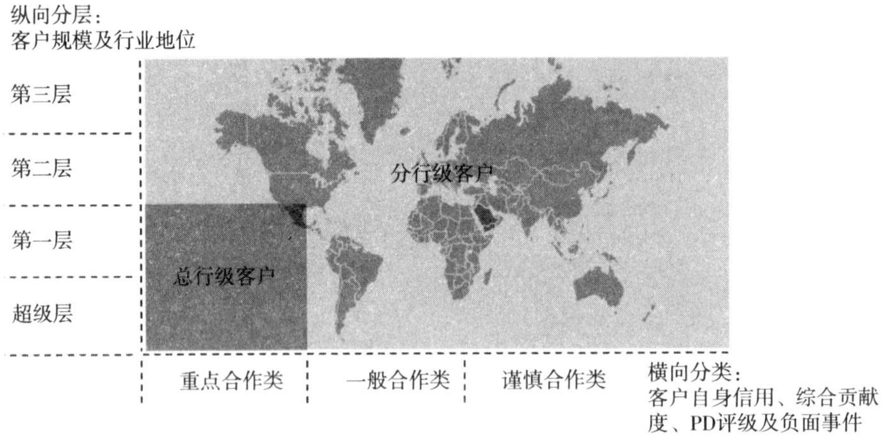

资料来源：交通银行。

图 2-2 同业客户分级管理体系

二、同业客户分层分类分级评价结果运用

（一）以平衡好风险和效率为导向，建立差异化的授信管理体系

同业业务时效性要求高，市场机会稍纵即逝，对于授信审批和额度调剂的管理效率提出更高的要求。对于特定客户的业务需求及部分交易型业务，需要通过机制创新简化授信申报审批流程和额度管理机制，提高授信管理效率。原则上，对于超级层、第一层级及重点合作类客户中的分行级客户，由于“一行三会”不断加强监管，总体风险可控，授信流程及额度管理可适度简化；对于非重点合作类客户，审慎开展授信业务合作，并执行相对严格的授信流程及额度管理。

近年来，两项机制创新为提升授信管理效率创造了有利的条件：一是专项授权，即超出常规授权范围，根据经营管理创新发展需要进行的授权，包括融资、定价、法律合规审查和风险管理等专项授权；二是2012年开始在业务前台推动设置风险合规小中台，前置风险管理职能，目的是促进业务前台强化风险责任和管控能力，简化业务流程，提升风险管理效率。在以上制度创新的基础上，2017 年根据同业客户分层分类分级制定了同业授信申报审批操作规程，总、分行级同业客户授信申报审批分别实行总行级流程和分行级流程，特定业务实行专项流程。

在实践操作层面，目前已在以下三个方面取得实质进展和初步成效：

对总行金融机构部进行专项授权，针对部分低风险大型银行类客户，总行金融机构部风险小中台在授权范围内进行审批。

对事业部产品部门进行专项授权，被授权单位风险中台可在授权范围内对做市商、低风险债券等业务进行授信审批。专项融资授权仅针对授信审批事宜，相关客户的客户关系管理职能仍然由总行金融机构部承担。

对个别海外分行的地方性金融机构（银行）实行差异化的专项融资授权，提高审批效率，强化管理责任。

在授信额度管理上，同业授信额度以总额或分类额度形式批复。总额批复形式下，在批复的授信总额内各品种之间均可调剂；分类额度批复形式下，分类额度项下的小类品种之间可进行额度调剂。同业客户授信额度批复的具体形式与客户分层分类结果挂钩，风险管控能力较强的客户实行总额批复，部分客户则实行相对严格的额度批复以及调剂管理制度。

（二）以权责利对等为原则，构建多层次经营责任体系

同业业务跨境、跨业、跨市场，同业授信“一家（经营单位）主办、全行共用”特点突出，开展同业客户营销、授信及存续期管理相关工作，需要建立包括主办客户经理、协办客户经理和产品经理在内的同业客户

管理团队，实现信息共享，开展团队协作。理顺同业客户经营责任体系，核心是要落实各经营单位责权利对等的基本原则，保障经营单位在承担客户授信管理工作和贷（投）后风险管理责任的同时，也能够相应获得业务发展带来的收益。

在客户营销过程中，主管客户经理牵头制定客户发展规划，牵头营销活动，并组织开展日常服务和基础性管理工作。协办客户经理协助开展客户信息收集、系统维护等工作，其中，对于总行级客户，分行的协办客户经理也要充分发挥就近维护和贴身服务。产品经理发挥专业化优势，配合客户经理开展客户营销工作，并根据客户需求推动产品创新。

在客户授信管理过程中，主办客户经理汇总并评估客户授信业务的额度需求和风险收益情况，形成统一的同业授信申报方案，在已批准的同业授信总额度项下对各类子项额度进行分配和调剂。协办客户经理协助办理尽职调查等基础性工作，并及时报送业务开展情况。产品经理报送授信需求，用信过程中适时将相关用信信息报送至主办客户经理。

在客户贷（投）后风险管理过程中，主办客户经理是第一责任人，对贷（投）后风险管理工作的组织、质量和效果承担第一责任。协办客户经理协助主办客户经理了解融资人的资信变化情况、用信情况及业务的最新进展，协助做好贷后日常监控工作。产品经理对所经办业务的风险承担直接责任，及时向主办经理报告不利影响的市场事件及风险信号，协助主办客户经理掌握同业客户所涉风险，并对后续风险控制及化解措施提出建议。

（三）以事业部与分行“双轮驱动”为突破口，加强重点客户和业务资源配置

实施差异化的资源配置体系，是要根据全行战略导向及客户纲要目

标，在全行资源有限的条件下，加强重点客户和业务的资源倾斜。建立客户分层分类分级体系是确定目标客户、发展重点业务的重要突破口，具体实施过程中要用好各类考核政策工具，并通过机制创新，引导前台、分行和基层落实客户和业务发展规划。本节专门介绍事业部与分行“双轮驱动”服务重点客户的机制创新。

授信业务合作是带动同业客户全面合作的重要抓手。但是在资源紧张条件下，发展同业资产业务需选取重点客户开展合作，特别是在当前降杠杆、严监管背景下，加强风险管控、择优选择交易对手并开展授信业务尤为重要。此外，交通银行同业业务专营部门设在总行产品事业部，对重点客户给予资产业务支持，既要满足同业业务专营管理的监管要求，又要发挥分行贴近客户的优势。

对此，交通银行在2017年创新推出了事业部与分行“双轮驱动”机制，选取部分重点合作类客户，在同业专营管理框架内，通过非融资专项授权，委托属地分行代理推荐部分负债、资产业务，把有限资金投向综合贡献度高、风险管控能力强的客户，通过市场化定价、优先交易，在自身流动性安全的前提下，满足客户交易及融资需求，提升重点客户的合作黏性，并撬动结算、托管、债券承销等中间业务合作。该项机制实施近一年以来，在推动低成本负债、代客交易等业务发展等方面已取得成效。

三、同业客户合作服务“一带一路”建设模式探索

交通银行坚持金融回归本源和服务实体经济，紧密跟进国家重大项目布局，推动同业业务发展。“一带一路”倡议是我国新时期下深化改革开放、统筹国际国内两个大局发展的重要举措。交通银行认真履行国有银行支持“一带一路”建设的责任，并积极与政策性银行、汇丰银行

等境内外大型金融机构开展合作，发掘“一带一路”建设为银行带来的转型发展机遇。

（一）深化与国家开发银行等政策性银行的合作，打造“开发性金融 + 商业金融”业务合作模式

政策性银行功能定位于“服务国家战略、依托信用支持、市场运作、保本微利”，在政府扶持、多边合作、资金来源等方面较商业银行更有优势，是金融支持“一带一路”沿线国家基础设施、产能合作、金融合作的主力军。

长期以来，交通银行高度重视与国家开发银行、中国进出口银行、中国农业发展银行的业务合作，并将三家银行纳入超级层战略性客户，目前三家银行均已与交通银行签署全面战略合作协议。“一带一路”倡议提出以后，我们积极探索与政策性银行开展同业合作。近期，交通银行参与由国家开发银行牵头的银团贷款项目，有力支持阿曼政府基础设施等项目建设。

2016 年 4 月，交通银行作为账簿管理行、牵头行及协调人，牵头协调美国、伦敦、沙特、日本等地的 26 家大型银行，为中国石油化工股份有限公司与沙特阿拉伯国家石油公司合资的延布炼厂项目提供银团贷款，支持中石化集团实施国际化战略，并带动项目所在地石化产业群和下游产业链发展。

（二）发挥“交行—汇丰 1+1”合作平台优势，服务“一带一路”建设

汇丰银行是交通银行战略合作伙伴及第二大股东。两行携手十余年

来，开创了中国大型商业银行与境外战略投资者合作的先河，不断丰富战略合作的内涵，并通过建立“交行—汇丰 1+1”合作平台，探索出了一条合作共赢的发展道路。

汇丰银行具有全球网络布局优势，已在泰国、孟加拉国、沙特阿拉伯等 28 个“一带一路”沿线国家设置了分支机构，在部分国家经营历史已在百年左右，在当地经济发展中扮演了重要的角色。借助“交行—汇丰 1+1”合作平台服务“一带一路”建设，可以充分发挥汇丰银行资本实力、境外网络、全球市场经验、金融产品创新等方面的资源，提高大型项目承贷能力，并借助汇丰银行分支机构对当地市场熟悉程度高、对客户及项目风险把控能力强等方面的优势，通过互荐客户共同为双方客户及项目提供金融服务，同时做好信息咨询及风险评估等配套工作。

目前，双方主要通过以下三方面的合作服务“一带一路”建设。

扩大传统国际业务合作。依托“交行—汇丰 1+1”机制，跟进中资企业业务布局，交通银行境内外分行联合汇丰银行全球网络为中资企业在“一带一路”沿线国家和地区投资、业务拓展提供贸易融资、清算结算等业务。如两行合作对孟加拉诺瓦布甘杰重油电厂项目提供出口买方信贷服务，为中国电力建设集团海外能源建设项目提供了长期资金支持，也为后续项目可行性评估、满足跨境监管及合规管理要求等工作提供了宝贵的经验。

开拓跨境业务合作领域。对于沿线国家和地区的重大项目，重点通过参与国际银团方式切入客户营销，依托交通银行银企资源和汇丰银行资金、网络资源，共同为“走出去”企业提供大规模境外融资支持。目前，两行已就东南亚等地区的数笔银团贷款业务达成合作意向，并正在探索“一带一路”沿线国家债券承销互荐，共同为企业客户提供境外多币种筹资服务。

建立行际间“一带一路”倡议对接机制。即建立项目联系人制度以及项目协调机制，并通过项目信息交换机制，优先与对方进行信息共享，并询问参与意向。

四、超级层客户经营管理案例

（一）深化同业战略客户部准事业部改革，提升金融要素市场客户服务质效

金融要素市场是指为证券、期货、黄金、外汇等金融资产交易提供登记、托管、结算、清算、交易服务的非银行金融机构。金融要素市场对金融市场交易结算过程中形成的沉淀资金具有“蓄水池”的作用，随着直接融资的发展、多层次资本市场体系的完善以及我国金融市场逐步对外开放，此类资金将是大中型商业银行拓展核心负债的重要来源。此外，跟进金融要素市场各项交易产品创新也是银行丰富产品体系、推动财富管理及代理代客交易类业务发展的重要工作。

交通银行高度重视与金融要素市场的业务合作，并将全国主要性金融要素市场均纳入超级层客户，由总行直接经营管理。2016 年进一步深化准事业部改革，在金融机构部内部成立同业战略客户部，对 13 家主要全国性金融要素市场实行总行直营，发挥总行专业、技术优势，加强跨区域、跨板块、跨行业协同，提升客户服务质效。不同于事业部改革，准事业部体系下的总行直营不意味着脱离分行独立经营，在实际经营过程中，需要建立总行、分行、支行三位一体的客户营销和服务团队，在分行配备相对稳定、专业的客户经理，与总行客户经理协同服务。为

充分发挥基层机构贴近客户的优势，交通银行还在上海、大连等地成立特色化支行，为当地期货交易所提供专属服务。对于准事业部的考核，重点围绕同业低成本负债建立独立核算的考核体系，并着力提升二次分配市场化程度，推进团队和个人薪酬挂钩业绩。

此外，由于部分金融要素市场采取中央对手清算及券款兑付（DVP）结算方式，相应地要承担交易对手违约风险。对此，我们将日间、日终透支业务作为金融要素市场客户深化合作的重要经营手段，在确保自身流动性的情况下，优先满足金融要素市场客户的短期融资需求，并通过专项融资授权简化授信流程，提升客户服务效率。目前，交通银行吸收 13 家主要全国性金融要素市场活期存款平均余额逾千亿元，是全行活期同业存款的重要来源。

（二）持续改进综合化金融服务，巩固期货交易所合作基础

交通银行期货交易结算业务具有传统优势，近年来，在期货领域存款总量持续保持市场份额首位，其中，期货公司保证存款规模连续八年排名市场首位，期货交易所保证金存款市场份额在 10% 以上。

紧密跟进期货交易所期货结算系统建设，持续优化结算功能，是交通银行期货结算业务保持市场领先地位的重要原因。1999 年 8 月 13 日，交通银行与郑州商品交易所、大连商品交易所、上海期货交易所签订《期货交易结算协议书》，成为经中国证监会同意的两家首选指定交易结算银行之一； 2006 年 9 月，成为中国金融期货交易所的首批期货保证金存管银行。自 2006 年 8 月国内期货市场上首家推出全国集中式银期转账系统以后，交通银行一直高度重视系统功能优化，为期货投资者与期货公司间资金划拨提供高效、快捷的结算服务，并持续推动与期货公司

的系统对接，银期转账合作期货公司基本实现全覆盖。

积极跟进期货交易所产品创新、推动投资者教育，也是与期货交易所合作的重要内容。从2006年开始，交通银行连续十一年参加中国（深圳）国际期货大会，从2012年开始连续五年承办分论坛，2016年承办“产融结合与风险管理”分论坛，积极参与中国期货分析师暨场外衍生品论坛，2016年承办场外衍生品分论坛。除此之外，交通银行还积极参加期货业协会、期货交易所联合举办的“中国（郑州）国际期货论坛”、“中国塑料产业大会”、“中国玉米产业大会”和“中国（广西）糖业发展国际论坛”等具有市场影响力的宣传活动和论坛，支持和配合期货交易所开展场外期权等创新试点项目。此外，交通银行还注重整合行内资源推动交易所创新产品推广，通过举办联合营销活动，拓展潜在、合格期货投资者。

在紧密期货交易所合作关系的同时，交通银行还高度重视与期货公司及其子公司开展合作。我国期货市场采取“二级结算”模式，深化与期货公司合作、推动期货公司通过交通银行渠道向交易所结算资金账户划入保证金，是提升期货交易所存款份额的重要抓手。保证金存款利息收入是期货公司营业收入的重要来源，2014年以来，期货公司保证金存管银行从原来的五家国有银行扩大至十二家银行，各家银行对于期货公司保证金存款的价格竞争越来越激烈。为陷入避免价格战，交通银行以客户分层分类分级管理为突破口，加强与风险管控能力强、综合贡献度高的期货公司开展全方位业务合作，以提升客户合作黏性，并在争取期货存管资金方面争取优先合作机会。近年来以期货行业创新业务发展为契机，在期货投资咨询、期货资产管理业务合作、期货风险管理子公司、期货品种跨境业务等方面积极探索，创新管理机制，选取股东背景实力雄厚、风险意识强、市场经验丰富的风险管理子公司，向其提供整体授信融资支持，并探索通过“保险＋期货”模式服务“三农”、服务实体经济。

第三节 搭建私人银行客户分层分类分级管理体系

经过三十多年经济的高速增长，中国目前已成为全球私人财富和存量规模增长较快的市场之一。中国私人财富市场规模在全球仅次于美国，排名第二位。

随着我国经济改革的不断深入，金融领域的日渐开放、金融工具的不断创新使得金融产品日益丰富，也为私人银行在产品服务方面探索创新提供了良好条件；人民币国际化的逐步推进，使私人银行未来为客户提供全球资产配置成为可能；利率市场化的进程加快，未来利率的波动将引起股票、商品、债券、外汇等各类资产价格的变化，使得资产管理的专业要求提高，资产配置的作用将会上升，专业化理财的重要性将更加受到重视，私人银行业务需求将越来越大，客户对私人银行等专业财富管理机构的依赖也将会加强；从我国银行业的收入结构看，财富管理业务贡献占比逐渐提高，财富管理业务贡献增速超过传统业务。因此，我国私人银行业务尚处于快速成长的起步阶段，并仍将持续保持快速发展势头，发展前景广阔。

当前，中国银行业正在经历深刻的变革，经济形势、市场环境、客户需求正在发生巨大的变化，近几年银行业资产规模与利润的增速开始放缓，大资管时代的到来加剧了不同金融行业的业务交叉与竞争，互联网金融的兴起对银行业的跨界挑战日益严峻，传统零售银行经营模式受到冲击。在此背景下，构建以财富管理为特色的新型零售银行将是银行业应对挑战的战略选择。私人银行业务是财富管理业务“皇冠上的明珠”，搭建私人银行客户管理体系，加快私人银行业务发展步伐对交通银行零售业务利润增长和品牌提升具有重要意义。

一、私人银行客户管理体系建设的目标和框架

建设私人银行客户管理体系要秉承“以客户为中心”的经营理念，在深入了解客户的基础上，针对不同资产规模、不同职业背景的客户金融需求，整合产品、营销、渠道、服务资源，建立起差异化、个性化、综合化的营销服务体系，为私人银行客户提供全方位的金融服务解决方案，努力实现私人银行客户规模与管理资产规模的稳步增长，持续提升私人银行业务的盈利能力与市场竞争能力。

建设私人银行客户管理体系要扬长避短，充分发挥交通银行自身的优势。一是发挥体制机制优势。交通银行是国内最早一批推出私人银行服务的中资商业银行之一，是迄今为止国内仅有的三家持牌经营的私人银行专营机构之一，也是交通银行总行开展准事业部制改革的直营中心之一。二是发挥战略优势。交通银行秉持“走国际化、综合化道路，建设以财富管理为特色的一流公众持股银行集团”的发展战略，将打造财富管理经营特色上升到全行战略高度，对于私人银行更是格外重视。三是发挥国际化经营优势。交通银行通过“以亚太为主体、欧美为两翼”遍布全球且快速增长的海外机构，推出“私人银行跨境财富管理服务”，为私人银行客户提供境内、境外多元化产品和投资渠道，成为交通银行私人银行服务的特色亮点。四是发挥综合化经营优势。交通银行依托于基金、信托、保险、券商、租赁等子公司“全牌照”优势，能够为私人银行客户提供跨市场、跨领域、全球化的资产配置，为客户个人、家族乃至企业提供一揽子财富管理解决方案。

交通银行根据私人银行客户的资产规模实施了五星级客户分层管

理。一星级私人银行客户是在交通银行集团季度日均金融资产在 600 万元（含）至 1 000 万元的客户；二星级私人银行客户是在交通银行集团季度日均金融资产在 1 000 万元（含）至 3 000 万元的客户；三星级私人银行客户是在交通银行集团季度日均金融资产在 3 000 万元（含）至 5 000 万元的客户；四星级私人银行客户是在交通银行集团季度日均金融资产在 5 000 万元（含）至 1 亿元的客户；五星级私人银行客户是在交通银行集团季度日均金融资产在 1 亿元（含）以上的客户。

在内部管理上，建立了总行、分行、支行三级管理体系。交通银行根据私人银行客户分层服务需求，构建了“支行—分行—总行”的三级客户关系管理维护体系。在按资产规模划分私人银行客户星级标准的基础上，由总分行不同管理职级和专业等级的行员共同参与，以团队服务的模式，针对不同星级的私人银行客户实施个性化的关系维护和专业服务，以满足私人银行客户差异化的综合财富管理需求。

私人银行客户分层服务可细分为专业服务和关系维护两个维度，两个维度互相渗透，共同作用。其中，专业服务主要是由支行客户经理、分行私人银行顾问和总行专家团为客户提供资产配置、财富规划及其他相关服务。关系维护是指在由客户经理做好日常服务的基础上，主要由网点负责人、中心支行 / 辖行负责人、分行私人银行业务主管、分行分管行长等不同级别的行内管理人员作为牵头维护人进行综合服务。

“支行—分行—总行”的三级客户关系管理维护体系包括：支行层面，基层网点负责人应与客户经理实行客户双线联络机制，应熟悉网点内所有私人银行客户情况并参与维护。分行层面，三星级（含）以上私人银行客户的资产配置建议及财富规划，应由私人银行顾问直接参与制定或审核。省直分行分管行长要作为五星级客户的牵头维护人开展服务，辖属行分管行长或中心支行分管行长要作为三星、四星级客户的牵头维护人开展服务。总行层面，高净值客户的一对一专户服务和专家团提案由总行私人银行业务中心参与服务。

私人银行潜力客户提升机制是拓展客户的重要保障。交通银行拥有数量庞大的个人客户群。随着我国经济发展，个人财富不断增长，庞大的客户群体成为营销私人银行客户的肥沃土壤。从存量客户中提升私人银行客户的营销方法不仅成效显著，而且成本较低，因此也是私人银行客户营销的重点。交通银行建立了包括私人银行、沃德财富、交银理财、快捷理财在内的完整的零售客户分层体系，根据客户资产的不同，为客户提供差异化的分层服务。其中，600 万元以上为私人银行客户，50 万 ~600 万元为沃德财富客户，5 万 ~50 万元为交银理财客户，1 万 ~5 万元为快捷理财客户。交通银行针对各类型客户的需求特点制定了差异化的 5P 营销服务策略。

沃德财富客户是私人银行客户的主要来源，其中 200 万 ~600 万元的沃德客户被称为私人银行潜力客户。对于私人银行潜力客户，交通银行针对性开展营销提升活动，例如，邀请潜力客户体验私人银行客户专属的增值服务，推出特定的专属产品并以白名单方式销售给这些潜力客户，深入了解潜力客户在跨境金融、家族信托等方面的特殊需求并跟进服务等，促进潜力客户不断提升为私人银行客户。

二、总行建立准事业部制的私人银行业务中心

（一）私人银行准事业部制的改革实践

1. 基本情况

2014 年 4 月，私人银行业务中心（以下简称私银中心）成立，作

为采用准事业部制经营模式的总行直营中心独立开展经营管理工作。私银中心与交通银行股份有限公司私人银行部为一班人马两块牌子。对内，私银中心是交通银行总行的直营机构；对外，交通银行私人银行部是经银监会批准成立的持牌专营机构，拥有独立的金融许可证、营业执照并独立纳税，目前国内仅有三家银行（工商银行、农业银行、交通银行）获得私人银行专营机构牌照。私银中心内设财富顾问部、私银产品部、风险合规部、综合管理部四个二级部门。

分行层面，各省直分行负责私人银行业务的部门有两种组织架构模式，一种是成立独立的私人银行部，另一种是在个人金融业务部内设立私人银行业务专职团队。

私银中心负责全行私人银行业务的经营与管理工作，主要职能包括三类：第一类是产品经营职能，负责引入、销售和管理私人银行专属产品，包括自主开发理财产品与代销第三方产品等；第二类是客户经营职能，设置总行私人银行顾问岗位，为分行维护、拓展私人银行客户提供专业支撑；第三类是业务管理职能，承担私人银行业务条线的制度建设、系统搭建、风险管控、业绩考核等相关业务管理职能。

私银中心与总行部门的关系处理比较重要。

一是私银中心与个人金融业务部的关系。私人银行客户是个人客户的一部分，私人银行客户的相关业绩指标（如客户、存款、资产、收入、利润等指标）在个人金融业务部（以下简称个金部）、私银中心实行“双算”。个金部提供的产品和服务私人银行客户同时也能享受。私银中心负责经营管理 600 万元以上的私人银行客户，专注于私人银行专属产品与专属服务的开发、设计、销售与管理，并为分行营销、拓展和维护私人银行客户提供支撑。对代销类产品，个金部负责发起准入面向全体个人客户的代销产品；私银中心负责发起准入专门面向私人银行客户的代销产品。对于个金部审批准入的代销产品，私银中心也可直接引进销售。由个金部发起准入的产品由个金部负责管理，由私银中心发起准入的产品由私银中心负责管理。

二是私银中心与总行资产管理业务中心的关系。资产管理业务中心负责全行自有理财产品的开发、设计和管理。2016 年 7 月，资产管理业务中心成立私银理财二级部，主要负责为私人银行客户提供交通银行自主管理的专属理财产品，包括理财产品投资品拓展，理财产品研发、投资交易和资产配置，承担第三方机构委托投资业务的发起和管理等。私银理财部主要负责人向资产管理业务中心和私银中心总裁室双线汇报。

三是私银中心与总行风险管理部的关系。私银中心风险管理和内部控制是交通银行风险管理和内部控制体系的组成部分，遵循交通银行风险管理和内部控制的政策、制度和原则，接受风险管理部对私银中心风险管理、内部控制建设和制度执行情况的监督、检查、稽核和评价。私银中心负责制定私人银行业务的风险管理细则，评估监控私人银行业务发展的政策制度风险、经营管理风险、法律合规风险、操作流程风险等，坚持在防控风险的前提下，推动私人银行业务的发展。

四是私银中心与分行的关系。分行是经营私人银行客户的主体，承担主要的营销拓展和维护提升客户的职责，私人银行客户归属于所在分行。私人银行中心为分行营销、拓展和维护私人客户提供支撑，包括建立投资顾问团队为高净值私人银行客户提供综合金融解决方案，组织客户营销活动，协助分行营销服务客户等。

2. 考核机制

私银中心成立后，私人银行业务考核实施“不改变客户归属”原则与“双边记账”原则。

“不改变客户归属”原则：私人银行客户仍属于个人客户的一部分。私银中心的经营不改变客户归属，私人银行客户归属于所在分行/支行，不因总行、分行提供专业服务而改变归属关系。私人银行的客户、业务、收入、利润等均保留在分行。

“双边记账”原则：私银中心的经营不影响总行、分行、支行现有业绩考核归属，这也是准事业部制区别于事业部制的关键所在。私人银行客户开展的各类业务的业绩“实账”仍归属于客户所在的分行以及相应的业务条线部门、提供产品服务的子公司等，总行私银中心记相关业绩的“虚账”。

总行对私银中心的考核坚持以盈利为目标的经营导向，推行不同于总行传统部门的市场化考核办法，具体包括效益、业务发展、资产质量与加扣分四个考核维度。其中，效益指标权重最大（一般为65%），包括经营利润、非净利息收入等指标；业务发展指标包括AUM增量、客户净增数、市场排名等指标。

3. 薪酬与费用管理

总行私银中心薪酬与费用实行“双挂钩”：薪酬实行总额管理、增加弹性，职位工资和福利按照总行部门统一标准和规则执行，绩效工资包与利润业绩挂钩，根据经营绩效考核结果确定。私银中心自主实施绩效工资二次分配，根据自身业务特色和经营管理实际制定内部考核分配办法，按照业绩导向、效率优先、兼顾公平的原则实施内部分配。私银中心费用配置根据收入计划核定，在年度经营费用计划内，自主支配。

（二）准事业部制改革以来取得初步成绩

私银中心成立三年间，积极推进准事业部制改革，私人银行业务快速发展，各项工作取得较好成绩。私人银行客户净经营收入累计增长 154%，平均年复合增长率为 36%；私人银行中间业务收入（年）累计增长 563%，平均年复合增长率为 88%；私人银行客户数累计增长为 72%，平均年复合增长率为 20%；私人银行客户资产量累计增长为 99%，平均年复合增长率为 26%。

私人银行业务对零售银行业务贡献持续增长。私人银行客户资产在全部个人客户资产中的占比累计提升了 7.57 个百分点，私人银行客户创造的中间业务收入在个人金融业务条线中间业务收入中的占比累计提升了 11.05 个百分点。

专属产品体系初具规模。私人银行专属产品体系得到快速发展，自营产品依托交通银行资产管理业务中心自主研发“得利宝”系列理财产品，形成了包括现金管理类、期次类、结构类、净值类产品在内的较为完整的体系；代理产品通过外部采购建立起类别丰富的第三方代理产品平台，如保险、基金、海外产品等。2016 年末，私人银行专属产品规模达到三年前的 3.42 倍，平均年复合增长率高达 50.70%。

服务营销能力不断提升。私银中心对分行一线的服务能力与直接营销能力不断提升，建立了总行私银中心前台岗位对分行客户发展及产品营销的片区负责制度，要求总行私人银行顾问 60% 以上的时间到分行参与业务推动与大客户发展。推出了私人银行专户服务，以家族信托、一对一定制及一对多定制为主要形式，由总行私银中心私人银行顾问和产品经理直接参与营销，满足高端私人银行客户的财富管理需求。着手市场投研能力的提高，按日、周、月发布私人银行市场投资信息及策略建议，加强对客户资产配置的指导。通过私人银行公众微信号建立直送客户的产品信息日常发布平台。开发推出私人银行客户资产配置模型，根据客户需求提供产品配置组合，按月更新模型参数，指导和推进全行私人银行条线从“卖产品”向“卖方案”的销售服务模式转变。

集团业务联动初见成效。私银中心发挥交通银行集团综合化经营优势，与境内外分行、集团子公司开展了深入的业务联动。境内方面，与交银保险在私人银行专属保险产品代销方面开展合作，与交银基金在私人银行专户业务方面开展合作，与交银国信在代理信托产品销售、家族信托业务方面开展合作。特别是与交银康联协手创新推出的私人银行专属保险产品“私享一号”，契合了私人银行客户需求特点、突出与常规保险差异，深受市场欢迎。三年间，私人银行客户创造的保险收入平均年复合增长率高达 71%。境外方面，加强与香港分行、澳门分行、香港交银国际、香港交银信托等公司的跨境业务营销和服务联动，三年间，个人客户境外管理资产规模平均年复合增长率达 59.54%，有效跨境财管客户数平均年复合增长率达 48.71%。

私人银行专业队伍初步建立。除总行私银中心不断发展建设外，交通银行在省直分行个金部内部也建立了私人银行业务专职团队，强化总行、分行两级私人银行顾问的前台营销职责，推行私人银行客户分层服务管理，形成了一支近 300 人的私人银行专业队伍。私银中心始终重视队伍培训工作，每年组织针对分管行长、分管高级经理、基层网点负责人、资深私人银行顾问、后备及新入职私人银行顾问、菁英客户经理等不同层次人员的培训班，不断加强私人银行顾问专业指导，按季度集中轮训，定期组织考试，进一步提升全行私人银行专业服务水平。

风险合规管理日益规范。私银中心风险合规部作为私银中心的风险“小中台”，充分发挥其独立性和专业性，承担内控与合规管理工作职能。私银中心重视内部管控机制的基础建设，在全力推进业务发展的同时，颁布各项规章制度，建设坚实的制度基础。私银中心同时建立了内部制度执行的检查机制，并将违反各项业务办法、制度流程或导致风险事件的情况纳入各二级部 KPI 考核的扣分项目。另外，私银中心建立并完善了一系列工作机制，如重大事项决策机制、产品准入审核机制、合规销售机制、风险例会机制等，有效地提升了风险合规管理水平。

三、分行层面私人银行客户管理体系的搭建

（一）两种组织架构模式

分行层面，各省直分行负责私人银行业务的部门有两种组织架构模式：其一是成立独立的分行一级部门——私人银行部；其二是在个人金融业务部内设立私人银行业务专职团队，由个人金融业务部总经理或副总经理直接管理。分行承担私人银行客户维护与管理职责，分行私人银行顾问队伍是为私人银行客户提供差异化专属服务的主要力量。

体制机制方面，首先是不改变客户归属，私人银行客户归属于所在分行 / 支行，私人银行的客户、业务、收入、利润等均保留在分行。其次是实施“双边记账”，在业务条线之间，私人银行客户开展的个金、公司、国际等业务的业绩仍归属于相应的业务条线部门，总行私人银行部记全行私人银行客户相关业绩“虚账”；在总分行之间，私人银行客户产生的相关业绩“实账”记在客户归属分行，总行私人银行部记相关业绩“虚账”。

（二）“1+1+1”服务模式

交通银行在分行实行“1+1+1”的私人银行服务模式，为高净值客户提供专业的财富管理规划及资产配置方案。“1+1+1”中的第一个“1”为支行层面的客户经理，第二个“1”为分行私人银行顾问，第三个“1”为私人银行专家团（包括分行和总行层面的跨条线专业领域专家骨干及

总行私人银行顾问）。总行、分行、支行各个层面协同做好私人银行客户的服务工作。

交通银行在各省直分行组建私人银行专职团队，专门牵头负责推进私人银行业务，统筹各级人员做好对高净值客户维护和服务。支行客户经理和支行行长负责高净值客户的日常维护。分行私人银行顾问协同支行做好私人银行客户的维护、提升、拓展工作，通过综合财富管理规划方案，为高净值客户提供私人银行专属产品与专属服务。总行私人银行顾问和专家团会根据分行所报需求，协调集团各部门及海内外子公司向客户提供跨境综合财富管理、专属产品定制、家族信托服务等相对高端复杂的产品和服务，帮助高净值客户解决其个性化需求。通过总分支各级人员的协同合作，交通银行不断提升和改进高净值客户关系维护工作，取得了良好的效果。

四、私人银行的跨境财管业务模式

2008 年交通银行推出私人银行服务之初，以提供海外全权委托投资服务作为差异化服务亮点，是境内首家提供该服务的中资银行。交通银行发挥集团经营与战略合作伙伴优势，通过在香港的分行与子公司，与香港金融市场上专业投资机构合作，为境内客户的合法境外资产提供专业全权委托投资服务。

2010 年 10 月，交通银行香港分行正式推出沃德财富私人银行服务，成为境内首家在香港地区推出私人银行服务的商业银行。以此为契机，交通银行发挥综合化、国际化的集团优势，立足香港分行、交银国际（香港）、交银信托（香港）以及境内分行、子公司的业务平台，同时宣布推出“私人银行跨境综合财富管理服务”。

交通银行跨境综合财富管理服务针对私人银行客户的合法境外资产，提供了丰富的境外专属产品，如海外私人信托、香港证券投资、香港投资移民、香港资金结算与理财产品等。

交通银行组建了专业化的跨境财富管理专家团队。专家团队涵盖公司、投行、法律、信托、基金、租赁、税务、资产管理、房地产、离岸金融等多个领域，为客户提供个性化的跨境金融服务方案，如香港企业收购兼并咨询、境外投资理财、境外避税计划等。

五、私人银行的家族信托业务模式

交通银行依托私人银行专营牌照、离岸金融业务牌照及交银集团内地、香港信托业务牌照，联合子公司交银国际信托有限公司（以下简称交银国信）及海外机构交通银行信托有限公司，充分发挥交通银行全牌照优势，于 2014 年推出私人银行家族信托服务。这项服务根据客户需求灵活定制产品结构，满足高净值客户管理家族财富的个性化需求，帮助客户实现财富传承、债务隔离、投资管理、信息保密等目标。

交通银行私银中心负责全集团家族信托的业务管理与组织推动、牵头私人银行客户的业务营销、协调与家族信托相配套的集团内部产品与服务。交银国信负责经营家族信托业务，包括方案设计、合同签约、履约管理等。交通银行私人银行与信托公司合作开展家族信托的模式能够有效弥补各自不足、发挥各自优势，一方面银行私人银行部门具备客户优势和渠道优势，能够在现有银行金融产品的基础上，通过家族信托提供增值服务，满足银行高端客户的多元化需求；另一方面信托公司能够利用信托制度优势和跨资本市场的运作能力，提升家族信托方案设计的灵活性和信托资产配置的广泛性，进而更有利于委托人财富管理与传承意愿的达成。

六、建立私人银行的增值服务体系

交通银行私人银行深入研究客户在非金融服务方面的诉求，不断丰富私人银行客户增值服务内容，提升服务品质。

建立了一整套增值服务服务体系，建立“品鉴”、“行家”、“乐活”、“传世”、“颐养”、“商旅”、“善行”七大系列服务，以尊享各类礼遇的身份与内容为主线，体现增值服务精彩纷呈的优势特色。七大系列服务基本涵盖了客户的生活、传承、出行、健康、公益等各方面诉求。

建立统一的增值服务平台，点面结合、重点突出，不断提升服务内涵。通过系统化管理，统一服务流程，规范服务标准，建立售后跟踪机制，倾听客户建议，跟进客户意见，不断提升客户的服务满意度。

精耕优势项目，在中医养生、艺术品鉴赏等贴近客户需求的领域加强积累与培育，做成精品，做出差异；围绕客户需求旺盛，如跨境商旅、子女教育等项目重点投入资源，设立全国性的特色服务，努力做出口碑、打造品牌；加强总分行联动，鼓励分行因地制宜，为客户提供适合当地客户的增值服务内容。

七、建立风险合规管理体系

交通银行将私银中心风险管理纳入全行全面风险管理体系，执行全行统一的风险偏好。在私银中心内部设立了风险合规小中台，具体负责实施客户业务风险评估、依据授权把关业务风险、督促存续期管理落实等工作。建立了前、中、后职责清晰明确的组织架构，有利于将各类风险的政策和管理要求传导到业务前台，将风险管控的制度、措施、系统、工具嵌入业务流程。按照贴近市场、贴近客户、贴近分行的原则对私银中心给予授权，私银中心根据授权开展业务经营工作。

私银中心建立并完善了一系列工作机制。包括：

（1）重大事项决策机制。加强直营机构费用支出管理，明确了部门内费用使用的审批流程，建立了立项与重大财务费用支出的集体决策机制，以及违规情况的处理细则。

（2）产品准入机制。建立产品准入审核机制，由产品审核委员会决策各类私人银行产品的准入与否。规范了自营产品、集团产品、代理第三方产品、投资顾问的准入、发行及售后管理工作。

（3）合规销售机制。通过持续开展高风险产品售后回访等方式强化合规销售检查管理工作，将回访结果及时反馈给分行，以及早发现销售风险隐患，全面落实合规销售的各项管理要求。

（4）风险例会机制。私银中心通过内部风险例会，由风险“小中台”对私人银行专属产品风险、私人银行客户信用风险、私人银行合规及声誉风险等方面进行了专项评估，审议风险合规管理的相关工作，布置私银中心重要的风险合规工作事项。风险例会制度完善了私银中心风险合规议事和决策的机制，有效地提升了风险合规管理水平。

八、进一步完善私人银行客户管理体系的思考

（一）进一步增强私人银行资产管理能力

资产管理能力是私人银行最重要的核心能力之一，其专业性体现在从

货币外汇、金融资产、大宗商品等价格走势之中捕捉投资机会以及为客户构建合理资产配置并有效管理的能力，其客户服务体现在与个人客户及其家族的关系维护能力。对一些非银行的财富管理机构而言，可以通过仅提供咨询建议而不直接管理资产来开展业务，其核心能力则反映在渠道方面。

私人银行构建资产管理能力可采取自主研发与外部采购并重的策略：自主产品的研发与管理是核心，银行自主研发产品可向客户收取资产管理费，收入可持续、波动小（相对于销售佣金），盈利性更好，同时有助于解决产品供应商提供的标准化金融产品无法满足高端客户个性化需求的矛盾。外部采购可以突破银行业务范围的限制，建立起类别丰富的产品平台，从而使银行有能力为需求更加复杂与多样化的客户提供满意的财富管理解决方案。

（二）进一步加强对产品服务的整合能力

随着私人银行业务的发展，私人银行客户的需求也呈现出个性化、复杂化、跨行业、跨地域的特点，特别是在我国银行业同质化仍未出现根本性改观并且混业化经营趋势加剧的背景下，一家综合性银行对集团内各类产品与服务的整合能力的高低将直接决定其财富管理能力的强弱。

私人银行要充分发掘集团内不同业务单元在产品内容上的关联性和服务手段上的互补性，提高金融产品的设计和研发能力；要发挥不同业务单元的灵活性，合理整合产品价值链，平衡金融功能结构定位，积极开展集成创新，提升构建跨业金融产品组合的能力。

（三）进一步强化集团内营销的联动能力

1. 强化集团零售客户交叉销售

建立完善集团零售客户交叉销售考核奖励机制，激发板块各部门、各中心、各子公司交叉销售积极性。持续开展各类客户交叉销售营销活动，以资产配置方案为切入点，做好存量客户基金、保险、理财等重点产品的交叉销售，促进客户在交通银行管理资产的不断提升。提升零售板块数据分析及管理能力，统一搭建营销策略部署平台，全面落实客户的一体化经营，加快实现客户经营策略在各渠道的部署落地。

2. 提升线上线下各渠道协同能力

通过调整零售业务的经营渠道结构，“做大线上渠道，激活线下渠道，协同线上线下渠道”，全面提升零售营销能力和零售业务利润贡献度。一是要提高总行直营能力，围绕“改善体验、扩大流量、提升转换”三个方面做大做强线上经营渠道。二是要转变传统经营模式，通过明确合格客户经理标准、加强活动量管理、推动有组织销售等激活线下经营渠道。三是要打造渠道一体化经营，构建“大众客户线上为主、高端客户线下为主；标准产品线上为主、复杂产品线下为主；接触营销线上为主，深度营销线下为主”的渠道协同营销体系，提升零售渠道整体营销效率。

3. 构建集团一体化的客户信息管理体系

推进集团内客户信息的整合。在满足监管要求及客户自愿的前提下，制定客户信息整合规则，识别、清理、转换和整合现有交通银行集团客户信息，加快推进集团内客户信息的统一管理。建立集团统一的客户信息收集、共享机制，如在各渠道客户开户同时通过信息使用授权获取客户信息共享使用权限，并在集团客户信息整合的基础上，统一存储、分析和使用客户信息。建立统一用户名管理体系，实现客户使用一套用户名和密码登录集团内各个网上业务系统的认证方式，并在此基础上为集团零售客户综合分析、统一营销和全面风险管理提供支持，落实集团板块层面对零售客户的分层营销管理。

（四）进一步提升对经营风险的管控能力

私人银行业务在盈利模式、产品发行、投资运作、风险管理和处置、信息披露等方面与银行传统存贷业务有着重大区别，其风险管理难度更大：一是涉及银行、财务、保险、税务、法律等多个业务范畴，涉及风险点多；二是与传统业务相比市场风险更大，风险容忍度更高，收益区间更大，交易结构更灵活复杂，金融工具运用更为广泛，潜在的风险事件和风险点更多；三是风险交叉、复杂程度高，有较强的相关性，容易相互传导。因此，必须通过识别、计量、监测、报告和控制等手段，建立有效的风险管理体系和风险控制机制，特别是要建立起有效的风险预警系统与风险监控制度，搭建前、中、后台分离的业务流程，开发独立专业的 IT 支持系统，切实防范、控制财富管理业务风险。

严格遵守国家金融法律法规，切实落实监管部门和银行最新的规定和要求，加强对各类风险的防控，合规有序地开展财富管理的各项业务，确保私人银行专属产品的合规销售。

加强客户信息安全管理，确保客户信息不泄露，提升客户信息完整度。认真落实监管部门对反洗钱、CRS 的各项管理要求，做好私人银行客户尽职调查等相关工作。

（五）进一步加大系统工具专业支撑能力

开发私人银行客户管理系统，增强开展私人银行客户关系管理的能力。打造私人银行客户名单制管理体系，结合客户资产、服务等级、资金流动性等维度建立的私人银行客户标识体系和分层服务名单，为客户提供不同级别的客户管理服务。实现私人银行客户生命周期管理模式，对客户生命周期不同阶段所需服务的个性化定制，支持客户经理、私人银行顾问、投资顾问在内的整个团队共同做好私人银行客户的维护和过程管理。建立强大的潜力私人银行客户挖掘功能，实现强大的行内潜力私人银行客户筛选功能和行外潜在私人银行客户名单导入功能，支持分行做好私人银行客户挖掘、拓展和提升工作。

开发私人银行资产管理系统，提升对私人银行客户财富管理的专业能力。建立私人银行产品管理体系，支持灵活的产品目录维护功能及各渠道产品信息、额度信息、行情信息等数据的同步。支持“智能投顾”功能，实现可根据客户实际风险承受能力以及个性化投资偏好，运用现代化的资产组合模型和神经网络技术，为客户定制资产配置方案。提供不同级别的资产管理服务，实现包括专业化的财富规划咨询、到落地到产品的投资组合方案，以及基于专属投资账户的全委托投资服务。

第四节　分行客户分层分类分级管理案例

除总行外，分行在客户分层分类分级体系建设中也处于重要位置。交通银行各省直分行结合自身实际，积极开展客户分层分类分级工作。有的分行根据地域企业特点，整合产品、技术和政策资源，增强客户服务的精准性和实效性；有的分行在财富管理市场快速发展的背景下，通过创新金融服务，在零售客户分层分类分级工作上进行大胆尝试；有的分行在依托同业业务发展较好的区域优势，充分发挥交通银行金融要素市场全牌照优势在同业客户分层分类分级工作上先行先试。下面选取四家在客户分层分类分级工作上各具特色的分行进行介绍。

一、陕西省分行：以三个结合为特色，打造公司客户分层分类分级模式

（一）陕西省分行公司客户管理体系建设的基本情况

陕西省分行在2017—2019年三年规划中，明确将以客户分层分级分类为基础，结合地方发展特色，打造统筹推进、协作高效、反应迅捷、服务专业、权责清晰、利益共同的新型客户管理体系，全面提升客户服务能力和市场竞争能力。

陕西省分行按照总行分层分类分级营销管理要求，制定省分行公司客户分层分类分级实施细则，并详细梳理了客户清单：

结合客户与交通银行合作情况实施纵向分层，按照客户的经营特征和业务拓展价值，综合考虑客户的资产或销售规模、区域分布、行业市场地位、战略合作价值及合作潜力等因素，将全行公司客户分为第一层级、第二层级和第三层级客户。

按照客户风险特征开展横向分类，综合考虑交通银行授信行业政策和投向指引、客户经营和财务情况等因素，将公司客户分为支持类、维持类、减退加固类和风险保全类。

从客户管理维度出发实施客户分级管理，根据客户分层分类的结果，结合客户的重要程度、管理难度和行业集中度，将公司客户分为总行级、分行级和支（辖）行级客户。最终确定总行级客户1户，分行级客户57户。

在梳理客户清单基础上，落实各部门工作职责，形成了以省分行公司业务部作为客户分层分类分级管理牵头推进部门，并作为重点负债类客户营销推动部门，大客户部作为重点资产类客户营销管理部门，省辖

分行和支行作为基础性管理和服务机构，省分行授信管理部、风险管理部（资产保全部）、资产负债部、预算财务部作为中后台配合部门的多层次客户服务管理体系，全面提升全省客户服务能力和市场竞争能力。

随后是配套公司客户分层分类分级运行保障机制。优化授信业务流程，完善分润机制，强化考核体系，升级全员全产品计价工具等；加大资源投入，确保重要客户在人力资源、薪酬激励、财务资源、信贷资源和公共资源的配比；落实高层推动机制，针对重点客户、重大项目省分行领导亲自上阵营销，高端切入。分行多部门不定期会晤，协调解决重点项目推进中存在的问题。

（二）陕西省分行公司客户分层分类分级的三个特色

1. 客户分层分类分级与行业营销相结合

陕西省分行以行业营销管理为切入点，通过深入分析客户基础，从行业维度对客户进行资产贡献度和负债贡献度的排序，根据区域经济发展的特点以及陕西省分行的总体行业客户发展策略，将 14 个目标行业分为四个层次，由行业产品经理负责行业研究、方案制订、产品开发等工作，制订不同营销方案，推动行业营销管理模式由“松散型”向“集约型、专业型”转型。

（1）精品打造行业：教育、医疗。行业策略：结合互联网金融、移动支付等新技术的发展，加速特色化行业产品研究和创新，强化行业产品的市场影响力和竞争力，加强行业投入产出后评估，有策略地提升行业综合收益,全面巩固和提升陕西省分行产品的行业辐射面和渗透度。

（2）价值提升行业：安居、烟草、财政、社保。行业策略：加强政府职能转变和架构改革相关政策研究，加强对省辖分行的营销调研和指导力度，对同业及系统内分行政府市场营销信息和特色系统产品进行搜集、研究、借鉴和推广。

（3）资产推动行业：交通运输、航空物流、能源化工、商务园区。行业策略：当前市场竞争异常激烈，优质资产成为稀缺资源，针对资产业务贡献度较高的行业，完善大客户部制改革。大客户一部重点管理交通运输、航空物流行业客户；大客户二部重点管理能源化工、商务园区行业客户。通过专业管理，行业聚集，提高营销层级与专业管理水平，前瞻性地开展重点项目跟踪和营销工作。

（4）潜力挖掘行业：军队、海关、税务、汽车。行业策略：挖潜行业客户潜力，做好“修渠引水”工程，梳理优化业务流程和制订行业营销拓展方案，学习借鉴同业及系统内分行的经验，找准营销突破口，营造全员参与之势，做大流量，以交易型业务带动陕西省分行整体业务份额。

2. 客户分层分类分级与机构职责相结合

客户分层分类分级工作不是“一分了之”，而是以权责利对等为原则，建立常态化工作机制，与部门职责相结合，形成由省分行行领导牵头，公司业务部、大客户部、授信管理部和风险管理部（资产保全部）等相关部门共同构成的跨部门议事制度，明确各部门对于不同层级客户管理的职能分工，及时协调处置分层分类分级工作中遇到的问题，牵头经营单位推进落实，确保工作连续，抓出成效。

（1）大客户部承接分行重点资产业务的营销、授信管理工作。按照行业聚集度，陕西省分行先后成立大客户一部、大客户二部。大客户一部重点管理交通运输、航空物流行业客户；大客户二部重点管理能源化工、商务园区行业客户。大客户部定位于“加强行业管理、加大自主营销”，通过“直管 + 直营”模式，做好存量上收行业客户的纵深营销，同时做好新客户的拓展、努力开拓新的市场客户。同时对大客户部按照经营单位进行差异化考核，考核指标设置与支行经营单位略有差异，大客户部考核指标以“利润、负债、资产、新户拓展”为主。大客户部和经营单位按照分润模式进行考核管理。截至 2017 年 6 月末，大客户一部、大客户二部共上收 58 个重点客户，存款合计 88.75 亿元，占比 12.28%，贷款合计 220.34 亿元，占比 42.67%，中收 3 182 万元，占比 11.6%。充分发挥了大客户部面向市场直接作业、专业营销的作用。

（2）公司业务部牵头分行集团客户 / 战略客户 / 省辖行重点客户营销授信管理工作。第一类：总行级客户指北京管理部和总行公司机构业务部直营直管名单内非大客户部管理的客户；第二类：重点平台客户是指西咸新区及其五大组团（空港新城、沣东新城、秦汉新城、沣西新城、泾河新城），以及其他分行认定的具有战略合作价值的重点平台类客户；第三类：其他授信需上报总行客户是指省辖行客户超分行授信审批权限或由于其他原因需上报总行的客户（不含限制类行业）。

对于这三类客户，由公司业务部牵头制定上述客户的总体发展策略、策划一体化服务方案，并有组织、有计划地推进落地和执行；与经营单位共同完成贷前调查、授信方案撰写，全面把控客户风险，负责授信业务发起；负责与总分行、北京管理部相关部门进行沟通协调，提高营销服务效率，牵头落实审批及投放工作。

（3）各支（辖）行作为客户营销服务的支撑。支（辖）行承担总、分行级客户本部和成员单位的日常维护和贴身服务。对于整个客户营销服务体系而言，支（辖）行既是眼睛，也是触角，不可或缺。总行、分行级客户的经营管理以总行、分行为主，支（辖）行参与尽职调查和存续期管理等基础性管理工作，并且承担基础信息和材料的收集、系统录入和维护等日常维护工作。同时，分行本部中心支行和省辖分行本部将本级对公授信业务集中上收至本部中心支行或省辖分行本部，结合自身规模、业务结构、区位特征等确定差异化业务发展定位，加强对总、分行级客户的上下游优质客户群的挖掘，提高获客能力；同时挖潜和培育无贷户和小微客户，进一步夯实全行客户基础。

（4）以差异化管理为方向，优化授信和风险管理体系。授信管理部结合客户分层分级分类管理，进一步突出高效审批职能。陕西省分行深入推进重点客户授信发起层级提升，对于总行重点储备项目客户、总行直营直管集团客户、上报总行审批的各类授信业务由省分行业务主管部门（公司业务部/投资银行部/大客户部）具备相应资质的人员直接发起，负责授信发起层级提升工作，提高授信审查和上报质量，加快业务落地。同时将授信发起层级提升客户纳入全流程管理，加快审批进度，专人全程跟踪推进。针对不同类别客户的需求和风险特征，适配相应的业务流程，实现授信审批流程、专项授权体系和风险管理政策的精准对接。

（5）以协同保障为准则，加强人力资源等配套机制建设。为了更好地发挥客户分层分级分类管理的质效，陕西省分行不断完善客户维度的各项资源配置体系，协调各方利益，充分发挥资源配置的杠杆作用。一是加强人力资源配套，进一步强化客户经理队伍建设，提升客户经理专业能力，拓宽客户经理成长通道。二是完善绩效分配体系，包括大客户部与分支行的分润机制，客户经理的绩效考核机制等，使各部门在发挥不同的营销职责的基础上得到科学的回报。三是落实系统建设和营运保障，加快推进系统升级和营运模式改造，优化流程、提高效率，为客户分层分级分类管理的实施奠定基础。

3. 客户分层分类分级与地域发展特点相结合

作为古丝绸之路的起点，“一带一路”倡议再次将陕西省推上了开放的前沿位置，国家赋予陕西省打造内陆改革开放新高地和西部大开发新引擎的光荣使命，全力推进“大西安”建设，发挥对陕西省追赶超越的核心引领支撑作用。陕西省，尤其是西安，迎来了前所未有的发展机遇。

与东南沿海各省份相比，陕西省资源经济特征较为明显，基础设施投资相对滞后，航空航天、军工、教育、高新技术等特色产业发展稳定。陕西省“十三五”规划的实施以及“大西安”战略的提出，为陕西省分行做大资产规模，在新常态下转型发展带来了新的契机。陕西省分行将客户分层分类分级工作的开展，与地域发展特点相结合，与当地战略规划相结合。

在利率市场化、金融脱媒加速的背景下，优质的项目和资产必将是各家商业银行竞争的焦点，陕西省分行重点项目储备制度作为全行公司业务的发展基础，对于调整优化现有客户结构、积极应对激烈市场竞争均有重要的意义，是陕西省分行实施公司客户分层分类分级的重要抓手。陕西省分行坚持以“全面覆盖、分层管理、层级提升、聚焦重点”为原则，建立梯度有序的总分行重点项目储备体系，实现重点项目分层管理和动态管理。坚持项目储备先行、板块联动，有力支撑资产业务和盈利能力的可持续发展。通过全行上下一体的重点项目储备机制，挖掘、提升、培育一批新的重点客户，夯实陕西省分行的客户基础，形成逐层推进的客户跃升体系。

（1）全面覆盖，充分挖掘全辖、全融资优质项目。陕西省分行从2015年起建立重点项目储备联席会议制度，按季度开展对重点项目的深入排摸，充分挖掘包括全辖范围内、全融资领域的信贷、类信贷、跨境联动、子公司联动等各类优质项目，全力打造分行范围内面向全交银集团，覆盖跨境、跨业、跨市场优质核心资产的储备库和供给库。

（2）分层管理，不断充实两级重点项目储备库。陕西省分行统筹考虑客户综合贡献、未来合作前景、市场竞争情况，优中选优，形成重点储备项目名单。对名单内项目实行分层管理，一方面有效对接总行重点项目储备库，另一方面在省分行公司板块内部及跨板块间持续深化分行级重点项目储备协同推进机制。

（3）层级提升，提升重点项目储备的营销管理层级。根据“大型集团集中、重点行业集中、资产业务为主”的原则，坚持重点储备项目由省分行大客户部或公司业务部进行发起及管理，提升重点储备项目的营销层级、发起层级、管理层级，提高项目的效率、收益和价值。

（4）不断推动，陕西省分行重点项目储备机制运行初见成效。重点项目储备机制作为夯实陕西省分行资产业务发展、推动客户分层分类分级的重要举措，经过数次重点项目储备联席会议的强化完善，有力地推动了陕西省分行资产业务的稳步增长。重点项目储备机制从 2015 年 12 月启动至 2017 年 10 月末，陕西省分行累计申报总行重点项目 180 个，分行重点项目 307 个，分行重点项目申报金额近 3 000 亿元。累计入库项目 156 个，入库率为 32.03%。其中，总行库累计入库项目 55 个，入库率为 30.43%，申请总行专项规模近 600 亿元，库内项目综合 PD 评级 4.92 级。分行库累计入库项目 101 个，入库率为 32.9%，库内项目综合 PD 评级 4.79 级。累计实现投放项目 63 个，投放金额超 200 亿元，投放率为 40%。

陕西省分行紧抓此次产业布局调整的契机，前瞻性地开展重大项目的跟踪、营销工作，在新一轮的经济调整期内，依托陕西省区域优势，积极支持政策倾斜、市场前景向好的产业集群，通过重点区域、重点项目拉动全行资产业务的稳步增长。

（三）陕西省分行公司客户管理体系改革的成功案例

陕西省分行逐步探索并完善了具有陕西省分行特色的客户营销管

理三结合，即将客户分层分级分类管理与行业营销相结合，逐步增强陕西省分行在行业客户拓展方面的精准性和实效性；与机构职责相结合，逐步形成责权利对等、多层次协作的新型客户营销体系；与地域发展特色相结合，充分发挥陕西省分行在“一带一路”倡议、大西安建设下的营销能动性。

例如，陕西省某大型铁路集团是目标客户，陕西省分行专门成立营销领导小组，陕西省分行行长亲自挂帅开展高层营销、大客户部牵头推动以提高管理层级，公司金融部、资产负债部、授信管理部等多部门联动管理，多次修改完善服务方案，支行作为落地行积极配合、快速响应、服务到位，最终在包括四大行在内的竞标中胜出，成功实现了基本户的开立和银团贷款的顺利发放，也将为陕西省分行在后续营销实际控制人“十三五”期间陕西省铁路项目、债务融资工具发行、产业基金、低成本负债等业务起到决定性作用，全面提升客户在陕西省分行的综合贡献度。

对于陕西省分行而言，一是实现了优质资产获取：成功牵头城际轨道交通项目银团贷款。该笔银团贷款为陕西省分行在陕西省首笔牵头行银团贷款，总额近 80 亿元，陕西省分行作为银团牵头行，份额占 60%，中国银行、建设银行、中信银行作为参加行共同组团。二是实现了基本账户开立：陕西省分行通过该项目银团贷款审批，成功营销实际控制人陕西省某铁路集团公司在陕西省分行开立基本账户，填补了省属大型集团企业在陕西省分行基本户开立的空白。三是实现了活期存款带动：借款人及其实际控制人在陕西省分行活期存款日均存款保持在 30 亿元左右，均为活期低成本负债；该银团业务的办理，除了利息收入之外，还将为陕西省分行带来银团安排费、代理费等中间业务收入。

二、山西省分行：精耕细作，持续推进零售客户管理体系建设

（一）山西省分行客户管理体系建设概况

从山西省分行来看，零售业务是分行传统的基础型业务，是优势业务。山西省全辖11个地市，除太原市外，对私存款占比均高于对公存款占比。零售业务具备资本消耗低、利润贡献稳定、受经济波动影响相对较小等特征，在当前形势下，加快零售业务发展对支撑交通银行山西省分行转型发展具有重要的意义。而驱动银行零售业务发展的最关键要素是客户，零售业务经营的最大目标就是挖掘客户的价值。

分行自重新组建以来一直注重拓展零售客户。始终坚持“以客户为中心”的发展理念，根据总分行客户发展战略部署，适时调整自身零售客户拓展策略。特别是近年来，随着向零售转型的步伐加快，分行零售客户发展一直遵循“分层品牌管理，族群精准营销”原则，坚持“金融资产+客户贡献”相结合的分层客户管理机制，加之零售产品工具的不断丰富运用和主动管理能力的增强，分行零售各类客户的市场占比、系统排名均实现了较大提升，分行零售客户规模逐步壮大，发展速度也迈上新的台阶。截至2017年6月末，分行600万元以上客户占比0.05%；50万~600万元客户占比1.28%；5万~50万元客户占比6.83%；1万~5万元客户占比6.08%；1万元以下客户占比85.76%。

（二）山西省分行零售客户分层分类分级管理的推进

1. 分行零售客户分层管理发展历程

（1）实施零售客户匹配服务。客户是业务的根本。山西省分行

2008 年提出客户匹配服务理念，明确以客户为中心，壮大客户基础，突出财富管理，加强交叉销售，提升客户价值的目标。

加强客户分析。通过各类管理系统，从客户的信息中发现客户的显性价值、潜在价值和成长价值。

突出财富管理特色。塑造沃德财富、交银理财等个人金融客户品牌，完善网点布局，覆盖财富管理目标客户，整合网点、网上银行、电话银行、自助银行等渠道资源，提升理财功能，创新财富管理产品，量身定制个性化服务方案，提供“一站式”财富管理服务。

实施匹配服务。在详细分析客户情况的基础上，细分资源、机构、产品、人员，确定与客户登记相匹配的服务项目和标准，如财务资源与客户匹配，经营机构与客户匹配，核心产品与客户匹配，客户经理与客户匹配等。个人高端客户有“沃德财富”品牌，个人中端客户有“交银理财”品牌。这是零售客户分层管理的初级阶段，有效推动了分行零售客户的有效增长，客户和资产规模得到壮大。

（2）提出零售客户分层管理。山西省分行于 2011 年首次下发《交通银行山西省分行沃德、交银、快捷理财客户分层管理办法》，明确了客户分层原则、管理原则、管理目的、管理要求及管理措施，并于 2012 年结合零售业务发展情况及管理要求进行了修订，明确沃德客户经理管理沃德客户，其余客户分归客户服务经理管户的原则。分行零售高端客户，即私人银行客户的分层管理启动较早，分行于 2011 年首次下发《交通银行山西省分行私人银行客户分层管理办法》，并于 2013 年、2015 年、2016 年进行了三次修订。在私人银行客户拓展方面，通过建立和明确分层管理，要求分行行长、分行副行长、分行私人银行部负责人、辖行行长、辖行副行长、支行行长、支行副行长、支行客户经理、支行私人银行顾问直接参与私人银行各星级客户的维护，对分行各星级私人银行客户的拜访责任人、拜访频率等做出制度规范，强化与私人银行客户关系管理，充分调动内部服务资源，为高净值个人客户及其家庭提供综合性的金融服务，提升服务效率与服务质量，密切银行与客户的情感关系，提高客户忠诚度，充分发挥团队营销能力，提升私人银行客户的综合回报水平。2013年以来，零售客户的精细化管理更加完善，客户服务体验更加良好，客户满意度、忠诚度、贡献度不断提升。

（3）细化零售客户分层分类分级管理。交通银行明确提出零售客户分层分类分级管理后，确定了客户分层分类分级管理策略和客户AUR策略（拓客、活客和留客）。山西省分行在总行《“十三五”零售客户发展纲要》和年度零售客户的行动指引下，根据山西市场状况和分行零售客户实际情况，严格贯彻落实，并细化标准和策略，制定了分行《2015—2017客户发展工程规划》，全面推动分行零售客户发展再迈新台阶。

2. 分行零售客户管理成效

山西省分行分层管理初见成效。管理部门将私人银行客户和200万元以上的潜力私人银行客户划归私人银行部统筹管理，实行顾问对口、名单式管理，其余客户由个人金融部按照资产、业务分层分类管理。支行层面将沃德以上客户由沃德客户经理负责拓展维护，中端客户由客户服务经理负责拓展维护，并逐级向上培育输送客户，依靠企业行、社区行等地毯式活动覆盖，结合外呼名单，配套精准维护提升。族群客户聚焦代发、个贷、信用卡等重点客群，整合产品、渠道、服务、营销等资源，立体化综合服务体系，以线上线下相结合的方式拓展维护。维护活动以分层设计客户活动来构建内容丰富、形式多样的增值服务体系，针对高净值客户，建立“医疗养生服务 + 个性化定制”的服务品牌，针对沃德客户，举办一年一度的“沃德嘉年华”回馈活动，针对大众客户，开设

“最红星期五”系列消费体验活动。2011年至2016年，分行零售客户增加159万户，复合增长率达32.82%；有效客户增加16万户，复合增长率达15.46%；财富管理客户增加10万户，复合增长率达18.60%；个贷客户增加1.6万户，复合增长率达32.7%，山西省分行客户基础进一步夯实。

（三）山西省分行零售客户分层分类分级管理案例

1. 零售客户拓展案例之山西省分行公积金攻坚战

2010年，山西省分行与太原市公积金管理中心签署《太平洋公积金联名卡合作协议》，并作为太原市唯一发卡行正式启动太平洋住房公积金联名卡。通过7年的公积金联名卡发行，目前已积累78万存量公积金客户。2015年，太原市公积金中心阶段性提取政策出台，分行紧抓市场机遇，充分利用公积金联名卡优势，综合配置零售产品，通过及时部署，有效执行，实现了客户规模几何式增长，客户质量大幅度提升，为分行零售业务突出重围、破除瓶颈提供了有力支撑，开展了一场卓有成效的公积金留存攻坚战。

一是高层源头攻坚。山西省分行主要负责人带队上门营销，多次与山西省住建厅沟通，针对公积金存单提前支取导致利息损失问题创新模式，解政府之急，在众多同业竞争中脱颖而出。

二是全力拓展渠道。山西省分行针对公积金联名卡客户开展专享十大优惠活动，包括公积金贷款优惠、E贷通个人消费贷款优惠、公积金专享理财产品、定期利率上浮优惠、每周五贵金属专享特惠、信用卡优先办理等多项优惠措施。组建由30人组成的公积金外拓团队，协助网点进驻公积金分理处，激活存量客户，负责公积金磁条卡置换IC卡、公积金客户专享理财产品预约登记以及批量新开卡资料收集整理等工作。

三是上下联动齐上阵。针对山西省分行的特殊业务机遇，总行积极支持分行针对公积金联名卡客户共计发售十八期“公积金客户专享稳添利产品”，发售额度 36 亿元。同时为做好公积金提取留存工作，分行还借助金融服务中心（武汉）远程开展“公积金专项电话营销活动”。历时近 5 个月，拨打公积金客户 6.14 万户，有效接触客户 2.50 万户，预约理财 3 016 笔、预约金额 3.99 亿元；成交笔数 1 979 笔、成交金额 2.77 亿元。在全行的共同努力下，2015 年公积金阶段大提取期间，公积金 AUM 增长 27 亿元，联名卡余额 16.9 亿元，较 2014 年末净增 11.45 亿元，留存率达到 25%；新增中端客户 7 370 户，沃德客户 460 户，财管中收约 1 200 万户。公积金客户已成为山西省分行夯实客户基础的重点目标客户群体，对这部分客户的拓展维护是山西省分行的一场攻坚战和持久战。

2. 零售客户拓展案例之朔州分行棚户区改造项目

朔州分行坚持“以 AUM 为统领、以效益为核心、以客户为抓手”，举全员之力推进与国开行“彩虹桥”项目合作，在各级领导的支持下，朔州分行成立了棚改项目专项小组。小组以棚户区改造为契机，紧跟总分行发展节奏，全行总动员，全称总参与，根据进展及时召开专题会议，统筹安排客户拓展工作。零售条线积极梳理标准营销话术、流程，制作统一宣传折页，使交通银行棚改客户拓展政策深入人心。实行名单制管理，支行负责人紧盯名单客户，提前进行办卡邀约。大堂经理、柜员、客户经理三方联动，鼎力服务拆迁客户，确保各环节留存工作到位。精选对接产品，做好“产品 + 服务”的营销工作，确保对客户和客户资金的吸引力和黏性。

经过半年的努力，顺利实现项目落地，棚改资金效果明显，零售业务规模与效益贡献度有效提升。自 2016 年 5 月以来，该棚改项目累计下拨款项8笔，共计11.15亿元；支付31批1 644户，共计10.26亿元。朔州分行开立个人账户1 527户，留存个人资产约3.7亿元；实现达标私人银行客户3户，达标沃德客户93户，达标中端客户95户，有效户690户，手机银行1 440户。

3. 零售客户拓展案例之国新能源公共自行车服务方案

2015年9月，山西省国新能源发展集团有限公司（以下简称国新能源）收并了晋能集团公司的天然气业务，从晋能集团划转了1万人员到国新能源公司，山西省分行积极对其进行营销，希望在全省代发划转人员工资。国新能源公司的全资子公司大同亿鑫煤炭运销有限责任公司在交通银行大同分行营业部开立一般户，但一直没有业务发生，通过代发工资业务与国新能源建立了合作关系。在为代发工资业务拜访国新能源时，大同分行了解到企业下一步将开展公共自行车项目，分行从融资、办卡等方面及时为企业提供了服务解决方案。在该项目同业竞争十分激烈的情况下，分行攻坚克难，紧盯客户不放松，积极加强营销，多次拜访项目负责人，随时跟进了解企业项目需求，主动及时修订服务方案，一切围绕客户需求进行。在得知中标单位后，及时联系中标单位的技术人员与分行系统进行对接。在此期间，分行多次与大同市交通局对接，积极配合国新能源公共自行车的上线工作，主动承担社会责任，通过分行大屏幕宣传公共自行车的使用方法。

2016年6月国新能源最终确定与大同分行开展公共自行车办卡业务合作；分行全力配合，2016年7月中旬完成了发卡测试；2016年8月3日开始正式对外办理公共自行车卡，目前大同市民可在大同分行营业部、北城支行、东信支行、滨河支行等4个营业网点办理银行卡并充值。通过该项目的营销落地，大同分行累计办理借记卡并完成公共自行车充值3 4620张；吸收对公存款1 700万元；联动办理开通手机银行并激活上万户；办理 POS 机 10 台，每日交易量约 400 笔；在大同分行代发工资 960 户；开立对公账户 3 户并达标对公有效户，对公存款合计高达 6 000 万元，真正实现了拓客、留客、黏客的目标。交通银行大同分行是近年来成立的省辖分行，网点少、客户少成为制约大同分行发展的因素之一，该项目成为大同分行获客拓客的一个成功渠道，助力了个人金融和公司业务的发展，同时还有效提升了存量卡客户的使用率。

三、江苏省分行：围绕“起、承、转、合、优”完善公司客户管理体系建设

江苏省分行公司客户管理体系建设的目标与原则可用“起、承、转、合、优”五个字进行概括：

起于实践，臻于至善。以总行公司客户分层分类分级管理要求为指导，构建全辖一体化的公司客户管理体系。

承载经验，因地制宜。提高全辖重点客户营销管理层级，快速响应市场需求。

转换思路，制度创新。实现重点客户营销资源集约化，减少行内营销内耗。

合作共赢，防控风险。利用客户分层分类分级管理体系延伸出分层分类分级的公司客户风险管理体系，有效落实客户风险控制。

优化流程，提升效率。不断释放客户分层分类分级体系的改革红利，优化业务流程，提高客户服务效率。

具体做法概括如下。

1. 深化改革，释放准事业部体制红利

自 2014 年 10 月作为首批试点单位启动大客户准事业部制改革以

来，江苏省分行在实践和探索中逐步厘清思路、不断完善方案、持续优化路径，在经历短暂磨合期后，分行公司业务在 2016 年至 2017 年均保持着交通银行系统内的领先地位，具体表现为：资产业务获得了有效抓手，负债业务得到了有力夯实，客户工程取得了有机构建，风险防控得到了有效落实。

在改革过程中，江苏省分行采取了“分步实施，循序渐进，因地制宜，点面俱到”的实施策略，在先行完成本部大客户准事业部制改革、总结已有经验的基础上，逐步推进 10 家省辖分行的公司业务架构调整。面对各家辖行区域经济特点和经营管理水平迥异的复杂局面，江苏省分行领导班子没有退缩和妥协，在充分调研和横向纵向比较分析的基础上，根据不同辖行的经济特征、业务状况、客户结构，采取由辖行上报方案、省分行统一优化的方式确定体制调整，并辅以持续的事后调研评估，最终完成了十家辖行的架构调整工作，“人员集中、行业集中、客户集中”初步实现，25 个大客户准事业部运行平稳，全辖一体化的公司业务架构已蔚然成型。

深化事业部制改革是总行“二次改革”的重要部分，也是交通银行应对经营环境变化和客户需求升级的必然选择，这就要求在实施体制改革时绝不能简单承接总行改革部署和同业现成经验，在保证改革总体方向不走样、不跑偏的同时，还需要结合区域特殊情况因地制宜、辩证实施。

与此同时，江苏省分行在实施体制改革过程中，充分考虑了本部与辖行各地市经济环境和产业特点的差异性，在大客户部的职能划分和客户归属方面没有硬性格式要求，辖行可以结合业务特点和发展需要进行灵活配置。例如，产业特征不明显的地区，可以按照重点政府平台的地域分布进行事业部划分；县域经济发达的地区，可以围绕重点产业园、开发区的产业集群进行部门划分。总之，实现某一行业、某一领域、某一集群的客户集中上收和专业管理，才是大客户准事业部制改革的题中之意。

2. 精准定位，实现全辖一体化营销布局

江苏省分行在落实客户分层分类分级管理体系建设时，采取了精准定位、分层营销、打造合力、防控风险的基本实施策略，对全辖客户清单进行了仔细的梳理、讨论和划型。在涉及集团客户的分级划型时，江苏省分行主要参考高层级营销需要、集团管理基本要求、集团风险管控实际等原则进行具体处理。首先，将大型省属国企集团或重要平台集团划定为省行级客户，对于部分成员单位甚至要考虑省分行直营；其次，将大型民企集团的核心成员单位划定为省行级客户，把握其核心业务和发展方向，有效防控风险；最后，将跨省集团成员单位划定为省行级客户，由省分行项目团队与风险小中台共同配合管理，做好相关业务申报和集团整体风险监控。

江苏省分行通过建立有规划、有目标、有责任的客户营销拓展机制，实现“行业客户牵头挂帅、区域客户重点突破、集团客户系统营销”的整体营销布局。

省分行本部五个大客户部在“行业集中、客户集中”的指导原则下，深耕行业重点客户，强化专业服务水平，已充分凸显出其在夯实客户基础、挖潜客户资源方面的组织优势。省辖分行大客户部的建立是对客户服务体系和形式的优化，本质在于实现全辖对公业务的集中化管理和集约式经营，形成“省行级大客户部＋省辖分行级大客户部”并驾齐驱的营销格局。江苏省分行不断要求省辖分行转变思路、重新定位，依托省分行的专业水平和资源优势，依托当地政府的政策规划和发展重点，围绕政府的核心需求做文章，围绕政府支持的特色行业做文章，围绕当地优势产业做文章，围绕优势制造业需求做文章。同时，依托对投行业务团队在人员培养、绩效考核等方面采取垂直经营管理，实现了全辖一体化的投行利润中心体制建设。

3. 抓住重点，引导全辖营销拓展方向

江苏省分行不断研判市场变化情况，指导全辖开拓公司业务新的增长点，推动业务持续发展。省分行结合江苏区域经济发展状况，开展了区县级平台业务的调研，以当地财政收入作为风险判断的标准，制定了完善的业务发展策略和授信介入准则，鼓励全辖开展相关业务合作，成为撬动资产业务发展的新亮点。在市场竞争日趋激烈和资源配置日益紧张的大环境下，“选薄弱环节，补齐短板；抓优质资产，有的放矢”，把握园区作为基础设施投资和实体产业运营的双重引擎的业务机遇，挖掘园区优质资源。针对辖内重点行业，召开全辖重点行业推进会，分析重点行业发展态势，明确本年度重点行业发展方向和业务机遇，科学谋划，协同推进，为重点行业资产业务发展提供明确思路。批量推广省分行大客户部重点负债类客户营销经验，在全辖推广烟草、法院、财政国库集中支付等系统上线，取得显著成效。

近年来，江苏省分行打造客户分层分类分级管理体系的实践已经证明，大客户准事业部作为直营部门具有天然的组织优势，独立核算促进收益与成本联动、资源得到合理高效配置；形成行业特色有助于打破区域思维，与网点转型协同发展，实现对行业客户的深耕细作和联动营销。在全辖一体化运作的大客户准事业部架构下，江苏省分行还充分发挥体制优势，进行了以下探索与实践：

一是行业研究精细化，培养专业人才。全辖大客户部充分发挥人才、经验、智慧三重集聚的体制优势，对城市轨道交通、产业园区、先进制造等重点行业进行整体分析、发展研判和业务规划，形成了高质量、可借鉴、能复制的行业分析报告和实用案例，锻炼出了一大批懂行业、会业务、善营销的专业人才，为该类业务在全辖的一体化开展和系统性风险防控提供了知识保障。

二是营销拓展专业化，打造营销合力。借助改革后的大客户部管理体制，分行得以从更高层面针对重点客户整合营销全行资源，设计更为专业更加全面的全融资服务方案。目前，重点客户多元化经营、涉足多个业务板块的趋势愈加明显，只有在大客户准事业部管理体制下，分行才能够充分调动各条线的营销资源、整合全方位的专业能力，减少重复营销，提升工作效率，精确把握需求，为重点客户的全辖一体化营销提供可靠的资源保障。

4. 强化管理，打造全流程客户服务体系

江苏省分行辖内对公客户超过 12 万个，不同类别的客户有不同的需求特征和风险特征，原先分散、割裂、单一的客户管理体系无法满足其综合化、差异化的服务需求。江苏省分行贯彻总行分层分类分级管理要求，结合前期大客户部体制改革的实际情况，强化过程管理，打造全流程客户服务体系，提高业务推进质效。

确定管理模式和工作职能。省分行本部五个大客户部，采用直营模式直接对接总行公司客户分层分类分级管理工作，包括对接本部总行级客户、分行级客户和支（辖）行级客户的营销服务。采用省分行公司业务部直管模式对接省辖分行和郊区支行的总行级客户和分行级客户的营销管理，支（辖）行级客户由支（辖）行直接开展营销管理工作。公司业务部牵头组织营销、把关金融方案、推进授信发起、做好临期管理，支（辖）行承担协同营销和贴身服务职能，客户的金融服务体系更加立体。

推出了诸多具有行内特色的管理方式：（1）组建分行公司业务项目团队，牵头全辖资产业务推进和重点客户、重点项目营销管理工作，对全辖重大项目建立全流程管理，从营销跟踪到审批投放均由分行牵头推进，确保业务效率的提升；（2）组建全辖投行专业团队，实行人员集中管理、项目集中推进、风险集中管控的投行业务专业运作模式；（3）实行营销推进例会制度，通过全融资会动态研究客户发展策略，解决业务发展中遇到的现实困难，就具体业务不定期召开专题分析会、案例讨论会、行业交流会，传导前沿政策信息，研判战略客户发展策略。

加强配套机制建设：（1）优化授信业务流程，围绕大客户、大项目探索授信“一站通”模式，建立专属的绿色通道和快捷的审批流程，加强授信审批的时效性，针对分行级客户探索实施“一户一策”、“授信总额控制”制度，推行专项授权使用；（2）优化分润和双边记账办法，进一步理顺利益分配机制，做好流程梳理、客户交接、考核调整等配套工作，鼓励条线之间、经营单位之间协同营销、联动拓展，强化发展合力；（3）加大资源投入，从人力资源、薪酬激励机制、财务资源、信贷资源和公共资源等多方面加大资源投入，支持分层分类分级工作推进实施。

针对重点集团客户创新服务模式和团队管理策略。江苏省分行已针对全辖大型企业集团分别建立了常态化的项目团队。以国内市场规模最大的家电连锁企业S集团为例，其授信群组中有12个成员单位，近年来先后完成了海外并购和收购非上市资产等大项目，日常也有大量的银票、保函业务需求，江苏省分行一方面为其配置了由省分行公司业务部、投资银行部、国际业务部、授信管理部资深业务人员组成的专家团队，定期分析集团发展态势、研究业务切入机会，形成了上层智囊机制；另一方面还在经营部门为其配置了六名客户经理进行常态化服务，除主管客户经理负责重点营销和方案设计外，还有五名客户经理负责日常的关系维护与业务处理，并通过全员全产品计价和业务分成体现公平的业绩贡献，根据S集团对金融服务供应商的平衡计分卡打分情况，历年来交通银行江苏省分行的得分均位居同业前三，应该说项目团队机制为江苏省分行的重点集团客户营销做出了突出贡献。

完备的综合协调机制。江苏省分行管理的一些大型集团还涉及上海、苏州等多个兄弟省直分行，经常会有额度、利益、流程等方面的冲突与协调。在日常业务处理中，江苏省分行通过微信群、QQ 群等方式建立了内部沟通小组，同时与总行公司机构业务部、总行授信管理部相关通知保持常态沟通机制，在总体方案设计上以客户需求最大化和交通银行收益最大化为基本原则，充分保证各方利益，最大程度减少摩擦，实现多方共赢。

还有一点是高效的协同推进能力。基于改革后管理半径缩短、推进效率提升的客观需求，江苏省分行制定了重点项目全流程管理办法，对于经营单位上报的重点项目进行全流程入库管理，公司业务部、国际业务部、投资银行部、授信管理部等条线管理部门配合经营单位就项目的前端营销、方案设计、中端审批至后端投放进行全流程的协同推动，定期反馈，及时沟通，协助经营单位解决项目开展中存在的问题，提升推动效率。改革后分行重点项目在省分行的平均审批周期为 11.7 天，较之前 14 天的审批周期提升明显，这就为重点项目的全辖一体化推动提供可靠的效率保障。与此同时，江苏省分行针对重点园区营销打造了“大客户部 + 中心支行”、“大对公 + 小微”的协同营销力量，园区主管大客户部负责园区平台项目营销和龙头企业拓展，同时负责源头招商引资信息获取，而园区临近网点在做好园区结算服务的同时，利用大客户部获取的产业信息，批量拓展园区内中小企业与核心企业周边产业集群，形成全方位、无死角的营销体系。

5. 优化配置，建立一体化考核激励机制

客户分层分类分级管理体系构建是一项复杂的系统工程，其正常运转离不开经营单位的努力、管理部门的配合，更需要一系列配套制度和管理办法予以辅助和支撑。通过近两年时间的工作实践，江苏省分行在充分研究已出现和可能出现的矛盾关系基础上，先后出台双边记账和分润机制管理办法、营销管理办法和全员全产品计价考核办法等三项重要机制，分别从利益分配、营销关系和绩效考核等三个层面确保改革的平稳、有效推行。实践证明，这些管理机制有效解决了条线利益分配难题，减少了营销关系纠纷，提升了客户经理的展业积极性，为体制改革的有效落地提供了制度保障。

提高资源配置效率，注重资源配置的必要性、精准性、科学性，以“集中有利就集中、分散有利就分散”为原则，灵活配置资源。江苏省分行统一制订专项行动方案和客户基础工程推进方案，规范资源配置标准，对省辖分行在综合化和专项行动中争取到的全部资源，均交由辖行自主分配，省分行不再统筹，由省辖分行奖励至做出具体贡献的经营单位和客户经理，“取之于辖行，用之于辖行”，调动了辖行经营单位的主动意识和积极性，通过资源配置引导辖行经营意识和业务发展方向的有效转变。

统一原则，推行全辖一体化考核。在江苏省分行本部2016年实现全体客户经理全员全产品计价考核的基础上，2017年在省辖分行推行全员全产品计价考核，统一产品范围、统一计价标准、统一考核原则，打破了省辖分行松紧不一的考核激励口径，增强了客户经理主动议价的意识，在全辖树立先进模范、复制先进案例、推广先进经验，以考核的协同一致带动体制作用的有效发挥。

6. 创新手段，推进一体化队伍建设

推动全辖产品经理团队的一体化建设。省分行陆续建立起投行、产业链、政府金融等产品经理团队，成员以辖行公司业务部、大客户部业务骨干为主，以一带多，负责经营单位的产品推广和营销规划。省分行业务管理部门对产品经理进行统一管理，采取定期培训和考核的方式保证其任职资格和持续培养，并定期召开全辖案例复制会，将已落地的创新业务方案在全辖做有效推广。

建立全辖统一的客户经理管理体系。在全辖开展对公客户经理的任职资格考试，打破原先各家省辖分行独立确定评聘标准的惯例。全面优化全辖统一的客户经理管理体系，各省辖分行参照省分行的管理模式，均制定了客户经理考核评聘办法，设定了各职级的门槛指标、排序指标、综合素质评定等考核项目。目前，全辖上年度对公客户经理考核评聘工作已顺利完成，本部及辖行均有对公客户经理跳级、晋级、降级，通过职位的动态考核调整，引导客户经理的工作方向，激发工作主动性和积极性。

打造全辖统一的资源配置体系。江苏省分行高度重视辖行的统筹管理与活力激发，一方面做加法，牢牢抓住辖行重点客户的营销流程；另一方面也要做减法，对辖行自主管理更具效率的职能敢于放权。首先，从 2016 年起，江苏省分行对辖行在综合化和专项行动中争取到的全部资源，均交由辖行统一分配，由辖行奖励至做出具体贡献的经营单位和客户经理，“取之于辖行，用之于辖行”。这样的配置方法，调动了辖行经营单位的主动意识和积极性，通过资源配置引导辖行经营意识和业务发展方向的有效转变。其次，江苏省分行统一产品范围、统一计价标准、统一考核原则，在全辖推行全员全产品计价考核；并将对辖行公司业务部负责人进行序列大排名，打破辖行松紧不一的考核激励口径，在全辖树立先进模范、复制先进案例、推广先进经验，以考核的协同一致带动体制作用的有效发挥。

7. 疏密合理，打造多层次的风险防控体系

在实践中，江苏省分行还结合客户分层分类分级管理体系的要求，

打造了分层分类分级管理的风险防控体系，在追求业务发展的同时丝毫不忽视风控的落实。以集团客户管理为例，江苏省分行精心打造了“三道防线”落实集团客户管理及风险防控的具体要求，以防止集团成员单位游离于整个集团的授信体系之外。第一道防线是事前新开客户号排查，江苏省分行公司业务部人员每两周会对年内新开客户号清单进行梳理，结合工商红盾系统批量筛查和授信清单比对，定期将符合条件的新客户纳入集团口径管理；第二道防线是事中授信条线审查，分行授信管理部在进行资料审查时，高度重视对客户股权关系和控制背景的分析，对于符合集团管理特征的单体上报客户，及时辨识并通知公司业务部人员进行集团群组纳入；第三道防线是事后风险排查，公司业务部风险小中台定期对存量授信客户进行风险排查，对于因后期股权变更导致符合集团管理特征的单体客户，及时纳入集团口径管理。此外，江苏省分行高度重视集团关系树管理工作，花费大量人力物力对全辖 460 个全口径集团进行了系统摸排和关系树构建，并于 2017 年 7 月底前完成系统导入，为集团客户风险排查和股权关系营销提供了有力指引。

四、上海市分行同业客户营销管理案例

2017 年上海市分行全方位拓展各类重点同业客户，提升金融要素市场服务竞争力，拓宽低成本负债来源，加强息差管理，实现了存款规模、收益双提升，创造了分行同业市场业务发展的历史新高。同业客户拓展成效显著，截至 2017 年第三季度，同业有效客户总数较 2016 年净增 18 户。同业负债规模大幅增长，分行同业 AUM 存款累计日均规模较年初增幅达 14%，同业存款累计日均规模较年初增幅达 16%。从系

统内占比情况来看，分行同业存款日均规模以及增量规模系统内占比分别达 25% 和 40%，高居系统第一位。同业负债业务结构不断优化，低成本核心负债稳中有进，同业低成本核心负债日均余额较年初增长 12.6 亿元，系统内占比达 37%，规模继续稳居系统内第一位。

它们的主要经验概括如下。

1. 紧跟金融要素市场的创新节奏，服务要素市场的核心竞争力显著提升

依托总行战略客户部门，配合做好要素市场营销与系统升级开发，提升交通银行上海市分行服务要素市场能力。近年来，上海市分行与在沪各类金融交易所在新系统与新产品开发方面开展了不断深入的合作：交通银行上海市分行配合上期所首批开展夜盘交易并推进原油期货上线工作，配合中金所积极首批开展国债期货上线工作，配合中证登公司首批参与“沪港通”建设，配合上海清算所大力推进债券、外汇、利率以及大宗商品等业务上线工作并成为其首批综合清算会员，首家与上交所开展交易手续费收付平台项目，为全国范围内交易参与人提供缴费服务。在不断深化与各金融要素市场的合作中，交通银行上海市分行在各类要素市场的份额保持在市场前列：交通银行上海市分行在中金所与上期所结算量占比均排名市场第一；在期货公司存管资金总量市场占比接近 50%，列市场第一；在中证登公司一直保持结算量市场前三位。截至 2017 年第三季度，各大金融要素市场在交通银行上海市分行存款日均规模达到 1 019.45 亿元，其中 706.96 亿元为活期存款，成为带动同业存款和低成本负债的增长点。

抢抓创新市场发展机遇，市场及参与人营销成效显著。2017 年密切跟进上海国际能源交易中心原油期货项目进展，交通银行上海市分行已获批成为能源中心首批本外币存管行。同时，通过持续加大对会员营

销力度，交通银行上海市分行期货公司会员开户数位列市场之首。截至2017年第三季度，已成功营销96家会员账户落地，市场占有率达65%。

把握新兴要素市场筹备业务契机，确保交通银行上海市分行要素市场牌照全覆盖。积极参与上海保险交易所和中国信托登记有限责任公司系统建设，获得保交所资金清算平台首批结算银行资格，为后续扩大参与人营销，吸收低成本结算资金打下坚实基础。

2. 以同业板块专项行动为抓手，着力夯实同业客户基础

持续做大证券公司托管产品结算业务，通过加强分支联动，发挥经营单位结算服务优势，加大对国泰君安、东方证券、海通证券等券商托管产品的结算账户营销力度，带动PB（主经纪商业务）结算业务活期资金沉淀规模。截至2017年第三季度，交通银行上海市分行已累计开立结算账户2 750户，较年初新增结算账户1 530户，带动低成本核心负债增长7.53亿元，增幅达233%，并有效带动交通银行上海市分行特殊法人银证、银期签约客户数。

加强证券基金关键账户营销，通过加强总分行联动、各条线协同，实现太平基金、中航基金、上银基金、万家基金等基金公司功能性结算账户落地，并成为长江证券资管公司、东证融汇证券资管等券商资管公司功能性结算账户合作银行，有效带动低成本核心负债业务发展。

大力发展要素市场清算业务，扩大同业代理交易业务客户群体。通过组织推动分行各经营单位开展代理业务营销活动，充分发挥交通银行上海市分行要素市场全牌照优势，不断深化金融机构客户业务合作，做深做透要素市场代理清算业务。

加强“金系列”同业代客理财业务营销拓展。通过加大对银行、基金、保险等同业机构营销，并挖掘信托产品、资管计划等特殊目的载体投资同业理财业务需求，带动中间业务收入增长显著。截至2017年第三季度，

分行同业理财业务累计实现业务收入 4 271 万元，比 2016 年同期增加 1 740 万元，增幅达 69%。

3. 紧盯市场交易性业务机会，夯实同业负债业务基础

重点拓展货币基金、银行等金融机构同业存款业务，夯实同业负债规模。在持续做大天弘、银河、汇添富等基金等货币基金负债业务规模，进一步拓展并储备新的货币基金交易对手，为业务持续发展奠定基础。同时，深化与政策性银行、外资银行等银行同业合作，积极营销中国农业发展银行、汇丰中国等银行同业存款落地交通银行上海市分行。

4. 依托总行事业部专营业务特色，密切同业客户合作关系，做大做强结算业务

围绕金融金融市场业务中心交易、投资类产品创新，拓展代客交易类业务的同时，带动代理结算清算业务落地。以贵金属交易代理、黄金拆借业务营销拓展为契机，推动贵金属代理结算业务营销。积极联动资产管理业务中心，通过实现表外资金投资委外、货币基金等投资业务，实现资源互换，大力发展同业客户关键结算账户，带动低成本负债发展。

下面列举两个典型案例：

（1）从分行潜在客户提升为总行级重点客户——中国信托登记有限责任公司营销合作案例。中国信托登记有限责任公司（以下简称中信登公司）是经国务院及银监会批准设立的我国信托行业唯一基础设施平台，由银监会直属管理，该公司于 2016 年 12 月 19 日正式在上海成立，注册资本 30 亿元，由中央国债登记结算有限公司（以下简称中债登公司）、中国信托业保障基金、中国信托业协会以及中信信托、上海信托、重庆信托以及中融信托等 18 家行业领先信托公司和上海陆家嘴金融发展有限公司共同参股设立，其中中债登公司占股 51%，为控股股东。根据国务院及银监会对中信登公司建设方案的批复，中信登公司以市场

化方式运作，主要从事信托产品及其受益权的登记、发行、公示、信息披露和交易服务等，是全国信托产品的集中登记平台、统一发行交易流转平台以及信托运行的监测平台。

早在2015年年中，分行从上海市金融办了解到全国统一的信托行业登记交易平台计划落户上海的信息后，即将该公司作为分行级潜在要素市场客户，开始持续跟踪与关注该公司的审批与筹备进展，从市金融办、上海银监局、浦东新区金融服务局以及中债登公司等多方着手提前布局中信登公司的前期营销工作，从不同层面与公司筹备组建立联络关系。2016年5月及10月，分行副行长樊桑两次带队与中信登筹备组副组长张荣芳（时任上海银监局纪委书记）会谈并提交了“金融服务方案”，提升了中信登公司主要领导对交通银行上海市分行金融要素市场服务优势的认识与认同。同时，分行积极联动总行主管部门提升营销层级，2016年10月初，彭纯行长向银监会领导致信表达与中信登公司的合作意愿，沈如军副行长也专程拜访了筹备组组长文海兴，得到银监会领导的积极回应。

在总分行领导及相关主管部门的大力支持下，经过长达1年多时间的营销推进，中信登公司于2017年3月与分行正式建立合作关系，并首次开展了14亿元资本金存款业务，成为该公司最大的存款合作银行。同时，中信登公司高层表示，交通银行将成为其发行与交易平台的首批结算合作银行。为把握与中信登公司的合作机遇，分行将该公司纳入重点金融要素市场平台项目管理，成立集营销、渠道、营运、信息及合规等跨板块工作组，积极参与中信登公司发行与交易清算的制度设计，并受邀派员参与该公司的系统开发与建设，建立了较为密切的合作关系，该公司从分行潜在客户提升为分行重点要素市场客户。

随着中信登公司合作关系的不断提升，考虑该市场的发展前景，总行将该公司纳入总行级同业客户名单，由总分行联动推进与中信登公司的合作与服务。根据市场建设规划，未来总分行将在登记与交易结算系统建设、同业授信、挂牌产品投资以及代理市场清算等方面开展多样化合作，提升在该市场的业务份额。

（2）从企业集团客户派生出的分行级重点客户——首家民营银行华瑞银行营销合作案例。上海华瑞银行股份有限公司（以下简称华瑞银行）是全国第二家、上海第一家民营银行，成立于 2015 年 1 月，注册资本 30 亿元人民币，注册地为中国（上海）自由贸易区。该行由上海均瑶（集团）有限公司（持股 30%）及上海美特斯邦威服饰股份有限公司（持股 15%）联合发起。华瑞银行依托其大股东均瑶集团的雄厚背景，以及经验丰富的银行管理及业务团队，充分发挥出了“决策快，流程短，机制活，创新强”的民营银行优势，使得华瑞银行自成立以来业务发展良好，规模提升迅速。截至 2017 年 3 月末，该行资产规模从初年获得开业许可时的 30 亿元激增至 328.44 亿元，并且获得了黄金交易所自营资格、债券交易乙类资格、同业拆借、外汇交易等业务资格。此外，作为首家立足于上海自贸区的法人银行，华瑞银行亦已取得自贸区分账核算单元直接参与行资格，并可在区内区外发行同业存单，可开展的业务种类正在不断丰富。

自 2007 年以来，交通银行上海市分行与华瑞银行的第一大股东均瑶集团在资产、负债、投行等业务领域均保持良好稳定的合作。随着业务合作的不断深入，交通银行上海市分行与均瑶集团于 2011 年 6 月签订了银企战略合作协议，进一步提升了银企合作层级，目前已与均瑶集团下属航空板块、乳品板块、金融板块、汽车板块、百货零售板块等展开深度合作。

借助与均瑶集团的合作基础，华瑞银行自筹备伊始，分行即将其定位为分行级重点同业客户，建立起以支行客户经理为主、分支行联动的营销管理机制。一方面，分行牵头各产品主管部门为该客户设计整体银银合作方案，在同业授信、业务准入以及产品定价等方面协调资源投入；另一方面，对相关支行与客户经理开展同业业务培训与专题交流，指导与支撑支行客户经理开展客户营销与业务开展，不断提升客户经理专业水平。

在分行领导的大力支持下，经过分支行持续的联动营销，双方银银合作业务快速、有序开展。目前，交通银行上海市分行与华瑞银行已在同业授信、同业理财以及跨境结算业务等方面开展了全面合作。

第一，同业授信方面，经总行审批，华瑞银行在交通银行上海市分行的同业授信额度共 6.2 亿元，交易品种包括信用拆借、债券回购、同业存单、银票贴现等。

第二，同业理财方面，华瑞银行现已将交通银行上海市分行理财产品作为其司库资金的主要投资方向，2016 年理财时点余额最高达 37.19 亿元，2017 年前 9 个月累计为交通银行上海市分行带来中间业务收入 971.20 万元，已经成为分行同业理财业务综合收益最大的客户之一。

第三，结算业务方面，华瑞银行已在交通银行上海市分行开立 FTU 账户（同业机构自由贸易账户）以及人民币活期账户，用于区内外资金结算。

CHAPTER 3

第三章　综合化和国际化融合发展

自 2009 年以来，交通银行持续推进国际化和综合化战略落地。在国际化战略方面，把握开放新机遇，实现国际化发展新突破。遵循规模与效益相结合、全方位联动与本土化经营相结合、风险管控与业务发展相结合的原则，突出传统商业银行业务与交易型业务、资产管理业务协同发展，境外分（子）行与事业部条线协同发展以及国际化、综合化业务协同发展的特色，持续推进境外银行机构转型发展工程，全面提升跨境跨市场金融服务水平。在综合化战略方面，切实提升跨业跨市场经营能力，综合化经营争先进位，再上新台阶。贯彻“一个交行、一个客户”理念，按照“业务融合、客户共享、IT 落地、集中办公”要求，以子公司转型发展工程为抓手，以集团一体化的多元融资平台、财富管理平台为纽带，为客户提供多渠道、低成本、可复制和风险可控的产品，在个人客户端实现银行、保险、基金产品的整合，在公司客户端实现信贷、发债、理财、租赁、信托和托管一体化经营。

第一节　交银国际子公司改革探索

2015 年 6 月国务院批准同意《交通银行深化改革方案》以来，交通银行研究部署并有序推动深改方案各改革项目落地实施，其中将深化子公司改革和资本运作确立为一项改革措施。

交通银行旗下非银子公司、村镇银行和海外子行等子公司，市场化机制基础好，股权结构优化空间大，有条件也有必要在交通银行完善股权结构、优化公司治理机制等改革探索方面率先探索、尽早突破，为交通银行落实国家深化改革任务做好表率，做出贡献。

交通银行在深入调研并充分考虑子公司诉求的基础上，提出子公司改革的目标是提升集团跨业、跨境、跨市场服务能力，改革的路径可分为深化子公司市场化薪酬体制改革、子公司股权激励机制改革、引入民营资本及其他战略投资者、子公司股份制改造及挂牌上市、进一步加大新设子公司工作力度、在母行与子公司层面加大战略性兼并收购力度、适时启动股权增持转让减持等七个方面。

经过半年的探索研究，本着“监管认可、条件成熟、意见一致”原则，交通银行决定选择子公司股改上市作为率先突破的方向。截至目前，已经推进并完成了交银国际在香港主板挂牌上市、战略收购巴西 BBM 银行、参股常熟农商行国内 A 股上市等项目，子公司改革探索取得了阶段性成果。

交银国际的前身交通证券有限公司于 1998 年在香港注册成立，2007 年重组成为交银国际控股有限公司，是交通银行的全资子公司。交银国际是交通银行在香港的知名证券及与证券相关的金融服务综合平台，也是香港最早具有中资背景的持牌证券公司之一。

2016 年 4 月，交通银行研究决策启动交银国际在香港主板上市项目。2016 年 6 月，交银国际正式聘请律师、保荐人、审计师等主要项目中介，进行上市可行性的细致分析论证。经过近一年的高效协作、攻坚克难，交银国际于 2017 年 5 月 19 日在香港联交所主板挂牌上市，成为首家在港上市的中资银行系券商。交银国际首次公开发行共计发行新股约 7.34 亿股，融资规模约为 19.68 亿港元。上市发行后，交银国际总股本由 20 亿港元增加至 39.2 亿港元。交通银行持有交银国际股份由 100% 降至 73.14%，仍保持绝对控股地位。

交银国际上市广受市场关注，其品牌价值、市场影响力获得进一步提升。通过分拆上市，交银国际建立了更为规范的公司治理机制和更为市场化的管理机制，进一步提高了经营管理工作的透明度，在更高的国际资本市场平台上为客户提供全方位、专业化的综合金融产品和服务。交通银行作为控股股东，在依法合规履行大股东职责、确保交银国际独立经营的基础上，继续为交银国际在境内外业务的拓展提供强有力的支持。

通过分拆上市，交银国际建立了更为规范的公司治理机制和更为市场化的管理机制，进一步完善了公司董事会的组成架构和运行机制，增加具有较强宏观把控能力、丰富金融行业管理经验和财务背景的专业人士作为独立非执行董事，并根据上市规则要求和公司实际需求，在董事会内设置提名委员会、薪酬委员会、审计及风险管理委员会和执行委员会四个下设委员会。董事会通过设立授权制度，将与日常经营管理密切相关的事宜授权由执行董事和主要高管人员组成的执行委员会进行审批管理。同时，在执行委员会的领导下，公司内部建立完善的风险管理与内部监控机制，设置“1+7”的管理委员会，其中作为“1”的“风险管理委员会”是公司风险管理的决策机构，其辖下目前共有7个特别委员会，分别为信贷管理委员会、投资决策委员会、产品创新及推进委员会、资讯科技规划委员会、财务审查委员会、投资银行项目审查委员会和保荐人尽职调查委员会，各自专责不同业务和经营管理范围，以配合整体风险管理和内部监控。

交银国际挂牌上市，是交通银行全面深化改革的重要阶段性成果，不仅对促进交银国际自身转型发展和交通银行集团股权保值增值具有显著作用，而且对交通银行其他子公司深化改革和资本运作产生了良好的示范效应，有利于进一步推进交通银行全面深化改革。交银国际上市的实践与探索主要有以下经验。

（一）坚持党委总揽全局，总体部署和试点突破相结合，积极稳妥推动改革

交银国际挂牌上市，是落实国务院批准的《交通银行深化改革方案》的一项重要阶段性成果，给交通银行发展带来了改革红利。交通银行直接领导和组织推动子公司改革工作，采取了总体部署和试点突破相结合的方式，既充分发挥了改革顶层设计的政治优势，又有效调动了试点主体的改革自主性和积极性。

在子公司改革试点突破方面，经过半年多探索研究，2016 年 4 月，结合各子公司行业特征、发展阶段和实际需求，并重点考虑了对集团的战略意义、综合贡献和潜在风险等因素，交通银行研究决策选择子公司股改及挂牌上市改革措施予以率先探索、尽早突破。经深入筛选与研究，选择交通银行在香港设立的证券子公司——交银国际作为试点率先探索股改上市和资本运作的改革措施。

交银国际在香港深耕近二十载，历经多次经济及行业周期与监管改革的考验，至今已发展成为拥有香港证券市场业务全牌照，能够为全球客户提供全方位、一站式的证券及金融产品和服务，在香港及国际资本市场具有一定品牌知名度、行业专长和市场影响力的知名证券公司。选择交银国际率先在香港主板上市的主要考虑有以下几点。

有助于更好地满足交银国际业务拓展的资本补充需求，促进其业务转型，提升市场影响力和经营业绩。交银国际独立上市可以有效拓展资本补充渠道，有利于满足交银国际业务转型发展的资本需求，提升交银国际的品牌影响力、经营管理水平和经营业绩。

有助于提升交通银行集团财务表现，推进交通银行国际化和综合化发展战略落地。交银国际独立上市有利于提升交银集团市值和交通银

行的资本充足率，从中长期看，也有利于提升交通银行的平均净资产收益率（ROAE）。交银国际香港上市后，有助于提升其在国际投资者和国际市场的知名度和影响力，为交通银行综合经营业务国际化发展奠定基础。

交银国际的经营状况、管理水平和市场影响力均满足上市要求。交银国际的业务竞争能力和影响力满足市场对于上市公司的预期。其内控及风险管理能力符合上市公司的要求。交银国际公司治理不断优化，管理架构清晰；已形成较为完善的全面风险合规管理机制体系。

交银国际在香港上市符合境内外相关法律规定。符合中国证监会《关于规范境内上市公司所属企业到境外上市有关问题的通知》（证监发〔2004〕67 号）的各项规定。符合香港联交所关于分拆上市的第 15 项应用指引的规定。

交通银行有能力做好对上市后交银国际的股权管理。交通银行将在不违背境外法律或上市监管规定前提下，依法合规进一步规范和加强对交银国际的股权管理。

（二）精心组织，汇聚合力，建立专业高效的组织协调机制和跨部门项目制工作团队

为确保项目的高效推进，交通银行成立了由董事长亲自挂帅、行长总协调、分管副行长直接负责的领导小组。组建了由总行战略投资部整体牵头，交银国际具体负责，总行董事会办公室、预算财务部、公司机构业务部、法律合规部、风险管理部、企业文化部等各相关部门，交银施罗德、交银国信、香港分行等主要相关子公司、分行等共同参与的工作组，并聘请国际知名律师事务所和熟悉交通银行及交银国际业务的中

资知名券商作为保荐人，形成具有内外部强大合力、丰富业务经验和高效执行力的工作团队，确保了从项目准备到结束，审批材料中的每一项内容、监管机构的多轮询问，都能得到集团从上到下、从内到外的全力与高效配合，特别是能够快速、充分地完成多方尽职调查，使各项技术性难点和关键点得以充分阐述，从根本上避免了时间的拖延。

项目组人员对项目进行了详尽分析和充分准备，制定了董事会、股东大会的各项预案，获得了交通银行董事和股东的肯定；对外部监管机构的各项问询均给予了迅速应对,顺利通过境内外监管机构的各项审批。

2016 年 8 月 25 日，交通银行董事会审议通过了分拆交银国际境外上市相关议案。10 月 29 日，交通银行股东大会及类别股东大会审议批准了交银国际上市相关议案。12 月 7 日交通银行获得香港联交所关于分拆上市 PN15（香港联合交易所上市规则）申请的同意函。12 月 30 日获得中国银监会同意交银国际变更股权的批复。2017 年 2 月 17 日获得中国证监会关于分拆交银国际境外上市的无异议函。

2017 年 1 月 16 日，交银国际向香港联交所呈交上市申请（A1 表格）；4 月 12 日通过香港联交所上市聆讯。5 月 5 日，交银国际刊发招股章程，开始香港公开发售、国际路演及簿记建档，发售价格区间为 2.6~3.1 港元。5 月 11 日，国际路演、簿记建档及香港公开发售结束，确定最终发售价格为 2.68 港元；5 月 18 日，香港联交所出具交银国际上市的批准信函。

5 月 19 日，交银国际控股有限公司（3329.HK）在香港联交所主板成功上市。6 月 9 日，超额配股权部分行使，新发行 6 771.2 万股。部分行使超额配股权后，交银国际合计发行 7.34392 亿股新股，融资规模约为 19.68 亿港元。

（三）坚持问题导向，注重前期准备，以攻艰克难的勇气和决心争取改革试点的突破

改革试点任务的实施必然会有许多新的问题和潜在障碍，尤其是像交银国际上市这样从交通银行已上市公司分拆上市的项目，项目涉及的政策法律、监管要求、上市规则等较为复杂。在研究策划和执行实施过程中，尽量要及早发现并及时协调解决问题，这对项目顺利推进取得成功至关重要。

交银国际上市过程中在部分关键环节遇到过一些技术性难点问题。按照交通银行党委的要求，项目团队坚持问题导向，以攻坚克难的勇气和决心，对每个问题细致分析、研究策略，最终得以高效解决。比如交银国际上市变更股权如何适用银监会行政许可审批的问题；香港联交所PN15申请中关于如何处理分拆子公司与母公司集团业务重叠和潜在同业竞争的问题等。项目团队都提前对相关法律条文做了细致的解读并搜集了大量的案例，沟通和解决问题时才能做到申请材料论述详尽层次分明、回答问题快速高效有理有据。

通过充足的前期准备和应对监管询问的快速反应，项目组采取境内外同步推进的方式，高效通过了各项审批流程。如果从2016年8月25日交通银行董事会正式审议通过分拆上市议案并向市场公告起计，仅历时不到九个月，就顺利完成了交银国际从交银集团的分拆，实现交银国际在香港联交所主板独立上市的重要改革举措，为交通银行深化改革两周年送上了一份极具标志性的纪念礼物。

作为中国首家中资银行系上市券商，交银国际登陆国际资本市场平台，抓住率先上市所带来的契机与红利，以更加规范的企业管治、更具竞争力的市场地位、更为宽阔的平台和渠道进一步扩展业务经营，未来将紧抓境

内外互联互通、体制机制改革的机遇，在合法合规的基础上建立与完善市场化的激励机制，持续提升公司治理和企业管治水平，不断强化全球业务拓展，努力提高一站式、全方位、多元化的证券及金融服务能力，全力建设在区域内有重要影响力的国际化、综合化大型中资投资银行。

第二节　巴西子行、卢森堡子行经营模式探索

国际银行业经验表明，高效的业务经营模式对于商业银行国际化经营的成败具有重要影响。在推进国际化战略过程中，海外行需要加快探索既适应国际市场竞争环境，又与集团整体发展战略相兼容的业务经营模式，保证外部效率和内部效率的有机统一。当前海外市场蕴含着丰富的业务机会和发展机遇，交通银行需要抓住这个发展机遇期积极推进国际化战略向纵深发展，即完善在全球重要战略节点的机构网络布局，努力实现全天候、全方位覆盖海外客户多元化金融需求；发挥自身综合服务能力较强、国际化基础较好的优势，通过境内外联动发展，为客户提供多币种跨境、跨业、跨市场的综合性金融服务；加强和完善集团风险管理，积极打造全球一体化的风险管控体系，夯实交通银行国际化发展的基础。

一、巴西子行经营模式探索

（一）交通银行并购 BBM 银行的历程

作为一家较早将国际化作为发展战略的银行，交通银行一直将进入

巴西作为国际化布局的重要方向，持续关注巴西银行业情况并寻找进入巴西市场的合适并购机会。交通银行在了解到巴西 BBM 银行控股股东出售股权的意愿后，积极推动了有关工作。经过交通银行并购团队多次实地考察，并与 BBM 银行反复协商谈判，最终确认巴西 BBM 银行具有独特的竞争优势，与交通银行的发展愿景相契合。有鉴于此，在 2015 年 5 月 19 日交通银行与 BBM 银行签署了并购协议，并向中巴两国监管部门先后递交了收购申请。2016 年 2 月银监会正式批复同意交通银行收购巴西 BBM 银行 80% 的股权；2016 年 9 月巴西央行和国家货币政策委员会先后批准了收购协议；2016 年 10 月 27 日巴西总统签署总统令核准收购协议；2016 年 11 月 17 日收购协议获得巴哈马央行批复。至此，收购协议完成所有监管审批流程，并于 2016 年 11 月 30 日完成交割，交通银行对 BBM 银行的收购宣告完成。

（二）BBM 银行在过渡期内的经营模式

1. 控股与合作相结合的经营模式

收购 BBM 银行是交通银行在国际化发展进程中首次进行的海外并购实践。并购期内，BBM 银行作为交通银行境外非全资控股的银行机构，采取控股与合作相结合的“加法”经营模式，与此前自主申设的海外行均不一样。在交割后的过渡期内，遵循了“按 BBM 银行既有公司治理结构、内部管理模式和业务审批流程开展各项工作”的原则。一是公司治理方面，子行按巴西当地法律和监管认可的公司章程执行各项公司治理程序，由股东大会选举董事会，对董事会的各项授权维持不变；二是内部管理方面，由董事会授权高级管理层，通过各专门委员会，开展业务经营、人事管理、风险内控、财务会计等各项日常管理活动；三是业务审批方面，不论对当地客户还是中资客户，授信审查均沿用既有行之有效的授信审查和风险计量“双审制”，所有申报的授信项目必须在贷审会上获得全票通过才能实施；四是对市场风险和流动性风险管理方面，结合总行相关限额要求，继续采用原有监控效率较高的VAR限额、压力测试限额、止损限额等市场风险或流动性风险限额进行风险管控。

2. 只做加法，不做减法

在收购前，交通银行就做出了“只做加法，不做减法”的承诺，让BBM银行当地员工吃下定心丸。正式交割后，交通银行采取一系列措施切实履行上述承诺，保证了员工队伍的稳定。一是保留全体中高层管理人员和业务骨干，委任原班人马负责日常经营管理。二是继续采用市场化激励约束机制，沿用原有的前台部门考核机制，保持薪酬待遇吸引力。三是严格遵守当地法律和行业惯例，继续保留与通货膨胀挂钩的年度涨薪和“十三薪”等薪酬安排，不轻易裁撤人员，并谨慎处理劳动人事纠纷。四是积极促成企业文化融合，不搞人员强制替代，从而稳定人心、减少波动。

（三）交通银行巴西子行经营模式探索

1. 首次实现了非100%全资持有境外子行

以往交通银行对旗下的境外子行均是全资持有，此次在交易结构的设计中，采取了交通银行收购BBM银行80%股权，原股东继续保留股权，并与交通银行共同经营BBM银行的模式。在收购后，交通银行通过与原有股东的合作纽带关系，在保证控制力的前提下保留了BBM银行原有的CEO和经营团队，同时为BBM银行配备了专门人员推进中巴双边贸易和投资往来有关业务的开展。此种模式在交通银行实现控股的基础上，有利于发挥原股东熟悉银行情况和当地市场的优势，帮助实现并购后的平稳过渡，发挥双方股东的优势共同做好银行的经营管理，也使交通银行有较为充分的时间积累巴西市场的经验。

2. 不断完善公司治理结构

优化治理程序。巴西子行按照公司治理要求，通过进一步明确股东大会、董事会和高管层之间的授权管理机制，优化治理程序。一是股东大会通过公司章程修订和股东大会决议对董事会进行授权，确保董事会充分履责；二是董事会不断精简优化表决内容，按市场化原则给予高管层日常经营管理充分授权；三是高管层依照法律法规、公司章程和董事会授权，规范各专门委员会运作，切实履行日常经营管理职责。

理顺沟通渠道。巴西子行积极探索在公司治理框架内落实总行决策部署，就股东大会、董事会的决策事项与总行相关部门积极沟通，一方面逐步理顺各方关系，确保将总行的战略意图和管理要求落实到股东大会和董事会决议事项中；另一方面积极发挥外派人员与当地管理层在公司治理框架内的经营管理自主权，提高经营管理效率。

3. 进一步优化经营管理机制

强化市场化激励约束机制。巴西子行坚持以市场化作为经营机制优化的导向，将强化市场化激励约束机制作为经营机制优化的突破口。其中，薪酬管理是否科学合理，对于吸引人才，打造进取型团队，促进业务又好又快发展十分重要。巴西子行注重优化原有市场化薪酬机制，将资源向前台部门倾斜，对前台部门实行提成奖金机制，多创造经济利润多提成，不创造经济利润无提成；对于中后台部门按 KPI 考核工作业绩，按考核等级发放浮动奖金的机制。高管层成员全员参加中层以上所有人员的业绩考评，尽量做到公平合理，以此吸引人、激发人，提升核心竞争力。

激发员工积极性和经营活力。由于组织机构扁平化，巴西子行灵活采用内部流动机制，做到用人所长，才尽其用，摆脱“不晋升就辞职”的简单循环，有利于老员工在新的岗位激发干事创业的热情。内部岗位流动有利于人力资源优化配置，塑造“以人为本”的企业文化，为转型发展奠定了制度基础。

4. 业务深度整合

优势互补扩充客户基础。一方面初步建立起“走出去”企业基础客户群，巴西子行坚持“做客户”的理念，准确把握和有效对接联动客户的业务需求，充分利用集团的“两化”优势和巴西子行在当地的资源优势，夯实“走出去”企业的基础客户群；另一方面鉴于本地中小型客户目前仍是巴西子行主要的利润来源，巴西子行在严控风险的基础上，继续服务好本地中小企业，同时积极利用交通银行的资本和融资优势，使服务对象进一步向大中型企业延伸覆盖。

本地和联动业务相互促进。巴西子行积极推进本地与联动业务相互促进的创新方式。做好联动业务的“加法”，实现业务重点由本地业务为主向本地和联动业务并重的转型；通过联动业务挖掘中国元素相关业务，例如，在梳理与中国企业合作密切的授信客户基础上，以联合贷款、贸易融资等方式为本地客户与中国相关的贸易提供服务；通过联动业务提升中资客户和本地客户之间的密切联系，例如，利用供应链主线，以联合贷款的方式择优支持中资优质龙头企业供应链上的巴西本地企业。

加大轻资本业务发展力度。在不断拓展各类贷款业务的同时，巴西子行始终注重资本消耗问题，积极开展投资银行、私人银行、代客交易等中间业务和交易类轻资本业务。积极拓展债券承销、跨境并购咨询等投行业务；稳步拓展私人银行中间业务，逐步将资产管理客户群体由原家族客户为主扩展至本地大型企业和在巴中资企业高管客户；利用巴西利率、汇率波动大，金融市场产品丰富等优势，积极发展代客交易业务，拓展交易型银行业务空间。

5. 企业文化融合

加强相互了解与相互信任。一方面是交通银行了解 BBM 银行。在并购尽职调查中，交通银行就对双方的文化差异及其可能产生的整合障碍进行了准确评判，并对交割后管理团队的延续与交接提出有针对性的建议；此外在收购协议签署不久，交通银行就派出外派团队以观察员身份常驻 BBM 银行，参与银行日常经营的每一个流程，全方位了解和感受其企业文化。另一方面是 BBM 银行了解交通银行。中方外派员工虽然人数较少，但他们充分参与 BBM 银行的经营活动，以及中巴员工足球赛、野炊、学中文等业余活动，向 BBM 银行员工展示和传递交通银行企业文化；另外还邀请部分巴方管理人员和基层员工到中国参与总行培训、开展业务拓展等来领略交通银行文化。

不以“接收者”姿态强行替代文化。交通银行尊重 BBM 银行在近 160 年历史中积淀下的文化，对 BBM 银行经营管理中的优良机制和积极文化予以保留和沿承，对当地员工形成“安全感”和“公平感”，为日后的文化融合打好基础。

逐步增强文化认同与组织凝聚力。两家银行都有着一百多年的悠久历史，都有着良好的企业文化传承。因此，在文化整合中，我们一方面坚持相互接受各自企业文化的核心价值观，将其植入巴西子行，并进行创新发展；另一方面在统一贯彻集团发展战略前提下，允许双方的优良机制和积极文化在经营管理中互相渗透，从而增强整体的文化认同与组织凝聚力。

二、卢森堡子行经营模式探索

（一）卢森堡子行及下辖跨国分行设立历程

为持续推进国际化发展战略，交通银行确定了“以亚太为主体、欧美为两翼，拓展全球布局”的境外机构布局，对境外机构发展做出了明确规划。

长期以来，中国与欧盟具有良好的双边经贸及文化往来基础。欧盟是中国第一大贸易伙伴、第一大进口市场，中国是欧盟第一大进口市场、第二大贸易伙伴。随着2009年爆发的欧洲债务危机的形势逐渐趋向稳定，中欧双边经贸往来日益密切，交通银行决定在原有法兰克福分行和英国子行的机构设置基础上，加快完善在欧洲地区的机构网络布局，进一步提升自身的国际化服务水平和能力。

位于西欧中心位置的卢森堡大公国，凭借其稳定的政治经济环境、丰富的金融活动业态、健全的金融法规体系、良好的金融基础设施以及大批精通多国语言的金融专业人才，成为全球重要的金融中心之一。卢森堡是仅次于美国的全球第二大、欧洲第一大投资基金中心，是欧元区最大的财富管理和私人银行中心、欧元区最大的再保险业务中心。重要的金融市场地位，使卢森堡成为交通银行在欧洲地区设立境外机构的重点考察区域。

在充分论证的基础上，2014年3月，交通银行第七届董事会第五次会议审议通过了《关于设立交通银行（卢森堡）有限公司的决议》，决定以设立子银行的方式在卢森堡设立交通银行（卢森堡）有限公司（卢森堡子行）。2014年8月，中国银监会正式批复同意交通银行发起设立交通银行（卢森堡）有限公司。2014年10月，经卢森堡金融监管局

（CSSF）审核同意，卢森堡财政部正式批准了交通银行设立卢森堡子行的申请。经过 9 个月的紧张筹备，交通银行（卢森堡）有限公司于 2015 年 5 月正式挂牌成立。这标志着交通银行在欧元区第一家子银行的正式诞生，同时也标志着交通银行以卢森堡子行为“桥头堡”，利用“欧盟护照”的便利，打开了在欧盟所有地区开展经营活动的业务空间。

卢森堡子行成立以后，根据既定规划，立即着手推进在欧盟主要经济体法国和意大利两国分别设立跨国分行的申请进程。同时，交通银行发起设立交通银行有限公司卢森堡分行（卢森堡分行），以充分发挥子行和分行两块牌照的各自经营优势，更好地促进交通银行在欧洲地区的业务拓展。

为争取卢森堡分行和卢森堡子行下辖跨国分行尽快获批，交通银行与中国、卢森堡以及法国、意大利的金融监管机构进行了密切的沟通，争取各国监管当局对交通银行在欧盟地区机构拓展计划的支持。经过不懈努力，卢森堡子行下辖罗马分行的设立申请，于 2015 年 12 月分别获得中国银监会、卢森堡金融监管局批准，并收到意大利央行确认；卢森堡子行下辖巴黎分行的设立申请，于 2015 年 12 月获得卢森堡金融监管局批准，2016 年 2 月获得中国银监会批准，并收到法兰西央行审慎监管局确认。截至 2016 年 11 月，交通银行在欧洲地区的机构总数增至 6 家，海外布局再次完善。

（二）卢森堡子行及下辖跨国分行经营模式

1. 当地监管要求

欧盟银行业监管的基础是单一监管规则（Single Rulebook），即在欧盟成员国内对银行业的监管采用欧洲银行管理局（EBA）负责统一制定的规则。2014 年 11 月 4 日，ECB 正式开始对欧元区成员国近 6 000 家银行行使监管权，各国监管机构有责任协助和支持 ECB 对银行的监管。在单一监管机制（SSM 机制）下，ECB 负责对重要监管对象（130 家左右，占欧元区银行总资产的 82%）直接进行监管，所在国监管当局（NCA）对非重要监管对象进行直接监管，ECB 负责间接监管。为了保证各国监管当局在执行更高监管标准时的一致性，ECB 监督各国监管当局的监管行为，并可以在任何时候决定对某非重要监管对象进行直接监管。

卢森堡子行法律意义上属于欧盟当地银行，在享受欧盟当地银行待遇的同时，须遵守欧盟银行业统一监管规则和要求。由于子行是非重要性银行，根据欧盟"母国监管"规则，卢森堡金融监管局（CSSF）负责对子行法人（包括下辖跨国分行）进行直接的并表监管，并向 ECB 承担相应监管责任，ECB 负责监督 CSSF 对子行整体的监管职责履行情况。跨国分行所在地监管机构保留检查所在地分行是否满足所在国反洗钱和反恐融资特殊要求的监管职责。

2012 年，为给予银行机构更为清晰的指引，CSSF 根据欧洲银行管理局（EBA）和巴塞尔协议有关公司治理的基本要求，在整合之前一系列监管文件的基础上，出台了 552 号"集中管理、内部治理和风险管理"通函，要求所有银行机构严格执行。通函的核心要求是建立良好的公司治理架构。在银行的规章制度中书面体现集中管理原则，建立权责一致的组织架构以及职责分明的业务拓展、风险合规和内部审计三道防线，以有效地识别、计量、控制和管理风险。子行董事会承担公司经营管理的最终责任；子行管理层根据董事会授权开展经营管理活动，确保整个银行的经营与董事会制定的发展战略、风险偏好及其他政策相一致。管理层对经营决策具有一票否决权；子行本部须履行全辖管理中心和决策中心的责任，风险、合规和内审条线实行垂直管理以建立强有力的集中管控体制。

此外，CSSF 326 号通函“卢森堡注册银行在欧盟其他国家展业或开设分支机构的有关规定”，也对银行利用“欧盟护照”设立跨国分行开展经营活动，在公司治理架构和内部控制方面提出了详细要求。例如，跨国分行必须遵守卢森堡银行法和 522 号通函的有关规定，开展业务须在不违反所在国法律规定的前提下，同时满足卢森堡的法律和监管规定；跨国分行应根据卢森堡本部制定的有关政策、制度和程序开展业务；跨国分行的业务授权，应明确来自卢森堡本部；跨国分行的每笔实质性的业务，应有卢森堡本部的参与；跨国分行的全部管理信息和数据，由卢森堡本部集中管理，上报信息数据的准确性由卢森堡本部负责验证，并汇总上报 CSSF；跨国分行的合规官和内审官应分别向卢森堡本部的首席合规官和首席内审官汇报；卢森堡本部须每年至少一次赴下辖分行进行全面现场审计，并每年至少一次将跨国分行的内部审计结果向 CSSF 汇报。

2. 卢森堡子行及下辖跨国分行公司治理模式

通过子银行设立跨国分行，是交通银行境外机构布局方式的新尝试。卢森堡子行成立伊始，就建立了规范的公司治理架构，并按照统一管控的要求，明确了全辖集中管理的运营体制。在公司治理方面，主要体现在以下几个方面。

一是充分发挥卢森堡子行董事会的最高决策机构作用。总行通过卢森堡子行董事会行使股东权利的方式对其进行指导和监督，通过委派董事组成卢森堡子行董事会的方式行使卢森堡子行重大事项决策权、管理权和监督权。董事会对整个法人机构承担最终责任，负责审核卢森堡子行业务规划、风险偏好、风险策略、内控政策等重要的业务指引和政策制度，审查卢森堡子行各类财务、风险、合规和内控报告，监督管理层的日常经营活动，确保经营管理的有效性和审慎性。卢森堡子行董事会下设审计委员会和薪酬委员会两个专业委员会，以支持董事会履责。

二是全权授予卢森堡子行管理层受托经营管理责任。根据董事会授权，卢森堡子行管理层全权负责日常经营管理。管理层严格执行董事会制定的规划、策略和原则，接受董事会的指导和监督，通过有效、完善、审慎的经营管理以确保机构的长远利益。作为受托经营方，管理层有权决定业务方向，对于具体业务，具有一票否决权。卢森堡子行经营管理层面设立执行委员会、全面风险管理委员会、资产负债管理委员会、贷款审查委员会和客户准入委员会。其中，执行委员会由卢森堡子行管理层及下辖跨国分行主要负责人组成。

三是有效落实卢森堡子行本部对跨国分行的集中管控职能。卢森堡子行本部作为全辖决策中心和管理中心，承担法人机构并表管理职责，对下辖跨国分行实行统一管理。跨国分行主要承担面向当地市场开拓业务的职责，而卢森堡子行本部承担中后台相对集中管理的职责。

3. 卢森堡子行及下辖跨国分行业务处理模式

按照上述公司治理的要求，卢森堡子行采用集中管控的方式，对下辖跨国分行实施统一管理。

跨国分行的业务汇报路线经过卢森堡子行本部。卢森堡子行本部作为唯一节点承担总行与卢森堡子行及全辖机构之间公文上传下达的工作。涉及跨国分行的各类公文的上传下达根据卢森堡子行章程、公司治理要求、管理规定等履行相关流程。

风险、合规、内审等内控职能由卢森堡子行本部统一把控。全辖执行卢森堡子行本部统一制定的规章制度。卢森堡子行本部统一监控和管理法人监管指标。跨国分行风险、合规条线接受卢森堡子行本部业务指导和管理，配合做好相关工作，其部门负责人向对应条线和跨国分行行长实行双线报告。卢森堡子行本部内审部负责全辖机构的内部审计，每年赴跨国分行开展现场审计，并出具法人整体及跨国分行分机构的独立审计报告。卢森堡子行首席风险官、首席合规官和首席内审官向管理层和董事会报告。

业务系统实施集中管理。全辖应用一体化系统，经营数据集中存储和管理于本部，便于全辖实施并表管理。卢森堡子行本部作为各跨国分行的 IT 运营管理中心并负责全辖 IT 基础架构、本地应用系统的架构设计以及变更、事件及需求的处理和上报。所有分行网络汇聚至卢森堡子行，应用系统及 IT 设备原则上物理集中于本部。

授信业务实施集中管理。卢森堡子行本部授信风险部负责全辖机构授信审批、贷后监督和风险管理。通过公司治理程序授予跨国分行一定的有条件授信审批权限。超权限业务，跨国分行须上报子行本部审查。

（三）下一步卢森堡子行经营模式的改革

根据集团对境外银行机构转型发展的要求，结合欧盟监管规则和当地市场情况，卢森堡子行将以一体化管理为基础，面对资本约束条件，以客户为中心，变“做业务”为“做客户”，变“持有资产”为“交易资产”，充分利用全功能牌照优势和欧盟范围内展业经营的地域优势，支持“一带一路”国家倡议，在转型发展的实践中，做出特色、做出专业。

1. 进一步强化公司治理，严格按照公司治理程序运营

加强董事会履职能力建设，开展董事履责培训，聘请本地独立董事，提高董事会议事深度，进一步提升董事会的履职尽职能力。给予管理层开展日常经营管理的充分授权，明确管理层的一票否决机制。继续深化

一体化、集中化全辖管理模式，继续强化风险、合规、内审等内控条线的垂直管理,充分发挥卢森堡子行本部全行管理中心和决策中心的作用,进一步理顺卢森堡子行本部与跨国分行的关系。

2. 取得协同效应，走转型发展之路

根据当地市场特点，坚持差异化定位和经营，在突出特色、做出专业的基础上，有效整合全辖资源，充分发挥全辖合力。走节约资本的轻资产发展道路，以交易型银行业务为抓手，变“持有资产”为“交易资产”，从做存量向做流量转变。变“做业务”为“做客户”，坚持以客户为中心，挖掘并有效对接客户多样化需求，为客户提供优质增值服务。重点服务“走出去”客户及欧洲当地优质企业，在集团的支持和指导下，积极参与“一带一路”建设，逐步扩大机构影响。走创新发展道路，尝试作为集团事业部和子公司欧洲地区业务的延伸平台，拓展证券承销、资产管理、托管业务等方面的市场机遇。

3. 坚守稳健的风险偏好，有效提升风险管理能力

坚持稳健的授信文化，确保稳健的风险偏好在全辖的有效执行。加强地区、行业和客户研究，做深、做透欧洲地区业务和客户。学习先进的风险管理理念和技术，不断完善风险管理体系、过程和工具，为业务拓展提供有力支撑。利用科技优势，建立数据仓库，推进风险管理数据平台建设，促进全面风险管理能力和水平的提升。

4. 坚持中西文化融合，强化企业团队建设

针对员工文化多元的特点，倡导互相尊重、携手共进的企业文化，促进中外员工相互理解、相互支持。既展现交通银行百年历史积淀而成的优秀企业文化，也尊重本地银行从业者的良好经验和工作方法，并使之与交通银行的企业文化和价值观进行融合，增强整个机构的组织凝聚力和文化向心力。吸引当地优秀人才，加强员工培训。将业务培训和工

作实践相结合，帮助员工在自身职业发展的道路上取得进步。建章立制，使遵规守法的合规文化和合规观念深入人心，积极推进稳健经营、合规经营的长效机制的建立。

第三节　“两化”改革融合发展

“两化一行”是交通银行长期坚持的发展战略。在进一步扩大金融业对外开放的政策环境下，促进“两化”融合发展就是要提高事业部、海外行和子公司的发展能力，提升集团跨境、跨业、跨市场的经营服务能力。

一、将事业部制延伸至海外的改革实践

近年来，交通银行事业部制改革开始了向海外延伸的探索。先后在香港、伦敦等国际金融中心成立资产托管、金融市场、资产管理、贵金属业务境外分中心，形成条块纵横、覆盖全球的业务布局，为建立环球金融市场体系打下了坚实基础。

（一）金融市场业务中心的海外发展

香港面向世界、背靠内地，近年来国际金融中心的地位进一步凸显，具备在金融市场业务产品开发、设计、定价和风险管理方面的丰富经验，以及信息、人才、技术、法律等方面的优势，而离岸人民币中心在香港的形成，又为香港金融中心注入新的元素和活力。伦敦是全球最主要的

金融交易中心，其市场的深度和广度是其他市场不可比拟的。根据国际清算银行（BIS）最新公布的全球外汇交易统计，全球日均外汇交易总量高达5.3万亿美元，伦敦占41%，体量全球第一。伦敦跨境人民币交易已得到长足发展，目前的交易份额占全球第二，仅次于香港。香港、伦敦分中心可以充分利用国际金融中心的地位、利率和汇率高度市场化的优势，在业务和产品创新上拓展空间。

金融市场香港分中心和金融市场伦敦分中心于2015年、2016年相继成立并开业。分中心的发展战略目标是充分利用香港、伦敦金融市场优势，逐步将分中心打造成为交通银行开展跨境、跨业、跨市场业务的桥头堡，推动业务产品创新的排头兵，交通银行海外事业部建设的试验田。成立以来，分中心整章建制，筑牢发展基础，延展业务范围，建设情况良好，盈利水平稳步提升。在未来几年内，借助人民币国际化趋势，以及越来越多的中资企业“走出去”的良好机遇，交易分中心将按照业务规划，扎实推进发展战略，真正建成境内外一体化交易型银行。

金融市场业务中心的商业模式从长远趋势和先进同业的经验来看，是条线事业部制。境外分中心的建设可以成为交通银行完善事业部的海外条线的实验基地，成功经验可以在全行推广，可考虑在全球范围内市场相对比较成熟的国家和地区建立更多的海外分中心，完善金融市场业务中心的条线事业部建设，做大做强交易型银行业务。

1. 香港分中心业务发展情况

两年多来，香港分中心业务发展和风险管理已经成型。

搭建了完善的风控管理体系。香港分中心首先制定了《交通银行金融市场业务中心（香港）管理暂行办法》，明确了香港分中心职责、岗位设置、业务运行、授权、授信及市场风险管理、监控和报告制度等内容，并制定了各项业务管理规程；分中心搭建了较为完整的市场风险管理体系，合理设置分中心各项业务的授权、敞口限额，构建量化、实时的市场风险监控体系；加强信用风险跟踪，严格落实总行相关风险管理政策，并做好各项系统配置建设工作。

完善了业务结构和产品线。2017 年，香港分中心业务组别扩展为利率、跨境人民币、结构性融资、产品设计和金融市场销售等共计 8 个业务小组。业务从固定收益产品的交易投资逐步向投融资产品和结构性产品拓展；跟随人民币利率和汇率市场化步伐，挖掘代客交易、投资业务的能力；开展与在港的资管分中心和托管中心的联动，把交易业务触角延伸到广大实施“走出去，请进来”战略的对公客户，以及延伸到海外分（子）行各类客户中去。

不断提升中心经营业绩。成立两年多来，香港分中心不断创新拓展，利润贡献度不断提升。2015 年盈利 3.34 亿元，实现当年成立当年盈利的经营目标；2016 年盈利 4.93 亿元，同比增幅 48%；截至 2017 年 6 月末盈利 3.70 亿元，同比增加 69.72%。

2. 伦敦分中心业务情况

2016 年 11 月 9 日，伦敦分中心正式挂牌启动，2017 年 3 月外派 3 位同事到伦敦正式开展工作。在借鉴香港分中心建设经验的基础上，稳步筑牢业务发展基础。一是与当地监管积极沟通，构筑风险制度体系。积极与当地监管 PRA（审慎监管局）及我国银监会等监管机构沟通协调，完成了《金融市场业务中心（伦敦）交易室管理办法》以及《金融市场业务中心（伦敦）外汇业务管理规程》等制度办法，并完成分中心系统及权限的设置。二是以外汇业务为起点，积极拓展各项业务。伦敦分中心发挥外汇业务优势，完成结售汇夜盘及 24 小时业务平稳交接，延长自贸区业务平盘时间，并就跨市套利、DCM（债务资本市场）等业务开展前期调研工作，发掘业务合作机会。

（二）资产管理业务中心的海外发展

截至 2016 年末，约 22 家中资银行在全球 63 个国家和地区开设了 1 353 家海外分支机构，其中五家大型商业银行的海外机构数约为 1 279 家。然而，对于中资银行和其他资管机构而言，境外理财业务仍是一片蓝海。在金融机构综合化经营趋势下，境外理财业务不仅能够成为交通银行资产管理业务中心新的业务增长点，还能够成为银行参与国际银行业竞争的战略型业务。

未来随着金融服务业对外开放步伐的推进，中资银行的国际化布局将逐渐向国际大银行看齐，即从注重分支机构规模扩张逐渐转向注重业务发展利润贡献，从注重海外表内资产规模的重资产发展模式逐渐转向注重管理资产规模的轻资产模式，从服务中资企业“走出去”投融资需求的跟随模式转向兼顾服务境内外客户全球化投资需求的主动模式，从依赖信贷业务的收入单一化逐渐转向发展表内外业务并进的收入多元化。资产管理业务中心两年来的国际化探索中，已经积累了国际化的重要经验，取得了阶段性成果，为交通银行资产管理业务的国际化发展打下重要基础。

1. 资产管理业务中心国际化历程

交通银行资产管理业务中心根据全行“亚太为主体，欧美为两翼，拓展全球布局”的海外机构布局战略，紧跟客户财富管理需求、把握市场机遇，将资管业务延伸至全球市场，在香港分中心建立了首个国际分中心。2015 年 1 月 6 日，交通银行在香港举行交银资产管理业务香港中心挂牌暨客户签约仪式，将集团在港子公司交银国际旗下的资产管理公司挂牌为总行资产管理业务中心香港分中心，为境内外客户提供跨境综合财富管理服务，以客户、业务和营销为抓手，以产品、渠道和服务为支撑，打造增特色和增利润的国际化财富管理业务，助力构建交银集团全球财富管理平台，助推交通银行“两化一行”发展战略。

2. 资产管理业务中心国际化融合的主要措施

资产管理业务中心将设立香港分中心作为国际化历程的第一站，打造交通银行在国际市场的资管产品设计能力、发售能力和管理能力，丰富交通银行财富管理的国际业务内涵。

以资产管理业务中心香港分中心为依托，搭建综合性全球化资产管理平台。资产管理业务中心依托香港分中心，通过“两化联动”和“分直联动”的方式，推动总行与香港分行、香港子公司在资产管理领域的合作，为客户提供跨境投融资综合服务方案，推动交通银行从商业银行服务提供者向集团综合服务提供商转变，在资产管理领域增强交通银行的国际竞争力。

业务合作与自我探索并进，建设全球资管业务运营组织机制。扩大与国际先进银行的合作，在资管业务领域落实与汇丰银行的全球战略合作关系，与国际先进银行开展资管产品合作。在梳理业务模式的基础上，借助境外先进机构在法律政策体系、投资市场研究和投资管理经验等方面的优势，通过投资合作、产品合作、委托合作等多种模式，规划跨境投资管理全流程。

“走出去”和“引进来”两手抓，持续拓展境外资产配置渠道。香港分中心作为总行资产管理业务中心设立的二级部门，主要负责全行理财业务的跨境投资和跨境相关的资产管理业务。在“走出去”过程中，开展结构性理财相关的产品发行与管理、跨境理财产品发行、跨境资产投资配置、外资境内投资顾问等业务。在“引进来”过程中，跟随资本市场开放的步伐，持续深化投资管理服务、提升多元化投资能力，适时为境外投资者参与国内市场提供相关服务。依托香港分中心资产配置平台，实现资产配置“走出去”和“引进来”两手抓。

风险管理与业务创新同步推进，持续完善全面风险管理架构。一方面，遵循“业务落地在哪，法律合规在哪”的原则，切实提升境外业务风险管控水平，加强境外风险一体化管理；另一方面，加强风险条线垂直管理，建立按部门统筹与按条线延伸相结合、相关部门协同管理的机制，提高风险管理的独立性、有效性和对整体风险的全面把控能力。

依托集团渠道优势，打造全行跨境资管产品创新平台。与总行公司机构业务部、私银中心等相关部门积极联动，共同发掘境内客户的境外投资需求，增强产品端发售能力。资产管理业务中心香港分中心主要通过发行跨境主题型理财产品，为投资者提供投资于海外债券、股票的资产管理服务。

3. 资产管理业务中心国际化融合的阶段性成果

境外投资管理业务授权清晰，资产配置决策流程科学有效。香港分中心由总行资产管理业务中心归口管理，在总行授权框架内，负责总行理财资金的境外配置、在境内外发行专项理财产品和其他总行资产管理业务中心赋予的职能。香港分中心根据授权制定境外资产管理业务投资管理办法，形成对外投资管理的制度基础。在资产配置决策过程中，由交通银行分行或总行资产管理业务中心香港分中心根据业务需求发起投资意向，再根据授权范围分别在资产管理中心决策层或资产管理委员会进行审批和推进。

国际化合作持续深化，境外资产配置不断拓展。通过交银集团内部的“双轮驱动、总分联动”不断拓展投资渠道。在现行外汇管理模式下，资产管理业务中心持续拓展境外投资渠道，通过直接发行交通银行QDII产品对接海外资产、借助专户对接境外资产、特定资金出境额度投资等多种投资渠道，实现投资操作灵活、管理权集中、资产管理口径清晰、业务扩展空间广阔的流程化管理模式。在实际投资过程中，本着“成熟一个、推进一个”的思路，业务开展稳健有序，投资品种持续扩展，现已积累了投资美元债券、海外优先股、港股和私募股权等领域的丰富经验。

人才队伍初步组建，团队交易和研究经验丰富。一方面，在总行人力资源部的大力支持下，通过资产管理业务中心内部招聘、全行招聘以及社会招聘的方式，资管业务香港分中心团队已经初步组建，成员的工作经历涵盖投资交易、产品销售、产品设计和风险控制等领域，部分成员具有丰富的海内外工作经历。另一方面，充分调动集团内部资源，加强与交银国际团队、交银施罗德、战略投资者汇丰等合作，获取其研究团队的专业支持，形成交银集团投研团队，支持交通银行资管进行国际化资产配置。

全球配置理财产品实现零突破，跨境产品层次不断丰富。资产管理业务中心香港分中心成立挂牌后不久，发行了第一款理财产品“私银智行全球配置理财产品”。该产品成立于2015年2月6日，投资目标为以全球视野寻找优质资产，实现资产保值增值，该产品获得《证券时报》“2016中国最佳创新银行理财产品奖”。理财产品的维度不断丰富，产品形态包括预期收益型产品、结构性理财产品和净值型产品；客户类型包括私人银行客户和机构客户；根据客户的风险偏好和投资需求，底层资产投资于美元债券、高评级票据、境外优先股等优质标的。总体而言，全球配置的理财产品规模已经从零开始稳步发展至百亿元人民币。

（三）贵金属业务中心的海外发展

近年来，随着国内企业“走出去”步伐的加快以及“一带一路”建设的不断推进，催生了大量贵金属及大宗商品业务需求。与此同时，随着全球贵金属及大宗商品定价体系重心不断东移，全球大宗商品贸易以人民币定价的交易量不断上升。贵金属及大宗商品业务对商业银行交易、融资、清算等业务支撑作用较大，加强相关业务海外拓展、建设境外分中心对践行交通银行“两化一行”发展战略、打造交易型银行具备重要意义，也是全行贵金属及大宗商品业务发展路径的自然选择。

贵金属业务中心对中外资同业展开深入调研，充分了解同业大宗商品业务运营模式，并赴香港拜访芝加哥商品交易所、港交所等要素市场及多家同业机构，实地考察在港设立境外大宗商品业务分部的可行性和必要性。经充分准备、积极推进，在总行及相关部门大力支持下，贵金属业务中心（香港）于 2016 年正式成立。

作为贵金属业务中心内设二级部，贵金属业务中心（香港）承担集团在香港的贵金属及大宗商品业务平台职责，主要开展代客交易及跨市场自营交易等业务。在功能定位上，香港分中心一是依托境外贵金属及大宗商品交易资质，对接境外（含自贸区）要素市场，参与要素市场跨境合作项目，开展相关自营交易、代客平盘、组合交易、黄金进口等业务，培育新的利润增长点。二是与集团内机构、境内外分行合作拓展贵金属及大宗商品客户，为客户提供相关交易和风险管理综合解决方案，完善全球 24 小时贵金属及大宗商品代客交易平台。三是开展跨境跨业跨市场贵金属及大宗商品产品研发和市场研究分析，负责分中心信用风险、市场风险、操作风险等经营风险的日常监控。

自成立以来，香港分中心首批交易员抵港开展工作，相应业务系统顺利实现联通接入。以香港分中心为依托，贵金属业务中心持续强化与集团境外机构合作，联动香港分行成功完成首笔贵金属组合策略交易，协同交银国际达成港交所黄金期货首日交易，积极推进交银国际申请上海国际能源交易中心境外经纪类参与者资格，贵金属业务中心事业部海外拓展各项工作有序展开。

下阶段，香港分中心将以市场为导向，以客户为中心，积极稳妥地推动业务发展创新，为联通境内外市场、提供全方位服务起到更加积极的作用。一是加强市场联动。通过与香港当地分行和集团内机构紧密联系，进一步加快融入境外要素市场，不断丰富自身交易策略，探索将贵金属及大宗商品业务与汇率、利率产品紧密结合，提高交易综合盈利能力；发挥境外信息优势，整合黄金进口上游资源，提升黄金进口业务整体收益；利用交通银行较为齐全的境内外业务资质优势，有机串联贵金属业务中心及香港分中心、金融市场业务中心伦敦分中心、香港分行、交银国际等交易通道，在交易连续性、交易成本等方面取得竞争优势，为客户提供一站式的代客交易综合解决方案。二是强化客户拓展。与集团内机构和境内外分行加强合作，协同拓展贵金属及大宗商品客户，提供契合客户需求的交易和风险管理综合解决方案。一方面服务企业客户，通过场内合约场外化、境内外平台对接、总分行客户多方协议等方式，对接套期保值、风险管理等需求；另一方面加大同业客户拓展力度，通过集团境内外联动的机制优势为同业机构代客交易提供交易服务方案，推动同业业务创新发展。

（四）资产托管业务中心（资产托管部）的海外发展

资产托管业务中心（资产托管部）于 2013 年 3 月在香港设立境外托管平台——交银资产托管中心（香港）。经过 4 年的建设，交银资产托管中心（香港）跨境跨市场服务能力进一步提升，市场形象和品牌特色进一步突出，整体规模和实力继续位居香港中资托管机构三甲。交银资产托管中心（香港）充分发挥首家中资托管中心的先发优势。

1. 全面发展各类托管业务

发展至今，托管服务已形成多个产品系列，包括香港公募基金和海外私募基金托管、“债券通”托管、强制性公积金托管、保险及离岸资产托管、QFII、RQFII、QDII证券投资资产托管、发债受托、香港第三方支付机构（SVF）资产托管、股份奖励计划受托、境外三类机构投资银行间债券及第三方监管账户业务等。

2. 大力发展发债受托业务

充分发挥在港唯一中资受托机构优势，发力拓展发债受托业务，业务规模呈现快速增长态势。

3. 创新发展交易型托管业务

紧跟市场发展，针对香港金管局审慎监管第三方支付行业的需求，为香港第三方支付研发“信托＋托管”服务方案，获得香港金管局肯定和采纳，保持市场领先地位。赢得市场先机的同时，也为境内外分行延伸拓展低无息结算存款、保函、结售汇、国际结算量等传统银行业务创造有利条件。

4. 建立境内外人员交流机制

2013年以来，总行资产托管业务中心（资产托管部）先后4次派遣总分行员工赴香港交流学习。2014年开始长期派驻2名总行员工赴香港工作，参与交银资产托管中心（香港）经营管理。通过人员交流，交银资产托管中心（香港）与总分行建立了良好的交流互动机制，密切了联系，增强了交流，为境内外跨境托管业务联动夯实基础。

5. 加强与总行直营机构境外中心的合作

为交银资产管理中心（香港）投资新加坡REITs、金融机构优先股、开曼SPC等提供全流程的托管服务；与交银金融市场中心（香港）合作，成功拓展营销多家内地城商行跨境投资资产托管业务。通过与总行直营机构境外中心的合作，交银资产托管中心（香港）拓宽了业务领域，做大了业务规模。

6. 强化与集团子公司合作

配合交银金融租赁有限责任公司“走出去”战略，为其船舶、飞机、机械境外 SPV 提供账户管理、公司秘书等服务；与交银国际控股有限公司强化在 RQFII 基金、公募 / 私募证券投资基金领域合作；为交银施罗德基金管理公司多只基金互认产品提供行政代理服务。

二、子公司与海外机构联动发展

集团联动是交通银行“两化”战略的最主要优势。随着子公司和境外行的不断发展壮大，提升战略协同能力，依托海外分行渠道和客户资源，充分发挥子公司在财富管理银行建设中的基础配置作用，成为将交通银行战略优势转化为发展优势的着力点。

（一）近年来，各子公司在境外机构建设与跨境业务拓展方面取得的成绩

1. 子公司境外布局逐渐明晰，境外业务平台进一步搭建完善

近年来，随着交通银行“两化一行”战略逐步落地，各境内子公司的海外布局亦明显提速。2010 年起，交银金融租赁有限责任公司（以下简称交银租赁）在航空、航运租赁业务板块，持续加快业务国际化发展的进程，先后在爱尔兰都柏林、德国汉堡和中国香港设立境外业务及资金平台：2011 年，交银租赁作为项目安排和管理人，在爱尔兰都柏林设立了航空租赁 SPV 平台，涉足航空租赁国际市场；2013 年至 2014 年，以上海自贸区专业子公司为主体，在爱尔兰设立 SPV 平台操作航空、

航运国际化业务，实行并表统一管理；2016 年，在德国汉堡设立了相关机构，搭建了境外航运业务平台；2017 年，在香港设立资金业务平台，进一步利用境外资本市场，拓展美元融资渠道。

2013 年 7 月，交银施罗德基金管理有限公司（以下简称交银基金）香港资管子公司成立，具备在港执行证券经纪、基金销售、投资顾问及投资管理业务的牌照，可在港销售基金、担任顾问业务（如 QFII 或 QDII 基金的顾问）及在港经营专户、私募及公募基金（包含 RQFII 及境外产品）。

2. 紧抓国家政策机遇，子公司跨境业务取得突破

随着子公司海外布局逐步到位，与交通银行海外分行的业务融合不断深入，各公司跨境业务取得了突破，部分公司海外业务贡献明显提升。交银租赁境外资产的规模及利润已成为公司航空、航运业务发展的主要动力，在国内金融租赁行业处于领先地位。

紧跟国内资本市场开放大势，交银基金 QDII、中港基金互认等业务多点开花。2014 年沪港深开通后，交银基金研究推出沪港深公募产品——沪港深价值精选基金，成立至今业绩回报超过 16%；交银基金 QFII 业务总管理规模约 56 亿元，各相对收益账户平均跑赢指数近 20%；公司抓住中港基金互认业务机遇，2016 年交银成长、交银稳健两只基金正式获准进入香港市场；2017 年 5 月中国证监会正式核准北上基金申请，公司受施罗德集团委托担任其亚洲高息股债基金内地代理人，并合作推进北上基金内地销售业务。

2015 年 3 月，交银国信取得国家境外投资批复，成功获批 2 亿美元投资额度，现已成立 3 单受托境外理财（QDII）产品，总规模 2 亿美元。

3. 子公司海外客户基础增长，跨境服务团队逐步成型

近年来，集团在港设立的子公司业务规模持续增长。

交银国际曾先后在 2015 年郑州银行股份有限公司、2016 年国银金融租赁股份有限公司、2017 年国泰君安证券股份有限公司 H 股首发上市及 2017 年马尔代夫共和国主权债券发行等多个项目中担任保荐人、全球协调人、账簿管理人等重要职责，随着公司国际业务进一步拓展，未来将为更多海外客户提供多元化金融服务。

交银租赁航空、航运国际客户已经涵盖亚欧多个国家的主流航空公司，以及综合实力国际排名较为靠前的集装箱班轮公司，涉及韩国、新加坡、德国、英国、法国、加拿大和巴西等 20 多个国家和地区的客户。

交银基金通过中港基金互认，将内地基金业务成功引入香港地区市场，并通过承接施罗德集团北上基金的投资顾问业务，逐步在香港地区拓展业务来源、积累客户基础。

人才培养上，交银国际、交银保险充分把握近年来内地与香港“互联互通”所带来的业务机会，通过与内地客户、内地分支机构及子公司的跨境合作实践，已在投行、财险等业务领域培养起各自具备国际化经营能力的专业团队。交银租赁一方面从国际市场引进外籍航空租赁专家等商务、法律、资金等专业人才，基本建立了能够适应航空、航运国际业务拓展的专业团队；另一方面选派国内骨干员工赴爱尔兰开展轮岗和锻炼，提高内部国际业务的经营管理能力，提升国际化业务的响应速度和运营效率。

（二）实现子公司、海外分（子）行、总行直营机构在跨境业务的联动

子公司发挥牌照优势、通道作用，与境外分（子）机构、总行直营机构联动，丰富了交通银行跨境业务种类。交银国际信托有限公司（交

银国信）积极与总行资产管理业务中心、托管中心实施业务联动，在外汇资金信托，境外理财（QDII）产品等方面屡有建树。2016年，交银基金旗下两只基金获香港证监会互认基金注册许可进入香港市场，3月7日，交银成长基金已通过香港分行的销售渠道对外发售。交银国际与总行贵金属业务中心业务对接，充分发挥境外子公司在牌照和资质方面的优势，为集团建立境外大宗商品期货平台、实现集团在大宗商品交易融资套保领域的境内外互补互联提供了重要通道。

通过境外机构之间的业务融合、资源共享，提升了交银集团整体的协同效率和综合收益。交银租赁有效利用集团海外资源，深化业务协同，建立了互利、互惠、共赢的业务合作关系。他们通过与海外分（子）行共享客户资料信息，加强国际航空公司尽职调查，为项目决策和风险判断提供帮助。在境外发债上，交银租赁已与香港分行、澳门分行开展发债担保合作。香港分行和交银国际还多次担任交银租赁境外债券发债的承销商和簿记行。

保险业务方面，交银康联人寿保险有限公司（以下简称交银人寿）与交银保险签署了再保业务的合作框架协议，有效推进了承保再保业务的集团内循环，并拟与香港分行开展保险和银行信用贷款业务的跨境联动，通过客户的精准营销，有望带动交银人寿、香港分行业务推进和风险管控的齐头并进。

建立在港机构联席会议制度，形成营销合力。交通银行驻港机构设立了联席会议制度，各机构之间形成了在确保独立性和合法合规基础上的“高管层定期会面、业务层定期交流、重点信息定期分享、重要客户协同服务”的协同运作模式，密切了彼此间的日常沟通与协作经营，在境外更好地践行“一个交行、一个客户”的服务理念。

CHAPTER 4

第四章　考核机制改革创新

特色化经营和专业化管理是改革转型取得成效的关键所在。必须从体制机制、人才培养使用、薪酬考核等方面深化改革，充分发挥绩效考核与奖惩、晋升、资源分配的作用，让人才在“做专业、做特色”中发挥主力军作用。近年来，交通银行在完善分层分类绩效考核体系，健全落实发展责任制，创新资源配置及利益共享机制等多方面均做出了积极的探索。

第一节 完善分层分类绩效考核体系，健全落实发展责任制

发展责任制是以“绩效考核”为核心，以落实外部监管要求和实现自身发展战略为目标，通过一系列具体措施促进考评对象改进经营管理行为、落实发展责任。十年来，交通银行考核评价体系紧密围绕全行经营发展不同阶段战略目标动态调整、逐步完善，有效发挥了考核评价“指挥棒”的作用。

一、全面评价、相互衔接，初步构建起新时期“1+3+1”的绩效考核体系，推进发展责任制战略落地

交通银行是国内较早将先进理念运用于考核办法并借以提升整体经营管理水平的商业银行。作为全行经营管理的“指挥棒”，绩效考评机制的好坏，将对全行经营目标的实现产生重大影响。建立契合交通银行业务发展现状、科学合理反映整体经营业绩的考核评价体系和激励机

制，对于促进全行加快发展、实现战略目标至关重要。

（一）“1+3+1”的绩效考核体系初步建成

从过去十年（2005—2015 年）发展历程看，经过不断的探索实践，交通银行逐步形成了以绩效考核、内部控制评价、综合竞争力排名和服务排名为一体的全方位、立体式的考评体系，建立起以经济利润为中心的激励约束机制，推进发展责任制的战略落地。

1. 起步阶段：2005—2007 年

2005 年之前，激励约束机制带有典型的传统商业银行特征，更注重规模大小，而较少关注资产质量。2005 年，交通银行贯彻《商业银行资本充足率管理办法》的精神，开始运用经济资本方法考核经营绩效。首次引入经济利润、经济资本回报率等体现先进经营理念的指标，强化风险意识，引导分行自主平衡经营风险和收益，走效益、质量和规模协调发展的道路。增加了对内部管理的考核，考核内容更加全面。采用以块为主、条块结合的考核新形式，根据全行管理模式的转型方向，明确了条线考核的思想。同时，在考核结果的运用上，明确提出不仅与分行领导班子的薪酬挂钩，还是确定分行全体员工工资收入的重要依据。

2007 年，交通银行重点在绩效考评执行工具上进行了优化，由总行牵头开发绩效考核系统，定期向分行公布绩效考核指标执行情况，主要发挥了以下两大作用：一个是在总行层面提高对分行考核工作的效率和质量，为总行全面、系统地监控和分析分行考核指标的执行情况，以及调控全行主要业务发展节奏提供数据支撑。另一个是在分行层面搭建有效的绩效沟通平台，通过考核指标执行情况的及时公布和反馈，帮助分行准确把握自身当期的经营业绩，查找经营中的薄弱环节，明确下一阶段的努力方向。但从客观上看，这一阶段的管理措施仍相对粗放，精细化程度比较有限。

2. 成长阶段：2008—2010 年

自 2008 年开始，交通银行境内分行绩效考核办法形成了相对稳定、比较全面的机制体系，具体由绩效考核办法、绩效奖金分配管理办法等组成。奖金分配办法主要就绩效奖金（与综合考核结果相对应）的分配和管理进行规定，明确了“绩效奖金与经济利润和综合考核得分相挂钩”的具体方式。综合考核办法作为全行经营管理的“总指挥棒”，从促进全行战略转型，科学全面地衡量各分行经营业绩的角度出发，就绩效考核指标（包括效益质量、业务发展、客户结构、内部管理等四大类）、评分方法、考核的组织等方面做了明确规定，综合考核得分主要用于与绩效奖金挂钩。

2008 年至 2010 年的三年期间，交通银行在规模和效益上均取得了长足的进步，考核激励机制较好地发挥了作用。但是，这一阶段在考核评价体系中仍然存在一些问题：如考核指标总体比较庞杂，分散了考核重点；分行资源分配的实际自主权有待进一步提高，激励约束模式在经济下行周期存在不适用的情况；条块间、行际间的利益分配不够平衡与协调等。

3. 成型阶段：2011—2015 年

经过多年的改革探索，2011 年交通银行已建立了涵盖盈利能力、业务发展、资产风险状况、客户结构等指标在内的较为成熟的绩效考核指标体系，考核激励效果总体较好。

2011 年，交通银行首次建立境内分行综合竞争发展能力排名体系，通过构建多维度的考核评价体系全面调动各类分行的积极性。这一指标体系围绕“存款、客户、转型、风险、网点、创新、定价、考核、改革”

的工作要求，重在评价各分行的综合竞争发展能力。

2012年至2015年，为进一步体现“效益优先、兼顾规模”和“创新驱动、转型发展”经营理念，发挥对各项业务的激励与支持作用，境内分行开始实施差异化考核,鼓励不同类型的分行发挥自身的比较优势，突破发展瓶颈，实现管理创新并推动发展转型。

从2012年起，交通银行又建立了服务评价排名和内控评价排名，对分行实施全方位的评价。内控评价由内控审计评价、内控重大事项评价，以及在此基础上得到的内控综合评价三部分组成。服务提升考评办法主要立足于系统内分行自身服务水平设定考评指标进行评价排名，考评内容由网点管理、大堂经理服务、高柜服务、客户经理服务、自助设备管理、客户满意度评价、服务管理、投诉管理、中银协“千佳”评选等九项主指标构成。

为适应和符合不断发展变化的内外部环境和监管政策要求，2012年至2015年，内控评价持续完善优化，纳入全行经营管理三大排名体系。服务提升考评办法指标体系不再仅限于系统内评价，增加了同业服务竞争力评价，将“与当地同业成绩对比”纳入考核。

这一阶段，交通银行绩效考评体系已经初步成型，并呈现“以绩效考核为主导，以综合竞争力、内部控制评价和服务排名为支撑”的鲜明特征。但仍有需要改进之处，如考核指标数量偏多，考核重点不够集中；考核评价体系相对单一，各类分行积极性未得到充分发挥等。

（二）“1+3+1”的绩效考核体系更趋完备

2016年以来，为顺应外部经营形势变化，落实经营战略和深化改革要求，交通银行构建起以经营绩效考核为主体，以综合竞争力排名、内部控制评价排名、服务排名为支撑，员工幸福指数排名为保障的“1+3+1”考核激励体系。同时，自2016年起，综合竞争力、内控评价、服务排名三大排名体系已全部纳入经营绩效考核办法，绩效考核机制更加完备。

具体来看，经营绩效考核办法严格对接监管要求，紧密契合国家政策及外部环境，以《银行业金融机构绩效考评监管指引》（银监发〔2012〕34号）为准绳，明确合规经营要求，筑牢风险防线，确保安全稳健经营和可持续发展。经营绩效考核以“两化一行”战略为引领，围绕“服务实体经济、防控金融风险、深化金融改革”目标，通过构建科学的考核评价体系，对全行经营活动及结果做出合理有效的价值判断，确保集团战略目标和年度发展任务的落地与实施。综合竞争力评价旨在考评境内分行整体经营管理效率，揭示分行发展趋势，评价内容包括效益、质量、发展、客户、资本等。内部控制评价致力于引导分行强化内部控制，及时反映分行内部控制的建设、管理、执行现状。内控评价体系由评价对象和评价要素两方面构成；服务评价旨在评价境内分行消费者保护服务工作的开展成效，考评内容包括网点硬件与软件检查、满意度评价、消费者保护评价等；员工幸福指数评价旨在全面提升广大干部员工的幸福感和获得感，动态评估、掌握组织幸福绩效与员工幸福感受，测评围绕员工幸福能力、工作幸福、生活幸福、成长幸福等7个维度展开。

总体来看，上述考核体系立体多维又重点突出，在考核指标设置上，既有结果导向性指标，也有过程管理指标；既有经营发展指标，也有强化内部管理指标；既有总量调控指标，也有增量贡献指标。在考评方式上，既有差异化权重设置，也有与自身水平、与全行平均水平、与既定目标相比等多角度评价维度，能够全面、综合、客观地反映经营单位实际发展水平，并将其作为发展责任制落实情况的评价依据。

（三）以差异化为特色的经营绩效考核办法不断完善

为进一步体现“效益优先、兼顾规模”和“创新驱动、转型发展”的经营理念，发挥对各项业务的激励与支持作用，全行已建立起对各经营单位的差异化考核机制，旨在鼓励不同的经营单位发挥自身比较优势，体现经营特色，实现差异化发展。差异化考核机制能够有效调动不同类型经营单位的积极性，激发发展潜能，突破发展瓶颈。

差异化考核机制主要体现在两大方面：一是针对不同类型经营机构的特点，实施差异化考核。不同机构的考核办法充分反映了其经营特点，具有较强的针对性与指导性。二是针对同一类型的经营机构，综合考虑其发展阶段与发展特点，实施差异化的考核机制。对境内分行，参照其所在地区GDP及经济发展水平等因素，划分为“效益类、发展类、平衡类、提效类”四大类别，并差异化地设置考核指标；对境外银行机构，综合考虑各行持有牌照类别及所处地区的环境和开业年限等因素，划分为“效益优先、效益与发展平衡、新设类”三类行；对于子公司，根据其所处行业特点的不同，采取“一司一策”考核策略；对于直营机构，结合其经营特点分别设置考核指标；对于板块及前台部门，则选取具有针对性与代表性的考核指标进行评价。

差异化考核体系具有三大特点：强化“效益优先、兼顾规模”的经营理念，鼓励经营单位发现市场盈利机会，摒弃规模情结，转变发展理念；坚持“创新驱动、转型发展”的发展道路，增强全行转型发展动力，深化经济资本考核应用，降低资本消耗，引导经营单位加快构建轻资本的发展模式；精简指标体系，突出考核重点，适当放大经营自主权，鼓励经营单位发展特色业务。

二、合理运用、强化引导，深化推进新时期“1+3+1”的绩效考评工具落地，促进各项业务稳健发展

（一）“1+3+1”的绩效考核体系是基层单位考评运用的重要依据

总行根据基层经营单位实际经营情况，汇集近年“1+3+1”考核排名情况，逐项对比排名升跌幅，逐年进行分析比对，形成各行“1+3+1”综合评价报告，并经党委审议后，下发各经营单位。考核排名结果将成为干部能上能下、收入能增能减的重要依据，为后续各经营单位进一步审视各项经营管理工作，找准薄弱环节，树立考核导向，明确后续经营发展目标，提供数据信息参考。

（二）“1+3+1”的绩效考核体系是基层单位经营发展的重要抓手

各经营单位认真分析研究“1+3+1”考核排名情况，总结经验，查找不足，对照考核排名中出现的突出问题，研究制定整改措施。针对考核排名靠前项目，积极总结经验，不断巩固成效，力争后续排名持续创优；针对考核排名靠后项目，认真查找管理中存在的问题与不足，积极制定整改措施，优化工作方法，力争在后续考核上有所突破。

（三）“1+3+1”的绩效考核体系是基层单位经营压力传导的重要工具

要求各经营单位进一步明确工作责任，各经营单位党委主要负责人要把总行的考核评价有效分解给所在单位班子副手和管理部门，并层层

传导、落实到辖内各基层单位，通过逐步提升“1+3+1”各项考核排名，努力提升经营单位经营发展质效，将总行党委确定的“三大任务”、“三大目标”、“三大重点”在基层单位有效落地。

（四）“1+3+1”的绩效考核体系是推进全行转型改革的重要措施

总行将对照实际考核排名情况，认真审核各经营单位整改措施，对整改措施不具体、不到位或缺乏操作性的，党委主要负责人将约谈相关经营单位主要负责人，并责成对应分行重新研究制定整改措施。要把各经营单位“1+3+1”考核排名整改工作作为重要工作，查找问题，总结经验，奋发有为，创造佳绩，为全行深化改革、转型发展、从严治党做出新的、更大的贡献。

第二节　全员全产品计价考核推进分配制度改革

全员全产品计价考核是以积分计价为基础的绩效考核模式和薪酬分配方式，遵循“计量计件、计价计奖、分配到人”的基本原理，将商业银行数百种产品和业务具体化为分值，显性计量、直接兑价，鼓励员工自主选择展业方式，是改革分配机制、打破大锅饭、调动员工积极性的关键抓手。“我说你干”是计划经济，只有让员工围绕工作目标，自己算、自己选、自己做，才是市场经济，才能最大限度地调动工作积极性。

一、推行全员全产品计价考核的背景和动因

（一）推行全员全产品计价考核，是贯彻中央深化改革要求的重要举措

十八大以来，党中央提出“四个全面”战略布局，其中一项很重要的内容就是全面深化改革。在十八届三中全会上，中央对全面深化改革做出总体部署，特别是对国有企业的改革提出具体要求，要求国有企业完善现代企业制度，深化内部“管理人员能上能下、薪酬能高能低、人员能进能出”的制度改革。在此背景下，交通银行提出了自己的深化改革方案，再次作为改革先行者，积极探索国有大型商业银行改革之路。交通银行的深化改革方案于2015年6月获国务院批准，聚焦探索中国特色公司治理机制、深化内部经营机制改革、推进经营模式转型创新三个方面，具体化为“20+20+21”的改革项目，其中全员全产品计价考核始终被列为一项重点任务，作为交通银行深化考核分配机制改革，调动员工积极性，撬动新一轮改革发展的关键抓手。

（二）推行全员全产品计价考核，是破解考核分配难题的有效途径

近几年商业银行的经营态势、竞争态势发生了巨大变化，人才的吸引、激励和保留面临新的挑战。一方面，随着众多新兴的类金融业态不断涌现，商业银行的人才流失日益严重，人才竞争到了白热化阶段；另一方面，随着利润增速的减缓，国有商业银行的薪酬增量非常有限，薪酬的比较优势逐渐减弱。面对新形势、新挑战，亟须建立更为灵活高效的考核分配机制，准确衡量员工的业绩贡献，把真正高绩效、高潜能的

员工识别出来，积极性调动起来，打破以往考核分配中“干多干少一个样、干好干坏一个样”的问题，把有限的薪酬资源向高绩效、高潜能的员工倾斜，充分调动员工的积极性。全员全产品计价考核通过理清边界、明确责任，量化考核、明确贡献，直接兑价，明确收入，把每个员工视为相对独立的经营单元，通过精简量化的考核指标体系，把他们的业绩、潜能、对组织所做的贡献显性计量出来，实施精准有效的考核和激励，有利于激发员工干事创业的正能量。

（三）推行全员全产品计价考核，是助力改革发展创新的关键抓手

目前国有商业银行战略转型进入攻坚期，随着新兴市场、新兴业态的不断涌现，内部体制机制改革的深入推进，商业银行的战略目标、经营模式和组织架构都发生了深刻转变。面对瞬息万变的市场环境，亟须建立更为精简灵活的绩效管理工具，改变以往层层分解指标、层层下达任务的管理方式，将战略目标和经营重点清晰传导至每一位员工，增强面向市场、面向客户的经营能力。全员全产品计价考核显性计量、直接兑价的特质，与改革的目标要求不谋而合，它以产品目录为载体，运用定价的指挥棒，将战略目标和经营重点直接传导至一线员工，减少中间环节、提高响应速度，有利于克服传统绩效管理链条冗长、目标传导不清晰等弊端，根据市场变化实现精准定位、精准导向、精准发力，确保战略目标得到有效传导和落实。同时，交通银行在转型发展过程中，实现大客户发起层级上收，发展零售业务逐渐成为基层单位转型的重点。相比对公业务，零售业务具有产品线短、个体兑价关系明确等特征，更适合采用全员全产品计价考核方式。因此，无论是新时期商业银行改革

发展的客观要求，还是充分调动基层员工的工作积极性，全员全产品计价都是助推改革发展的有力工具。

二、推行全员全产品计价考核的探索和实践

交通银行自 2015 年起推行全产品计价考核，大致经历了三个阶段：2015 年启动阶段，重点是搭建系统平台，开发全行统一的全员全产品计价考核系统，实现 37 家省直分行系统上线；2016 年落地阶段，重点是建章立制，实现在省直分行落地运用；2017 年推广阶段，重点是推广普及，实现在省辖分行和基层网点全面落地，做到对客户经理、综合柜员考核的全覆盖。推进中，我们坚持顶层设计和基层实践相结合，采取“总行统筹管理、分行自主实施”的方式，总行重点抓理念、建平台，凝聚改革共识，强化技术支撑；各分行结合自身实际，自主设计考核方案，建立具有分行特色的全员全产品计价考核体系。

（一）加强顶层设计，统筹推进全员全产品计价考核

在整体推进上，重点抓好理念宣导、组织保障、制度基础和技术支撑四个方面，确保全员全产品计价考核有序推进。

1. 坚持理念先行

在推进过程中，始终牢牢把握理念宣导这条主线。总行高管层高度重视，2015 年初全行启动全员全产品计价考核时，亲自做宣讲、做动员、做部署。三年来，总行领导通过多种形式，在多种场合，反复强调推进全员全产品计价的重要意义和实现目标，增强全行干部员工的决心和信心。围绕推进目标，总分行工作组先后召开数十场专题培训、专题讲座、系统培训班和推进研讨会，分片区开展 37 家省直分行专题调研，编写

全产品计价宣传手册，制作在线网络课程，通过多种媒介、多种方式，向总分行各级员工讲解全产品计价考核的逻辑机理，演示考核系统的使用功能，分享分行的经验做法，解答推进中的问题和困惑，增强员工对全员全产品计价考核的理解和认同。

2. 强化组织保证

从改革伊始，总分行就成立了全员全产品计价考核工作组，形成了一支自上而下的技术骨干和专业队伍。总行的工作组由 10 余个部门、30 余名骨干员工组成，各部门明确任务分工，紧密协同配合，围绕“抓培训、抓系统、抓落实”，全力推进各项工作。工作组建立了“工作周报，月度例会”制度，按周汇报工作进度，细化工作安排，按月召开阶段性沟通会，总结推进情况，讨论推进方案，通过规范的工作机制，确保全产品计价的有序推进。37 家省直分行也按照总行要求，成立了分行的工作组，由分行一把手任组长，人力资源部、对口业务条线部门和技术部门广泛参与，具体落实总行推进任务，制订分行考核分配方案，做好系统上线、运营和维护，确保总行各项要求得到有效落实。

3. 夯实制度基础

推进中，总分行项目组边摸索、边实践、边总结，形成了一套比较完善的制度体系。总行工作组先后下发了系统功能手册和推进工作手册，围绕计价方法、分润规则、公共户分配、系统管理等重点问题、关键环节，指导分行建立全产品计价考核分配办法。定期梳理分行推进中的问题，形成问答手册，针对重点难点问题提供政策指引。各分行也结合自身实际，自主制定了全产品计价考核分配办法和实施细则，围绕产品目录和定价管理、公共户和人账关系管理、板块全产品积分管理、团队和团队负责人管理等方面，形成管理办法，有序做好系统运营维护、考核方案配置、业绩统计发布、薪酬分配兑现等各项工作，确保全员全产品计价考核有序实施。

4. 完善技术支撑

2015 年交通银行上线了“531”新一代业务系统，项目组利用“531”上线的契机，采取“总行统一开发管理，分行共同使用维护，持续动态优化改进”的模式，开发了全行统一的全产品计价考核系统，实现在 37 家省直分行上线。总行版全员全产品计价考核系统，集考核指标库、考核方案管理、人账关系维护、业绩报表定制、业绩查询展现等功能于一体，既是基础的数据平台和功能平台，也是交流共享平台和监控管理平台，为全员全产品计价考核的推广运用提供了坚实技术保障。在推进过程中，不断完善系统平台，一方面，畅通总行端的“高速公路”，经过近三年建设，目前系统指标库的指标数量已达到 3000 余项，包括存贷款、客户、非利息收入和利润四大类。考核指标对接业务系统直接取数，均已实现了 T+1 日自动出数，有效保障了数据的准确性、完整性和及时性。另一方面，构建分行端的“一级公路”。考核系统为各家分行提供灵活的自主操作空间，无论考核指标设计，还是客户经理的分成规则，都由各家分行根据实际情况自定义。系统中还建有一个自主开发平台，除了原有模块和基本功能外，分行如果需要其他个性化的指标和功能，也可在这个平台上自主开发。通过总分行共同努力，实现“高速公路”与“一级公路”的互联互通，确保考核方案配置、人账关系维护、业绩报表管理、业绩查询展现、业绩分配兑现全流程高效有序运行。

（二）把握关键环节，科学设计全员全产品计价考核方案

在考核方案设计上，重点把握指标定价、业绩归属、薪酬分配等关键环节，不断探索、创新实践，逐步建立了符合全行战略导向、体现分

行差异化特色的全员全产品计价考核体系。

1. 充分发挥定价的指挥棒作用

产品定价是全员全产品计价考核的技术核心，是传递战略导向、引导员工行为、平衡投入产出的关键。定价的实质是确定“产品—积分—薪酬”之间的对应关系，即每营销一项产品能积多少分，每积一分能赚取多少薪酬。实践中，分行坚持以战略目标为牵引，以利润贡献为准绳，充分运用管理会计核算手段，明确不同产品业务的比价关系，逐步探索形成了规范的定价方法和步骤，重点突出三个特征。

突出业绩导向，在定价标准上，以产品业务的利润贡献为基础，对接总行经营绩效考核要求，聚焦资本调整后的收益率指标，通过分解、模拟产品价值创造的各个环节，明确“价格与利润、利润与薪酬、价格与薪酬、薪酬与员工”等对应关系，科学设置产品目录及价格，确保产品定价与利润贡献、与薪酬回报相匹配。为鼓励客户经理争创业绩、做大增量，分行普遍对存量业务和增量业务，实行差异化定价，增量业务单价最高可达到存量业务的10倍以上。有的分行还对单项指标设定积分上限，强化内部竞争，鼓励先到先得，充分调动员工的积极性。

突出战略牵引，以总行战略目标为源头，结合分行经营策略和发展重点，灵活设定指标单价。对重点发展的产品和业务，提高计价标准；对非重点发展的产品和业务，降低计价标准甚至退出考核指标体系，进一步集中资源、聚焦重点，实现精准导向、精准发力、精准营销。有的分行还建立了定价的动态调整机制，定期审视回顾，适时做出调整，确保产品定价及时反映市场环境和经营重点，增强定价的灵敏性，提高市场响应速度。

突出分行特色，在管理权限上，既体现省分行统一管理，又充分考虑不同省辖分行所在地域、市场环境、发展阶段及管理水平的差异，适当向省辖分行转授权。根据实际情况，采取省分行统一定价、各省辖分行自主定价或二者相结合的方式。例如，省分行本部制定标准化的指标计价清单，同时授权各省辖分行结合自身发展重点和薪酬资源，自主调整形成辖行的计价标准，有效兼顾各省辖分行差异化、特色化的发展需求。

2. 公平开展业绩的归属分配

业绩归属分配是全员全产品计价考核的关键环节，关乎员工切身利益，关注度和敏感度高。实践中分行不断完善业绩分配的方法和流程，“事前明确分配规则、事中厘清业务数据、事后公开分成情况”，重点把握以下三个方面。

明确分配原则，根据业务营销或管户关系，确定受益对象，存量户按照“谁管户谁受益”、增量户按照“谁营销谁受益”原则实施分配，充分考虑不同单位、不同条线、不同团队、不同员工的业绩贡献及协作关系，确保准确反映员工贡献，公平公正实施分配。

创新分配方式，考核系统为每位员工设立了个人业绩账户，为支行或营销团队设立业绩公共户。根据不同情况，综合运用独立分成、条线内分成、跨条线分成、双边记账等方式，在单位、团队及员工个人之间进行合理分配。对个人营销产生的业绩，通常直接归属至员工个人账户；对团队营销产生的业绩，计入经营单位或团队公共户，由团队负责人根据员工的实际贡献实施分配。特别是对营销大客户创造的业绩，合理确定单位和个人的分配比例，既避免个人比例偏高，出现“躺在功劳簿上睡大觉”的问题；也避免个人比例偏低，挫伤奋斗者的积极性。

理顺分配流程，在业务记账的第一环节，引入全员全产品计价考核理念，理清人账、人户关系，在系统中动态维护；在业绩核算环节，依托全员全产品计价考核系统，实现业绩自动出数、自动清分；在业绩归属环节，及时做好业绩确认和业绩认领，对存在争议的，报所在单位考核委员会审议确定。通过流程紧密衔接、各部门协同配合，确保业绩归属准确、公正、高效。

3. 及时肯定员工的业绩贡献

全员全产品计价考核既是绩效考核模式的转变，也是薪酬分配方式的转变。及时做好业绩查询展现和薪酬分配兑现，是有效激励约束员工的关键。

一方面，及时展现考核结果。考虑当前客户经理外出营销的工作特性，交通银行依托全员全产品计价考核系统，开发手机 APP，提供便捷灵活的业绩查询方式。根据管理权限，实现分级业绩查询和管理，客户经理通过移动 APP，能够及时查询个人的业绩积分，做到干多少、拿多少心中有数；各级管理人员通过 APP，能够及时掌握下属员工的业绩排名，有针对性地提供绩效辅导和帮助。此外，APP 中还包含了业绩试算、大额变动提醒、系统公告及知识库等功能，为客户经理营销提供全方位的指导和支持。

另一方面，科学兑现绩效工资。根据不同岗位、不同层级的职责和贡献，构建差异化的薪酬分配规则。客户经理、综合柜员等一线岗位，通常直接按照个人业绩积分和统一的计奖标准分配，显性计量、直接兑价，上不封顶、下不保底，充分反映个体业绩差异；中后台岗位员工推荐客户、参与营销，也可按照考核分配办法进行积分、兑现奖励，逐步实现全员覆盖。在薪酬兑现环节，分行普遍建立了规范高效的管理流程，按月、按季度或按半年实施全员全产品计价考核分配，及时做好业绩统计、绩效工资包确认、分配方案验算等工作，确保及时分配到员工个人，有效提升了奖酬的时效性和激励性。

（三）平衡好四大关系，确保改革平稳有序推进

为充分发挥考核分配的导向作用，引导员工树立正确的业绩观，在全员全产品计价考核的实施中，重点处理好以下四个关系。

平衡好“量与质”的关系。既要关注当期业务发展，也要重视风险管控要求。在绩效考核上，既有规模、利润等正向积分指标，也有风险合规等负向约束指标，以及案件责任事故等一票否决指标，避免出现重业绩、轻风险的短视行为。在薪酬分配上，探索对客户经理等风险相关岗位，建立绩效工资延期支付制度，切实强化风险约束，平衡好收入当期性与风险滞后性的关系。

平衡好“小与大”的关系。既要充分肯定员工个人的业绩贡献，也要客观认定团队合作成果；既要引领和强化内部竞争，也要注重团队精神的塑造，避免个人英雄主义行为。在业绩归属上，准确界定单位、团队及员工个人的业绩贡献，妥善做好业绩分配。在管理方式上，探索项目团队制管理模式，针对相互关联紧密、协同性强的产品、业务或客户，组建营销团队，对团队整体业绩达成实施考核，配置绩效工资资源，由团队负责人自主实施分配，构建利益共享机制，增进团队营销合力。

平衡好“条与块”的关系。在实施过程中，兼顾不同单位、不同条线的管理实际,充分调动条线管理部门和基层经营单位两方面的积极性，采取“条块结合”的方式，条线管理部门主要根据业绩计分和单价直接兑现；支行或部门通过公共包，对客户经理除计价指标之外的工作表现和团队贡献进行分配，通过齐抓共管、形成合力，确保各项绩效目标得到有效达成。

平衡好“点与面”的关系。既要发挥全员全产品计价考核聚焦业绩、重点突出的优势，也要借鉴综合绩效考核维度健全、指标全面的特点。

在薪酬兑现上，以产品计价考核得分为主要依据，同时根据综合绩效考核情况作适当调整，全面反映员工履职能力和绩效表现。在考核结果运用上，将产品计价考核得分作为评定年度考核等级、决定职位晋升和职业发展的重要依据，通过二者有机融合，引导员工全面发展，实现员工与企业共赢。

三、推行全员全产品计价考核的主要成效

经过近三年的宣导和推进，全员全产品计价考核在分行实现了普及运用，逐步得到广大员工的理解和认同，深刻改变了分行业务管理模式及考核分配方式，培育并塑造了竞争性的组织文化，有效调动了广大员工干事创业的热情。

管理模式上，实现从间接分解指标向直接传导战略的转变，目标传导的精准性有效提升。以往分行主要采取目标分解的绩效管理模式，将总行下达的经营绩效目标层层分解至各经营网点，再由各经营网点下达至每位员工，管理链条长、中间环节多，目标导向不够清晰。推行全员全产品计价考核后，分行充分运用指标定价的指挥棒，根据全行战略和自身实际，制定并公开产品目录清单和计价标准，将战略目标和经营重点直接传导至一线员工，让管理者有了抓手，员工有了目标。分行业务条线负责人反映，现在分行只需对计价指标和计价标准做出调整，就能改变员工的经营行为，起到了“指哪打哪”的作用；员工也普遍表示，全员全产品计价考核让自己清楚地知道，该去营销什么样的客户、拓展什么样的业务，对营销工作和个人职业发展提供了指导和支持。

绩效考核上，实现从模糊定性向科学量化的转变，考核的业绩导向更加凸显。全员全产品计价考核的推行，改变了传统工作目标表、KPI

等考核方式，将全行数百种产品和业务具体化为分值，事前明确积分标准、事中理清业务数据、事后及时评价反馈，显性量化评价员工的业绩贡献，为员工绩效辅导和沟通提供了客观依据，有效促进履职能力和绩效表现的提升。在具体运用中，分行较多采用规模类、发展类考核指标，同时引入 FTP、经济资本占用、不良资产拨备等数据，不断细化业绩指标核算，直接核算每项产品的创利，提高利润类、非息收入类指标在考核指标中的权重，进一步强化了考核的业绩导向。

薪酬分配上，实现从主观裁定向计价计奖的转变，“大锅饭”和“平均主义”被彻底打破。在全员全产品计价考核模式下，绩效工资分配不唯资历唯业绩，严格按员工业绩积分和公开的计奖标准兑现，由领导分配奖金变为员工通过业绩创造和贡献获得奖金，由主观人为调节奖金变为客观量化计发奖金，由关门分配奖金变为公开透明兑现奖金，大大提高了薪酬分配的公平性和激励性。从实际分配结果来看，业绩达成优异的客户经理，绩效工资得到明显提升，甚至超过上级主管；业绩表现欠佳的客户经理，不再有安慰奖，真正实现了“干好干坏不一样”。此外，分行员工已逐步养成在 PC 端和手机 APP 中查询个人业绩积分的习惯，知道自己做了多少业绩，能拿多少报酬，强化了薪酬的激励约束效果。

工作方式上，实现从“我说你干”向互动选择的转变，员工工作热情得到充分调动。以往基层单位营销主要通过领导下达任务，告诉员工需要完成多少指标，员工的主观能动性未能得到充分发挥。全员全产品计价考核的推出，将所有指标任务“清单化”，明码标价、明晰所得，鼓励员工根据能力特长自主选择业务拓展方式，强化竞争意识，调动员工的智慧和力量。经过近三年的宣讲培训和实践运行，员工切实体会到“多劳多得、少劳少得、不劳不得”的好处，工作的积极性和主动性明显提高，由被动等待任务下达，变为主动走出网点寻找客户、拓展业务，不分对公对私，不论前台后台，形成了人人争先营销客户、争先销售产品、争先赚取积分的竞争性氛围。

第三节 创新资源配置及利益共享机制，实现考核协同

为应对日益复杂的经营发展环境和监管要求的变化，交通银行近年来提出了“资源配置及利益共享机制”的优化方案，以“资源配置政策工具组合”引导交通银行全行实现预期发展目标，提升总体竞争力。

一、创新资源配置及利益共享机制的重要意义

（一）金融业态的演变促使商业银行谋求创新之路

当前中国经济已步入增长动力转换、经济结构再平衡、经济增速阶段性回落的“新常态”。宏观经济增长换挡减速，对银行带来挑战与机遇并存。这既对银行存贷款传统业务规模扩张构成冲击，也带来中间业务发展机遇，促进银行加快内部改革、强化管理、推动金融创新、优化资产配置。同时，随着经济发展和金融改革的推进，金融监管要求出现一系列变化和调整，促使商业银行真正围绕“进一步发挥市场在金融资源配置中的决定性作用”的金融体制改革核心，成为面向市场、自主决策、自担风险、自我约束的经营主体。在新的经济形势和金融环境下，商业银行盈利增速趋势性放缓，如何化解成本刚性增长矛盾，高效运用

有限的财务资源，成为银行业竞争的重要方面。内外部环境的共同变化倒逼银行业立足转型改革，创新资源配置及利益共享机制迫在眉睫。

（二）创新资源配置政策工具是适应内外部环境变化的重要举措

在经济“新常态”和利率市场化改革的背景下，交通银行及时转变了发展思路和战略定位。为适应经营思路的转变，交通银行不断完善并创新资源配置及利益共享机制，逐步形成了以“两化一行”战略为导向，以经营绩效考核、利益共享及分配机制、战略配置及协同机制等为一体的政策工具组合，给实现经营目标、推进业务发展提供了全面的制度保障，积极发挥了各类政策及资源的撬动和孵化作用。

（三）创新资源配置政策工具是深化改革和“十三五”规划的客观要求

“十三五”时期是交通银行深化改革和转型发展的关键期。按照深化改革工作部署和“十三五”规划总体目标，交通银行需大力推进战略定位、机制改革、特色打造、经营创新、协同管理等方面的工作，有效推动功能定位转变、经营模式创新和管理方法变革，切实提升竞争能力。创新资源配置政策工具、资源配置机制改革是深化改革的重要组成部分，同时也是实现“十三五”规划目标的重要制度保障和全行经营战略的客观要求。

二、创新资源配置及利益共享机制的初步成效

为积极应对上述形势变化，交通银行立足于本行实际，结合同业调研情况，以“十三五”规划以及深化改革转型发展为指引，以实现“两

化一行”战略为出发点，以坚持走“低成本消耗”道路为主线，提出了“资源配置及利益共享机制”的优化方案，以“资源配置政策工具组合”引导全行实现预期发展目标，提升总体竞争力。

在核心内容上，实行存量和增量“双挂钩”，完善“存入借出”的激励约束机制，加大条线对战略资源分配的主导力度，加强经营机构对总体资源的“二次分配”，盘活固有存量，用好有限增量，解决分行历史遗留问题，改善行际间不平衡状况，以“组合拳”的方式进一步激发全行经营活力。在定位上，强调统筹协调，强调结构优化，强调短期、中期、长期目标的适当配合，聚焦重点业务和核心指标，实现集团各经营机构间的联动协同。

（一）经营绩效考核机制服务集团战略

经营绩效考核是交通银行为落实监管要求和自身发展战略，建立绩效考核指标、设定考核标准，对经营单位在一定期间的经营状况、风险状况及内控管理进行综合评价，并根据考核结果评定等级、配置资源、评价管理人员和确定其薪酬的综合性过程。根据目前交通银行经营框架，经营绩效考核主要包括对省直分行、境外分（子）行、子公司、直营机构、前台经营部门等几类经营单位的考核。

通过四类不同经营单位的绩效考核评价，直接、清晰、准确传导了考核重点，实现对全行核心指标的聚焦，有效对接了“十三五”以及深化改革的各项目标和效益优先的发展理念。从实际执行情况来看，绩效考核评价客观反映了各经营单位实际经营情况，充分对接了集团战略，发挥了对稳健经营和科学发展的引导作用，在调动不同类型经营单位积极性、激发经营潜能、突破发展瓶颈、加速转型创新等方面效果良好。

绩效考核指标体现战略性、全局性、方向性的特点，突出“效益、发展、质量”三大主题，同时兼顾监管、合规方面的要求，客观反映经营单位的总体经营情况，引导经营单位在保持资产质量稳定的前提下，不断提高效益，实现有质量的发展。在指标设置方面，经营绩效考核以结果性指标为主，尽量减少过程性指标，突出结果导向；指标数量严格控制，在允许的范围内尽量简化，简洁明确，突出重点；指标计算方法尽量简化，便于经营单位理解和执行，更好地体现考核的导向作用。

（二）利益共享及分配机制实现联动协同

利益共享及分配机制是指根据既定规则，将同一笔业务产生的收益（如存款、中收、利息净收入等）同时计入各业务参与方或按贡献比例分配后计入各业务参与方的利益分配机制。

该机制实质上是一个管理会计概念，支持将存款、收入或盈利按照客户、产品或机构维度进行解析或投射，以提供对不同客户、产品或机构贡献度的综合评价，满足精细化经营管理需求。通过该机制的实施，有效解决了分行与子公司、分行与直营机构、境内外分行、直营机构与子公司等各层面经营单位间的联动利益分配问题，深化了各类经营单位间的联动协同。特别是密切了各非银子公司与集团母公司的融合共享，提升了境内分行助推境内客户“走出去”和境外分（子）行推荐海外客户“引进来”的积极性。

在指标设置上，要有利于充分调动多方积极性，实施跨机构、跨板块激励，有利于形成业务发展合力。对于各方权责利都很清晰的业务，原则上优先适用市场化规则。要有利于提高客户对集团的整体贡献度，分润项目应以撬动外部收入、提升客户对集团的总体贡献为目标。要有利于合理安排预算和财务资源。同时，建立健全决策管理机制，统筹平衡，合理控制适用范围和项目数量。

（三）战略配置及协同机制助力转型发展

战略配置及协同机制是在传统的财务资源配置基础上，挑选对全行业务发展具有重要战略意义的重点性指标，配置财务资源的模式。

相较传统的不区分业务类型、无差别配置比例的资源配置模式，战略配置及协同机制通过针对不同业务按照不同的标准配置资源，实现对业务的重点扶持和精准激励，对经营绩效考核进行补充，实现了对经营绩效考核之外的战略性、前瞻性及潜力性业务的覆盖，强化了对财富管理等中间业务和交易型、结算型等基础客户的引导激励，进一步夯实全行客户基础，推动银行业务转型提升。

指标设置上坚持以下原则：突出重点。应向重点项目、产品、业务投入资源，通过重点业务带动全行的发展。突出撬动。应由分配资源转变为资源撬动，通过资源投入撬动外部收入，引导业务从小到大、从弱到强，起到“孵化器”的作用。突出投入产出。应兼顾短期利益和长期利益，对于短期内可以出效益的项目，要通过短期投入尽量扩大产出；对于短期内无法看到效益的项目，要对长期效益进行充分评估，确保长期投入产出比保持在较高的水平。同时，要加强后续跟踪和自评估，确保产出达到预期要求。

CHAPTER 5

第五章　人力资源管理改革创新

适应新形势、实现新目标，关键在干部，关键在完善选人用人机制。近年来，交通银行坚持党管干部原则，从建立和深化职业经理人制度建设，实施市场化选聘、目标化考核、契约化管理和动态化退出，建设专家型人才制度和人才培养机制创新，完善激励约束机制等多方面入手，致力于实现“管理人员能上能下、员工能进能出、收入能增能减”的改革目标，为交通银行深化改革提供动力。

第一节　建立和深化职业经理人制度

党的十八届三中全会明确指出，要推动国有企业完善现代企业制度，建立职业经理人制度，更好地发挥企业家作用。国务院批复的《交通银行深化改革方案》，也将职业经理人制度列为一项重要内容。根据中央要求，2015 年初，交通银行率先以经营单位“一把手”为试点（包括省直分行、直营机构、海外机构、子公司等主要负责人，即 D 职等正职），推行 D 职等职业经理人制度，出台《D 职等职业经理人管理办法》，董事长与首批 64 名一把手签订了职业经理人聘任协议。两年多来，交通银行以探索建立符合现代企业治理和国有商业银行特色的职业经理人制度为目标，重点在职业经理人选拔聘任、考核评价和激励约束等方面做了一些有益的创新和探索。

一、深化完善 D 职等职业经理人制度

（一）D 职等职业经理人制度建设成果

自 D 职等职业经理人制度出台以来，在实施过程中，交通银行注

重把握好坚持党的领导、目标化考核、契约化管理和市场化退出的原则，以前台经营管理岗位为重点，先在面向市场的直属经营单位正职岗位中试行，率先在大型商业银行中形成机制优势，创造和释放新的改革红利，增强市场竞争力。

1. 基本做法

（1）实施契约化管理。契约精神是现代企业制度的核心价值，也是职业经理人制度的首要特征。实践中，交通银行坚持契约化理念，以职位聘任协议为载体，清晰约定聘任职位、聘任期限、绩效目标、考核方式等内容，明确责权利要求。通过统一签订契约协议，重点完善选聘机制，优化准入规则。在选聘标准上，围绕岗位职责和能力资质，从政治素质、基本能力、工作业绩、岗位适应性、职业操守等维度设计了准入标准；在来源渠道上，强调内部培养和市场引进相结合，既畅通现有人员与职业经理人的身份转换通道，又着眼引入行业领军人物和业务紧缺人才；在方法程序上，坚持党管干部原则，把党委把关定向作为前置程序，由党委提出选聘方案，提名推荐人选。

（2）推行目标化考核。着力解决以往考核目标不清晰、责任传导不到位等问题，建立“年度＋聘期”双维度考核模式，年度考核聚焦效益、发展、质量等核心业绩达成，精简目标、突出重点，考核结果与薪酬分配直接挂钩；聘期考核关注聘期目标达成、履职能力、依法合规表现等，考核结果是职业经理人聘任调整的主要依据。强化过程管理，形成“年初设定目标、半年业绩回顾、年度和聘期考核评价”的工作机制。年初根据集团经营发展计划，设定每位职业经理人的年度绩效目标，作为职位聘任协议的重要内容；年中组织开展业绩回顾，下达业绩提示单，反馈绩效达成和排名结果，督促完成全年目标；年末和聘期末严格按协议约定实施考核评价兑现。

（3）强化激励约束。激励约束是调动积极性的根本保障。交通银行通过探索建立“年度考核薪酬能高能低、聘期考核职位能上能下”的激励约束机制，对职业经理人增添动力、施予压力。在薪酬核定上，突出业绩导向，分配结果充分拉开差距，能高能低、能增能减，既挂钩个人绩效考核，又链接单位业绩达成；既反映短期业绩，又兼顾中长期综合表现；既聚焦经营成果，又传导内控风险责任。在兑现节奏上，充分考虑银行业的经营特质，推出绩效工资延期支付制度，明确了递延比例和递延期限，规定了风险责任、违规违纪情况下的止付、追索和扣回规则，平衡好收入当期性和风险滞后性的关系。在考核结果运用上，打破干部职务“终身制、铁交椅”，重点解决“能上能下、能进能出”的问题。建立了聘期考核与个人职位紧密挂钩的退出机制，在退出形式上，细化形成降级、提前解聘、到期不再聘任等多种退出方式；在退出标准上，对业绩不达标、考评不称职、出现重大风险责任、存在违纪违规行为的职业经理人，坚决降级或退出；在退出流程上，建立待聘制度，设定 6 个月的观察期，根据待聘后的培训情况决定重新上岗或退出。

（4）实施授权管理。按照责权利统一的原则，授予职业经理人对副职的考核决定权、薪酬分配权和调整建议权，确保职业经理人有责有权。在绩效考核上，职业经理人负责副职的目标设定、考核评价、反馈沟通；在薪酬分配上，职业经理人在单位总包内自主确定副职的年度绩效工资；在干部任用上，职业经理人对副职具有提名权和推荐权。

（5）强化党性教育和领导力培训。深入贯彻落实党的十八大、十八届历次全会精神和习近平总书记系列重要讲话精神，通过集中培训、专题研讨、中心组学习、网络培训、在职自学等形式，实现了职业经理人党性教育的全覆盖，切实增强职业经理人的党性修养和理论水平。紧扣交通银行深化改革、转型发展目标任务，充分利用境内外的培训渠道，依托“交行—汇丰 1+1”合作，持续举办专题研修班，拓展职业经理人全球视野，启发创新思维，强化风险意识，打造推动改革发展的坚强领导核心。

2. 实施效果

（1）初步形成了一支数量稳定、结构合理、素质较高的职业经理人队伍。从现有 64 名职业经理人队伍人员结构来看，省直分行 33 人，直营机构 11 人，海外机构 14 人，子公司 6 人；男 51 人，女 13 人；学历层次整体较高，全日制大学本科以上学历占比 70.31%，硕士研究生以上学历 29 人，占比 45.31%；年龄梯度合理有序，50 岁以上 40 人，40~50 岁 21 人；来源渠道既符合国有银行实际，又体现市场化方向，内部培养 61 人，占比 95.31%，外部引进 3 人，占比 4.91%。整体队伍保持了一定的更新率和淘汰率，先后有 35 人通过新聘和改聘方式进入职业经理人队伍，5 名职业经理人因业绩不达标或违规违纪实行降级，35 名职业经理人提前解聘、退出职业经理人队伍，真正实现了“优胜劣汰、优进绌退，能上能下、能进能出”。

（2）初步形成了“薪酬与业绩挂钩、延期支付与风险挂钩”的分配结果。以 2016 年为例，单位经营业绩排名靠前或提升较大、个人考核评价优秀的职业经理人，薪酬增幅最高可达 19%；单位经营业绩排名靠后或下降较大、个人考核评价一般或欠称职的，薪酬降幅最大为 15%；绩效优异与绩效落后的职业经理人，薪酬水平差距最高可达 3.9 倍，真正实现了“能高能低、能增能减”。2015 年延期支付制度推出以来，职业经理人统一采用“年度绩效工资的 30% 分三年等额兑现”方式，共有 7 名职业经理人因不良资产责任、党风廉政建设责任等原因受到绩效工资止付处理，有效发挥了薪酬在风险管控中的导向作用。

（3）初步形成了一套符合交通银行实际的“契约化管理、目标化考核”机制。一方面，落实“契约化管理”要求，建立起职位聘任责任书签订制度。制定《职业经理人职位聘任责任书》，约定聘任职位、聘任期限、绩效目标、考核方式等，作为契约化管理的重要载体，真正体现单位与职业经理人的平等主体地位。规范责任书签订流程，根据职业经理人任职调整情况，及时动态完成职业经理人的聘任、改聘和解聘工作。另一方面，细化“目标化考核”规则，出台《经营单位 D 职等职业经理人及管理人员年度考核分配办法》，统一规范考核分配的内容、方式、流程及管理要求。一是签订年度绩效目标，作为职年度业经理人年度考核分配、职位聘任调整的重要依据。年度业绩考核围绕效益、发展、质量等维度设置指标，比对市场及行业水平设定目标值，引导职业经理人关注业绩达成。二是加强绩效全流程管理。逐年更新职业经理人年度业绩目标，动态跟踪业绩达成进度，组织开展半年业绩回顾，发出业绩提示单，反馈各项指标实际达成和系统内排名，严格按协议约定和业绩达成实施年度考核评等。三是加大激励约束力度。职业经理人的年度绩效工资分配紧密挂钩业绩达成，严格执行考核的“一票否决制”和薪酬的“延期支付制”，加大目标考核与职位的挂钩力度，对远未达成约定业绩目标的职业经理人，可提前解除聘任合同。四是赋予职业经理人对副职的考核决定权和薪酬分配权，实现责权利的统一。制定副职考核分配的原则性指引，规范对副职考核分配的管理要求，指导职业经理人做好对副职的目标设定、业绩回顾、考核评价、薪酬分配等工作。

职业经理人制度的稳步施行，得到了广大干部员工的肯定支持和积极拥护，也较好地带动和促进了全行经营管理和业务发展。在息差收窄、资产质量下迁压力较大的不利局面下，交通银行认真贯彻落实中央经济工作会议精神和中央关于做好金融工作的各项部署要求，紧紧围绕改革发展转型中心任务，拼搏进取、攻坚克难，业务运行总体平稳。截至2017年6月末，集团资产总额达8.93万亿元，较年初增长6.3%；全行不良贷款余额660亿元，比年初增加36亿元，不良贷款率为1.51%，较年初下降0.01个百分点。2017年上半年集团实现净利润约389.8亿元，同比增长3.49%，较上年同期提高约2.59个百分点。主要核心监管指标均符合监管要求。

（二）深化推进D职等职业经理人制度

1. 研究适当扩大D职等职业经理人范围和完善市场化选聘机制

根据经营管理需要，以前台经营管理岗位为重点，在D职等正职业经理人的基础上，分批确定、逐步扩大职业经理人岗位，对聘任这些岗位的内部经营管理人员，实行身份转换。充分运用市场渠道，拓宽职业经理人来源，加大外部引进力度，从全球范围、行业领军人才中，选聘职业素养高、专业能力强、管理经验丰富的职业经理人。在具体操作程序上，建立D职等职业经理人选聘考评委员会，采用市场化的选聘方法，从综合能力、专业素质、职位匹配度等方面，进行综合评审、择优遴选。研究建立职业经理人市场化选聘机制，实施专家职业经理人计划，重点引进专业性强、技术含量高、自身不易培养的专家领军人才。

2. 强化职业经理人改革发展和党的建设“一肩双挑”

作为中管金融企业，要坚持将从严治党这条主线贯穿各项工作的始终。推动作为党组织书记、经营管理主要负责人的职业经理人，始终坚持抓好两个主业，一手抓党的建设、一手抓改革发展。既当好书记又当好行长，把书记的角色挺在前面，切实担起从严治党的主体责任。将党建工作与中心工作一起研究、一起部署、一起考核，以党的政治优势、组织优势提升交通银行的发展优势和竞争优势。坚持从严治党必须与改革发展相结合，防止出现“两张皮”。把加强党的领导，体现到贯彻中央经济金融方针政策，全力服务实体经济，提高经营效益和竞争实力，保持利润稳健增长、资产质量基本稳定、不出重大案件上，以改革发展成果检验从严治党的实效。

3. 进一步完善“契约化管理、目标化考核”机制

健全职业经理人聘期考核制度，落实D职等职业经理人聘期履职考评，从聘期业绩达成、履职情况、依法合规等方面，对职业经理人做出综合考核评估，作为续聘、改聘或解聘的主要依据，真正实现职业经理人职位能上能下。开发职业经理人绩效管理平台，依托EHR系统，从目标签订、业绩回顾到考核评价，形成职业经理人业绩达成的完整记录，提供全流程的管理平台，为职业经理人年度考核分配、聘期履职考评及职位调整提供客观依据。严格实行薪酬分配与业绩挂钩、延期支付与风险挂钩、目标考核与职位挂钩的“三挂钩”机制。完善绩效工资延期支付制度，平衡好收入当期性和风险滞后性关系。积极探索建立股权激励、长期持股计划等中长期激励机制，形成企业与职业经理人之间的利益共享。

4. 完善培训培养体系，持续提升职业经理人综合能力和职业素养

推动建立分层分类的培训培养体系，按照“缺什么补什么”的原则，注重育用结合，采用多种方式，实施个性化培养。对聘任为职业经理人的内部管理人员，对照岗位任职要求，结合自身能力特长，加强培训和辅导，重点提高专业素养、管理能力、创新能力、战略思维和领导能力。对外部市场引进的职业经理人，加强企业文化和价值观的引导，增强忠诚度和归属感。对兼任党内职务的职业经理人，强化党建工作责任和持续培训，提高基层党建工作能力，毫不动摇地坚持党的领导、加强党的建设，守住国有企业的“根”和“魂”，牢固树立“四个意识”，坚定

自觉地在思想上政治上行动上同以习近平同志为核心的党中央保持高度一致。及时总结制度设计和推进中的经验做法，加大对外宣传力度，在全社会为职业经理人队伍建设营造良好的舆论环境。

二、职业经理人制度与企业家精神塑造

（一）建立职业经理人制度的重要性及必要性

就大型商业银行而言，在全面深化改革的大背景下，如何更好地发挥好高级管理人员应有作用和贡献，保证党和国家方针政策、重大部署贯彻执行，推动企业做强做优做大，是当前一项重要任务和课题。职业经理人制度对于赋予企业高级管理人员经营管理责权利，增强激励约束作用，促进高管人员进取和创新，培育责任、担当的企业家精神，提升企业经营活力与市场竞争力具有十分重要的意义。

（二）培育交通银行职业经理人的国有企业家精神

交通银行职业经理人从本质上讲是国有资产的高级经营管理者，符合国有企业家的基本特征。当前，中央和国家高度重视培育和弘扬企业家精神，2017 年 9 月，中央印发了《关于营造企业家健康成长环境弘扬优秀企业家精神　更好发挥企业家作用的意见》。对于国有企业家而言，更应积极肩负起时代责任和历史使命。因此，要以健全完善职业经理人制度为基础，大力培育和弘扬具有时代特征的国有企业家精神。

1. 社会主义国有企业家的内涵

企业家这一术语最早源于 12 世纪法语中。根据目前主流定义，企业家是通过对企业生产环境进行分析并对企业发展路径进行把控，在降

低企业面临不确定性的同时，提升产品和服务，并为企业创造价值的卓越经营管理者。从本质上来讲，“企业家”是一个抽象的概念，不同于董事、经理等具体职务，也不是一般意义上的企业管理人员，是指在企业经营管理实践中取得卓越成果的优秀群体和领导人才，是生产力发展中不可或缺的要素之一。社会主义国有企业家，则是指在社会主义政治经济条件下，从事国有企业经营管理活动的优秀组织领导者。除具备一般企业家的普遍内涵外，还具有以下特殊内涵：第一，是坚定地走中国特色社会主义道路的企业家；第二，是国有企业内部组合配置各类资源的主体；第三，是带领国有企业做大做强，推动国民经济重点支柱产业发展的中坚；第四，是推动国有企业实施“走出去”战略，开拓国际新市场的主力；第五，是确保国有企业贯彻落实中央宏观调控政策，维护经济社会稳定的骨干。社会主义国有企业家是推动国有企业发展的重要力量，是国有企业的灵魂。

2. 社会主义国有企业家精神的塑造

企业家的天职是进取和创新，企业家精神则是社会最重要的精神财富之一，是经济社会转型发展的重要驱动力。概括而言，企业家精神，是一种责任和担当精神，是敢为天下先、敢于第一个吃螃蟹的开创精神，创新、责任、执著和担当是企业家精神的灵魂。据世界著名管理咨询公司埃森哲统计，在与 26 个国家和地区几十万名企业家交谈中，有 80% 的人认为，企业家精神是企业组织健康长寿的基因和要穴。我国改革开放近四十年来，正是因为有了一大批具有企业家精神的优秀经营管理人员，深化改革、敢于担当、勇于创新，带领国有企业开创了转型升级、不断壮大、走向世界的发展神话。因此，尽管企业家的培养造就涉及方方面面，但关键是要培育和弘扬具有时代特征的国有企业家精神，特别是在十八届三中全会做出全面深化改革决定的新形势下，尤其要加强国有企业家担当精神和创新精神的培养。这也是交通银行职业经理人锻造企业家精神的重点所在。

3. 新时期国有企业家应具备的关键素质和精神动力

党的十八届三中全会以来，以习近平同志为核心的党中央高擎深化改革旗帜，统揽全局、系统谋划、突出重点、狠抓落实，以极大的政治勇气、智慧和魄力，在关系党和国家事业发展全局的重大制度改革上取得实质性进展，推出一批标志性、关键性改革举措，解决了许多过去被认为解决不了的问题，改革大势呈现出“大潮奔涌逐浪高”的喜人局面。在深化国有企业改革领域，中央提出坚持和完善基本经济制度，以解放和发展社会生产力为标准，以增强国有企业活力、提高国有资本效率为中心，完善产权清晰、权责明确、政企分开、管理科学的现代企业制度，要求全面加强国有企业党的建设，坚持党对国有企业的领导不动摇，强调必须理直气壮做强做优做大国有企业。

习近平总书记在国有企业党的建设工作会议上强调，“国有企业领导人员必须做到对党忠诚、勇于创新、治企有方、兴企有为、清正廉洁”，这是习总书记对国企领导人员提出的基本要求，也是检验国企领导人员是否合格的重要标准。对交通银行各级领导人员尤其是职业经理人而言，“对党忠诚”，首先要忠诚于党的事业，完成好党的工作。不断增强“四个意识”，提高政治站位，落实好从严治党主体责任。“勇于创新”，就是要攻坚克难、推陈出新，突破思维定势，以改革的方法破解发展难题。“治企有方、兴企有为”，就是要在深化改革、转型发展、从严治党过程中有所作为，既要有明确的谋划方略，也要拿出好的方法举措，更要做出经得起检验的实践成果。“清正廉洁”，就是严格廉洁自律，牢记自己是党的人，是党和人民的信任才有了干事创业、实现理想抱负的平台和管理国有资产的权力，始终保持清廉的本色。

习近平总书记指出，国企党员干部是党在经济领域的执政骨干，肩负着经营管理国有资产、实现保值增值的重要责任。这是国有企业家职责所系、使命所在。因此，国有企业家应从企业实际出发，从困难矛盾出发，坚持问题导向，把提高经营效益、增强企业竞争力、实现国有资产保值增值作为各项工作的出发点和落脚点，带领广大干部员工开创改革发展新局面。要自觉贯彻落实党和国家的方针政策和重大部署，以服务实体经济为中心，推动供给侧结构性改革，扶持大众创业万众创新，助力经济转型升级，主动承担起党和人民赋予的政治、经济和社会责任。

国有企业作为国民经济发展的中坚力量，在全面深化改革中要发挥带头作用，模范执行各项改革决策，成为改革的主力军和先行者。要用“创新、协调、绿色、开放、共享”五大发展理念来引领，把新的发展理念体现到政策制定、工作安排和任务落实的各个方面。就国有企业家而言，要紧紧围绕中央深化改革的部署，坚持问题导向，找准改革的突破口和着力点，发扬“忠诚、干净、担当”和求真务实、创新创造的精神，推进国有企业履行政治责任、社会责任与经济责任有机统一，为实现中华民族伟大复兴的中国梦和“两个一百年”目标做出积极贡献。

第二节　建设专家型人才制度

深化改革以来，交通银行全力推进专家型人才建设，将培养建设覆盖主要业务领域的专家型人才队伍作为重中之重，按照“服务发展、以用为本、高端引领、质数并重、统筹协调”基本原则，创新人力资源管理机制，着力打造具有行业竞争力和市场影响力的专家型人才队伍，发挥高层次人才的引领示范作用，推动全行人才建设取得新突破。

一、推进专家型人才建设的重要性和必要性

（一）推进专家型人才建设，是贯彻中央精神的重要举措

人才是经济社会发展的第一资源。深化人才发展体系机制改革，是党中央立足国际国内发展大势做出的重要部署，是全面深化改革的重要组成部分，也是党的建设制度改革的重要内容。党的十八大以来，党中央高度重视人才工作。习近平总书记指出："人才是实现民族振兴、赢得国际竞争主动的战略资源。""要实施更加积极、更加开放、更加有效的人才政策，以识才的慧眼、爱才的诚意、用才的胆识、荣才的雅量、聚才的良方，把党内和党外、国内和国外各方面优秀人才集聚到党和人民的伟大奋斗中来"。交通银行作为中管金融企业，深化人才体系机制改革，大力推进专家型人才队伍建设，是贯彻落实中央决策部署，顺应新时代发展浪潮，确保党和国家的事业取得决胜的重要举措。

（二）推进专家型人才建设，是交通银行转型发展的迫切需要

人才是交通银行改革发展的基础。商业银行经营具有很强的专业性，要做专业、做特色，就必须要有人才。专家型人才是各类人才中业务精深、专业卓著的高层次群体，是银行的核心竞争力。从行业竞争的角度看，商业银行要应对激烈的市场竞争，推动金融创新，迫切需要具有创新意识、国际视野、精湛技能的专家型人才。从交通银行自身经营发展的需要看，交通银行当前正全力推进深化改革、转型发展，积极开展跨境跨业经营，打造财富管理特色，推行"三位一体"经营模式创新、

实施全面风险管理，从资产持有大行向交易型大行转变，转型迫切需要各类专家型人才。推进专家型人才建设，为人才提供更大发展平台，是广纳天下英才，抢占人才高地，提升交通银行核心竞争力的根本保障。

（三）推进专家型人才建设，是补足人才建设短板的有效途径

专业人才队伍不强是当前人才建设中的短板。长期以来，国有企业人才建设中“重管理、轻专业”的问题，在交通银行也同样存在。从人才结构来看，全行精通新市场、新模式、新业态的人才不足、能力不够，特别是在投资银行、同业与市场业务、国际业务、互联网金融等转型发展的重点领域，精深专业的人才更为稀缺，成为交通银行改革发展的瓶颈。从管理机制来看，以往我们的干部管理体系相对健全，但人才管理体系还处在摸索阶段，习惯用管理人员的标准来评价专业人员、用管理干部的方式去管理专业人才，未能充分激发专业人才的活力与创造力。推进专家型人才建设，就是要打破体制机制障碍，尊重人才的成长规律和价值规律，健全完善专家人才才管理体系，打造业务精深、结构合理、素质优良的专家队伍，为深化改革、转型发展、从严治党提供坚实保障。

二、推进专家型人才建设的实践经验

实践中，交通银行紧紧围绕深化改革、转型发展的新形势、新任务、新要求，明确专家型人才建设的总体目标和实施路径，创新体制机制，建立与专家型人才特征相适应的职位体系、培养机制、评审机制和激励约束机制，统筹推进全行专家型人才建设。

（一）明确总体目标和实施路径

2013年，交通银行党委围绕全行转型发展“六个领域、八大业态”，着眼创新发展要求，确立专家型人才建设目标，即实现专家型人才在对公业务、零售业务、同业业务、财务管理、营运管理、风险管理、信息技术、金融研究等八大主体业务领域的领军优势和全面覆盖，力争在2020年打造4 000人的专家型人才队伍。主要措施包括以下几方面。

一是在全行业务条线建立专家职位序列，畅通专业人才成长发展通道。破除“官本位”思想，健全“管理+专业”双序列并行、双通道发展的职业发展路径，打通专业人才发展瓶颈。专家职位体系分为四等八级，包括专员、专家、高级专家、资深专家四等八个层级。

二是健全完善业务专家管理体系，打造业务精深、结构合理、素质优良的专家队伍。围绕推进“两化一行”战略和转型发展对业务专家的需求，抓好选、育、评、聘、管五大环节，采取“重点开发、分类培养、统一评审、择优聘任、集中管理”的方式，完善选拔、培养、使用、评价、激励制度体系，推动各类业务专家持续成长，协调发展。

三是建立开放包容、吸引集聚专家的政策制度，广纳天下英才。坚持自主培养为主，市场引进为辅，充分发挥外部引进对建设专家队伍的重要作用，运用市场化的引进机制，按照高端引领、按需引进的原则，面向国内外引进重点领域紧缺适用专家。拓宽引进的视野和渠道，丰富引进专家的方式，完善对引进专家的契约化管理。以包容文化和开放心态用好用活引进专家，鼓励引进专家积极发挥作用、做出贡献。

四是创新机制，构建舞台，不断激发专家创新创造、施展才华的生机活力。健全专家考核标准和评价体系，用市场化的绩效评估和计量标准，考核专家的创新成果、业绩贡献和行业地位。完善分类分层的专家培养体系，实施差异化的薪酬激励机制。打破人才培养使用“部门化”壁垒，畅通业务专家流动渠道，建立优进绌出、动态调整的内部流动机制，为各类专家干事创业和实现价值提供机会和平台。

五是坚持“三个统一”，确保专家型人才建设有序推进。首先，统一资质标准。按照统一标准、尺度，分层分类建立专家资质标准。各类专家应具备硕士研究生及以上学历、相关行业和条线认可的专业资质证书、相应的专业（管理）任职年限、良好的专业表现和绩效贡献、适当的年龄要求，达到行业认可的专业水平。其次，统一评审制度。在总行层面，组建专家资质评审小组，由总行党委组织部负责召集，相关条线部门主要负责人、行内外资深专业人士组成。通过书面评议和无记名投票相结合的方式，对专家专业能力和贡献进行集中评定。专家、高级专家、资深专家的资质获得，均由总行评审小组统一评审。最后，统一聘任制度。专员实行晋升制，后备库人选经专业培养考核，合格的晋升为专员。一级、二级专家，三级高级专家实行评聘制。对获得专家资质的人员，由总分行综合考虑申报人所获得专家资质、条线推荐意见、绩效考核结果及专家职位空缺等情况择优聘任。一级、二级资深专家，一级、二级高级专家的聘用由总行党委讨论决定。

（二）完善专家型人才管理机制

为构建统一规范的专家型管理体系，交通银行建立了“四个一”的制度体系，即“一个方案、一个意见、一个规划、一个办法”。2014 年、2015 年相继研究出台了《专家型人才队伍建设方案》、《关于专家型人才队伍建设的意见》，对专家型人才队伍建设的重要意义、总体原则、选育方式、评聘程序及管理使用提出要求。2016 年制定了《“十三五”

时期专家型人才队伍建设规划》，提出了五年培养 4 000 名专家型人才的重点任务、主要领域和结构摆布。对建立专家型人才培养体系，完善专家型人才资质标准和认证机制，畅通管理、专业双序列专家型人才职业发展通道，以及打造独立的专家型人才管理体系做了部署安排。2017年出台了《交通银行专家序列职位聘任管理办法》作为推进专家人才队伍建设的基础性、规范性文件，包括对专家序列职位体系、资质标准、评聘流程、岗位职责、薪酬考核、管理使用等方面具体制度规定。具体而言，把握以下几个方面。

1. 建立专家型人才职位体系

在与现行管理序列职位体系衔接的基础上，按照“名称简明规范、职等清晰有序、职级跨度适中、体现充分激励”的原则，在转型发展密切相关的八大条线，建立了“横向可流动，纵向有晋升”的四等八级专家型人才职位体系，健全“管理 + 专业”双序列并行的职业发展路径，拓宽专业人才发展空间。交通银行专家序列职位体系主要有以下几点考虑。

不改变现行的职位职级体系，同时又兼顾职级的延展性，与现行干部分级惯例直接对应，职级较为清晰。

对不同层级的专家职位在选拔范围、聘任人选的定位上各有侧重，为全行优秀年轻人才成长搭建了较为合适的发展通道，也为专业序列和管理序列的转换设计了路径。

整个专家职位共分为四等八级，职级跨度幅宽适中，评审聘任较为简便。在具体设置上，资深专家、高级专家职位均属 D 职等职位，其中一级、二级资深专家对应 D 职等正职；一级、二级高级专家对应 D 职等副职，资深专家、一级 / 二级高级专家主要考虑从总分行 D 职等管理干部中转聘。三级高级专家及各级专家职位将作为培养专家型人才通道，强调年轻化专业化，重点从综合素质高、业务基础好、发展潜力大的优秀青年人才如管培生队伍中选拔培养。其中三级高级专家对应总行副部门级机构副职，一级专家对应C职等正职管理干部，二级专家对应C职等副职管理干部。专员职位是专家序列职位的入门和基础，主要从全行专业序列队伍中优秀年轻人员选聘。

2. 加强专家人才培训培养

按照五年建设目标和年度培养计划，遵循“严格准入、名单管理、专项培养、动态调整”的原则，交通银行按八个专业领域，在2014年、2015年和2017年共选拔了2 200余名专业素养较好的总分行B职等人员，纳入专家后备库。从中再遴选出1 200名专业基础扎实、培养潜力较大、工作实绩突出的专业人员作为后续培养对象，以提升专业实战能力与强化综合素质为目标，开展专项培训。培训启动以来，总行人力资源部和交银金融学院坚持“专业深、技能精、素质高”的培训标准，充分发挥新型教育培训体系的体制机制保障作用，统筹规划，严格标准，重点围绕更新理念、创新业务、优化流程、管控风险、创新工具、职业素养等方面，配置了前沿性、实用性、专业化、模块化的培训内容。精选业界高端师资和行内资深业务骨干，有效运用案例研讨、模拟演练、互动交流、课题研修、观摩体验、导师带教等多元化培训方式，开展内容讲授和带教辅导，收到了积极成效，为全行专家型人才培养开了好局，为推进专家型人才队伍建设奠定了扎实的基础。

（1）精心准备，统筹施训。根据全行专家型人才队伍建设的总体任务要求，人力资源部、交银金融学院与相关业务部门深入沟通，统筹制定专家型人才培训规划，采取总行集中管理、统一调训的方式，分类分批开展专项培训。人力资源部重点负责专家型人才培养工作的整体规划、进度计划、后备遴选、协调推进。各板块条线重点负责制订方案、确定内容、选派师资、提供案例、协同实训。交银金融学院重点负责安排培训计划，细化培训方案，优化课程配置，选聘优质师资，创新培训方式，落实培训资源，加强教学管理。在充分准备、周密安排的基础上，成熟一期启动一期，确保专项培训质量高、效果好。

（2）精选师资，因才施训。根据专家型人才培养目标，广开“师”路，瞄准前沿，多渠道选聘优质师资。

从业界资深专家中精选师资。邀请监管部门、行业协会和金融同业的相关领导、有关专家，以专题讲座方式，开展政策解读、趋势研判和成功做法分享。

从境内外知名机构中精选师资。邀请 IMF（国际货币基金组织）、ICC（国际商会）等国际组织，以及知名院校、科研院所的专业人士和专家学者，传导前沿理念，讲解专业规则，解剖行业标杆，启迪专业思维。

从优质合作伙伴中精选师资。邀请咨询顾问公司、培训专业机构、交通银行重点客户的资深顾问和高管人员，分析典型案例，模拟实战场景，传授专业方法，提高实战能力。

从行内工作骨干中精选师资。积极指导相关条线部门选派优秀管理干部和资深业务骨干，具体解读转型创新的重点任务，承担跟岗实践的带教辅导。其中，资产负债、私人银行、授信管理、信息技术管理等部门由正副总经理担任带教导师。

从交银金融学院选派授课效果好、辅导能力强、比较熟悉业务的优秀专职培训师担当项目经理，全程参与培训设计、课程配置、师资选择、教学管理，主持研讨交流、演练点评和成果展示。

（3）以专为本，分类施训。交通银行专家型人才培训根据转型发展的重点领域，紧盯专业前沿，突出专业精深。以条线板块为点，以专业归类为线，以提高专业素质和解决实际问题能力为目标，分类实施差异化培训。

在对公板块专家人才培训中，以案例分析和营销演练为重点，邀请跨国公司财务总监从客户需求角度，阐析现金管理、投融资、供应链金融、跨境金融等服务需求，引导学员加深对“做大做综合，做强做专业”的理解。

在零售板块专家人才培训中，针对业务模式变革、业务渠道建设等重点课题，从大零售角度引导学员跳出条线，拓宽专业格局，围绕个人客户综合化财富管理需求，模拟服务方案营销，设置难题场景，开展实战演练。

在同业板块培训中，突出了新型同业业务和资管业务的创新实践，加强投研分析、产品设计和营销策划专业能力培训，引导学员紧盯市场前沿，适应新业态，捕捉新增长点。

在营运条线培训中，将营运管理变革与“531”工程上线紧密结合，开展重大项目工程观摩带训和任务实训。

在授信条线培训中，紧扣信贷管理关键环节，邀请业内资深信贷专家开展个案分析、模拟审贷。

（4）创新方式，多元施训。在专家型人才专项培训中，打破常规思路，紧贴专家人才业务特点和专业特长，大胆创新培训方式。

一是在培训设计中，配置集中培训与岗位实训、专业培训与跨界拓展、业务技能训练与综合素养提升相结合的多元化培训模块。

二是在计划实施中，发挥板块牵头部门作用，联动条线相关部门，联合设计培训方案，既突出了专业特点，又兼顾了业务关联性。

三是在培训课程中，围绕相关领域专业知识、前沿理念、创新方法及先进工具，着重就新市场、新业态、新业务、新技术、新规则的焦点难点问题，进行深入解读和具体辅导。

四是在教学方式上，采用小班化施训，有机结合课堂教学和现场教学，确保内容聚焦、授课精细、研讨深入。

五是在岗位实训中，普遍采用导师带教的方式，引导学员“干中学，学中干”。

3. 健全专家型人才评审机制

在专家型人才评审实践中，我们重点研究拟订了专家资质标准，从资格条件、专业造诣和工作实绩三个维度对专家人才的任职资格条件及专业能力素质进行界定，确保人才质量、避免队伍异化。同时，为充实丰富人才评价维度，我们除了从基本条件、工作经验、绩效表现等维度以外，把专业知识成果转化（担任总行兼职培训师），工作实绩贡献（承担重大项目、获得重大荣誉奖励成果）纳入评价参考，并指导业务条线结合自身人才队伍的特质，着手建立细化评价模型和具体评分细则。

（1）严格评审标准。资质标准既是人才自我对标的“镜子”，也是引导人才钻研业务、提升专业能力、树立正确导向的“旗子”。专家资质按照基本条件、工作经验、专业技能、绩效表现四个维度设置。其中对于专业能力的界定，一方面，突出对经验积累型专业技能的要求，另一方面，注重对新知识、新业务、新技能以及高等级职业资格证书、创新创造成果的要求，从而为年轻、发展潜力大的人才脱颖而出创造条件。

（2）规范评审程序。资质评审是衡量专家水平的“尺子”，再好的标准和流程，没有严格的评审把关也形同虚设。资质评审应统一集中进行，在流程设计上，重点是要突出总行组织部统筹作用，要强化条线部门专业把关职责。资质评审小组由总行组织部负责召集，相关条线部门负责人任成员，必要时还邀请行内外资深专业人士参加。对参加资质评审人员也要设置门槛，做到择优参评。专业能力较为突出或业绩贡献较大的，可适当放宽参评条件。特别优秀的，还可允许跨层级参加资质评审。

（3）严把转换条件。对于管理干部转入专家序列特别是聘任到上一级专家职位的要严格控制，避免那些能力弱化、专业不强的干部通过安排专家职位享受待遇，导致队伍异化。管理干部转专家，必须满足一定任职条件并通过资质评审关，不能走捷径。

4. 完善专家型人才激励约束机制

紧密契合专家型人才特质，建立有别于管理干部的考核分配机制，强化激励约束，引导专家型人才不断提升专业能力和绩效表现。绩效考核上，聚焦专业知识技能及岗位履职情况，对专家型人才进行严格考核，尤其注重在实际工作研究和重大项目建设中发挥的作用。强化考核结果运用，引入降级退出机制，对年度考核结果不理想的专家型人才，调整至下一级专家职位，甚至退出专家人才队伍。在薪酬分配上，兼顾内部公平性和外部竞争力，比对同职级管理干部水平设定薪酬标准，确保一定的市场竞争力，引导专家人才植根专业、创新超越，为全行深化改革、转型发展贡献力量。

（三）分层分类启动专家型人才选拔培养

根据交通银行党委的决策部署，交通银行已分层分类启动了专家型人才的选拔培养，重点抓好以下工作：

精心选拔，建立全行专员后备库。按照“严格准入、名单管理、专项培养、动态调整”的原则，选拔总分行专业基础扎实、工作实绩突出的 B 职等青年业务骨干，形成专员后备库。2014—2017 年，分三批共选拔 2 200 余名专员后备，为专家选拔培养提供持续稳定的人才补给。

分类施训，提升专业能力。按照“专业深、技能精、素质高”的培养标准，交银金融学院会同各业务部门，逐一制订培养计划。综合运用集中培训、专题研修、跟岗学习、参与项目等多种方式，实施精准化、个性化培养。近三年已完成 22 个条线、近 1 200 余名专员后备专项培训和在岗实践。

统筹整合，面向重点项目选拔人才。整合优化全行各类人才资源，将已完成境内外专项培养并考核合格的 500 名战略性专业人才、98 名分行首席客户经理及 200 余名定岗的总行管理培训生，纳入专家型人才培养工程。

三、推进专家型人才建设取得积极成效

专家型人才建设是一项基础性、系统性工程，涉及人才选拔、培训培养、职位优化、机制创新等各个环节。推进专家型人才队伍建设四年来，交通银行摸着石头过河，不断探索、不断完善，取得了积极成效。

“人才兴行”理念更加深入人心。经过三年多的宣传引导，全行上下进一步明确了专家型人才的定位，掀起了尊重人才、发现人才、人人力争成才的浪潮，“人才兴行”的理念更加深入人心。专家型人才建设的有序推进，在全行形成了重大示范效应，引导全行树立了正确的选人用人导向，不仅有利于分行更好地吸引和保留核心骨干人才，也有效引导全行专业能力强、发展潜力大的年轻员工心无旁骛地进行创新创造，不断加强专业知识学习，提升业务技能水平。

“管理 + 专业”的发展通道更加完善。通过构建“四个层级”专

家职位体系，在转型发展密切相关的八大条线，建立“横向可流动，纵向有晋升”的专家型人才职位序列，真正打通了“管理 + 专业”双序列并行的职业发展路径，破解了“千军万马挤独木桥”的情况，拓宽了专业人才发展空间。

初步形成了一支业务精湛的专家型人才队伍。专家型人才队伍的建立，极大地调动了专业人才干事创业的积极性。目前全行已有 300 余名对公业务专家人才活跃在投资银行、私人银行、国际业务等创新前沿，成为产品设计和市场推广的标兵；100 余名营运管理专家人才在新一代业务处理系统（“531”工程）开发上线、流程优化、内控管理等方面发挥骨干作用；70 余名风险管理专家人才在不良贷款清收、风险排查评估、创新业务管控、营运安全维护等方面起到了关键作用，有力推动了交通银行的改革发展。

第三节　人才培养机制创新

用才之基在储才，储才之要在育才。深化改革推进以来，交通银行围绕人才的培养工作，不断探索创新，形成了英才计划、管理培训生、青年才俊、战略性专业人才、国际化人才等分层分类、定位差异、形式多样的人才培养项目序列。未来要持续推进体制机制创新，破除束缚人才发展的思想观念和体制机制障碍，解放和增强人才活力，构建科学规范、开放包容、运行高效的人才发展治理体系，在注重各类人才领导能力、经营管理、宏观视野、风险防控等能力的培养与提升的同时，强调政治思想引领和党性修养提升。

一、实施“英才计划”，塑造高潜质管理人才

“英才计划”聚焦集团内最具发展潜质的中层管理干部，旨在培养打造未来推动交通银行事业发展的中坚力量，与D职等后备干部、管理培训生项目共同构成集团未来高级经营管理人员培养储备的梯次体系。根据中央关于加快年轻干部培养选拔工作的有关精神，在研究借鉴国际知名企业经验和做法基础上，结合交通银行实际，于2014年10月启动了交银集团高潜质人才培养项目即“英才计划”。首度引进在领导力发展与人才培养领域全球领先的咨询公司“合益集团”，合作研发具有创新性的高潜质中青年管理干部队伍培养方案。

（一）实施方案

“英才计划”面向全集团选拔教育背景好、综合素质高、最具培养发展潜质的高级经理级干部，打造未来推动交通银行事业发展的高管人才。培养方案分“发现—发展—实现—升华”四个步骤逐年推进，每期选拔若干人，培养期为三年。采用集中培训、跟踪辅导、岗位历练相结合的培养方式，重点进行潜能开发、领导力突破、决策力提升和国际视野拓展，提升跨领域思维、矩阵领导力和平台建设能力。具体按照建档管理、测评访谈、人才盘点、集中培训、跟踪辅导、轮岗历练、成果检验等步骤实施。主要做法有以下几点。

（1）统一建档管理，对培养对象实行培养期档案管理，一人一册建档，记录发展过程，为今后选用干部提供参考。

（2）开展测评访谈，综合运用多维度能力测评、GFI潜质因素测评、战略与组织效能测评方式，识别培养对象的潜在能力和可发展空间。对每位参训学员进行个人行为事件访谈，形成个人评估报告，开展一对一

辅导反馈，帮助学员准确认知自我，激发潜能，从而形成发展动力。

（3）实施集中培训，侧重学员在跨领域思维模块、矩阵领导力模块、平台建设能力模块和开拓视野模块的能力提升。通过创新密码、行业趋势分析、移动互联网金融实践考察、感知世界、“移动金融”主题任务等内容的学习，增强学员掌握通盘考虑、迅速整合组织资源、打造团队文化、在组织内施加有效的领导力和影响力等能力。

（4）聚焦问题解决，在培养期间组成若干任务小组，结合培训所学，从交通银行业务的实际需求和挑战出发，设计一个主题任务，在内外部导师的帮助下不断进行分组研讨、资料搜集和相关实践，形成任务方案，并在实际工作中检验、完善方案成果，成为相关业务新思路新规划在交通银行内部的“先锋实践队”。邀请优秀学员参加由行领导出席的圆桌论坛，为各项业务创新驱动、转型发展献计献策。

（5）持续跟踪辅导，指定学员所在单位或部门负责人为导师，与学员制订未来3年的发展行动计划，定期进行导师谈话，帮助学员提升领导力及工作表现。邀请资深人力资源顾问对学员持续进行个人和团队辅导，通过在培养活动中的持续观察，帮助学员及时总结、反省自身优劣势，吸取经验不断提升。

（6）加强轮岗历练，结合学员工作绩效表现与阶段性个人评估报告，安排部分优秀学员开展一年左右的轮岗历练，通过多岗位历练切实提升领导力。

（二）项目成效

经过三年建设，英才计划逐步形成一套行之有效的高潜质青年管理人才选拔识别方法，初步建立了涵盖领导力发展、商业模式转型、创新变革等与交通银行业务发展紧密相关的培养课程体系，总结摸索出一套形式有效多样的能力素质发展手段。

项目设置持续优化，行内影响力不断扩大，得到行内各级领导和青年干部人才越来越多的重视关注。“英才计划”自 2014 年启动以来，已有 113 名英才学员参加了共计 11 次集中培养，其中第一期 36 名学员已完成 3 年培养任务， 2017 年 10 月启动的第四期选拔，报名人数突破 220 名，40 名入选学员的质量进一步提升。

培养发展和培训管理模式更加完善。在各阶段培养方案中，明确阶段性培养主题及目标，并注重培养内容的前后衔接性和能力素质延展性。在项目管理上，创新引入 APP 掌上学院，实行每日电子签到管理、课程预习推送、学习积分排名等学习发展手段，促进学员线上线下同步学习，极大地提高了班级管理效率，增强了学员学习主动性、紧迫性、计划性，取得了良好效果。

学员成长发展结果逐步显现。经过一段时间的系统化培养，学员们综合能力得到较快提升，在各自岗位上取得较好的工作业绩，2016 年共有 18 名英才学员获得职位晋升，9 名英才学员入围总行 D 职等干部公开遴选最终面试阶段，3 名提任至 D 职等副职岗位，在新的岗位上为交通银行深化改革、转型发展做出更大贡献。

二、推进管理培训生项目，度身打造未来卓越管理者

管理培训生项目是交通银行人才引进与培养史上的重大改革。2005 年，交通银行在国有金融企业中率先启动并持续实施管理培训生项目，迈出了交通银行人才队伍培养和建设改革创新的重要步伐，为新形势下国有企业应对日益激烈的人才竞争，提升对优秀青年人才的吸引集聚和

科学培养能力探索了一条崭新道路。管理培训生项目推出 12 年来，始终秉承“高起点、高定位”的培养要求，突破论资排辈的观念，为优秀青年人才快速成长提供竞争性职业发展通道，也为改善基层经营管理人才队伍结构、促进中高级管理人员整体素质提升打下了良好基础。

（一）实施方案

交通银行的管理培训生项目，借鉴汇丰银行等国际一流金融企业的人才选拔、培养和使用机制，结合自身管理实际，在交通银行的实践沃土上成功落地。项目采用国际先进人才招聘培养模式，通过 AC 评估工作坊选拔最优秀的人才，通过 2~3 年在总行、分行、支行及境外机构的轮岗轮训，不断强化业务知识和领导才能，为交通银行中高级管理干部和专家型人才储备力量。项目推进中，重点抓好以下方面。

1. 推进“三个创新”，探索人才培养新路径

创新甄选方式。采用科学的人才测评工具，面向国内外知名高校，通过校园宣讲、网络报名、简历筛选、文字数理笔试、能力素质面试、职业性格测评、评价中心评估等创新手段，基于交通银行高级管理人员能力模型要求，挑选思想素质好、学习能力强、具备良好管理和发展潜质的优秀学生作为管理培训生培养对象，为培养高素质中高级管理后备人才奠定了基础。

创新培训方式。集总、分行培训优势和海外机构的培训资源，通过 18 个月基层轮岗实习、6 个月海外实务轮训、12 个月总行项目实践（后调整为 12 个月 +6 个月 +6 个月），进行全面、系统的培养。培养计划按照交通银行经营管理人才职业发展目标，采用国际上提升员工能力的最新培养模式，通过岗位轮换、业务带教、绩效反馈和学习培训等相结

合的方式，使管理培训生熟悉了解个金、公司、资金、授信、风控和财务等银行业务，深入掌握前、中、后台1~2个领域的专业技能和管理实务，不断提升个人素质和领导才能，为后续职业生涯发展打好坚实的基础。

创新使用方式。三年职业培养后，交通银行将根据全行改革发展目标和管理培训生的能力素质，考核选拔管理培训生到基层经营管理岗位任职，并将保持跟踪关注，定期了解掌握他们的工作、学习、生活情况，提供持续的职业生涯辅导，使之逐步成长为交通银行的中高级管理后备人才。“高起点、高定位”的培养特性，突破了论资排辈的观念，为优秀青年人才快速成长提供了竞争性职业发展通道，也为改善交通银行基层经营管理人才队伍结构，促进中高级管理人员整体素质提升充实了后备力量。

2. 坚持“三个结合”，注重人才全面发展

思想教育与业务培训相结合。开展系统、全面、规范和严格的现代商业银行经营管理实务和专业业务培训，为管理培训生胜任基层经营管理工作打好基础。同时教育引导管理培训生认真学习政治理论和党的各项方针政策，增加红色基地现场教学，坚定理想信念，树立正确的人生观、价值观，培养高尚的思想道德情操和依法合规经营意识，增强对交通银行事业的忠诚度。

理论辅导与实务训练相结合。突出现代商业银行经营管理基础理论、运营规律和前沿理念的培养熏陶，着力提升管理培训生政策水平和理论素养。同时注重以实践操作检验理论学习成果，突出抓好基层经营管理实务的训练和培养，使管理培训生真正承担责任，贴近市场，接触客户，熟悉产品、制度、流程和营运风险，不断提高管理实务水平。

学习提高与创新发展相结合。充分发挥管理培训生学习能力强、思维活跃、综合素质较高的优势，引导管理培训生在学习、实践的同时，多观察、勤思考，积极开展调查研究，为交通银行经营管理和改革发展

积极进言献策。同时，也将管理培训生研究成果作为考察管理培训生知识结构、兴趣爱好、培养成效和发展潜质的重要依据，指导和帮助管理培训生规划自身职业生涯发展。

3. 完善“四项制度”，确保人才培养实效

完善实习报告制度。在管理培训生各个阶段实习结束时，均要求提交实习报告，检验阶段性学习实践成果，提高理论联系实际能力、独立思考能力和创新思维能力。

完善导师教练制度。承担管理培训生培养任务的省分行和海外分行，分别确定 1 名管理水平较高、业务经验丰富的副行长，总行培养部门各确定 1 名副总经理担任管理培训生导师，承担传授管理经验、推进计划实施、检查教练工作以及管理培训生考核反馈等职责。各分行和总行部门相关高级经理和支行行长作为带教教练，负责对管理培训生进行业务指导，传授业务知识、实操技能和管理技巧。定期举办导师教练培训班和经验交流会，给导师、教练提供经验交流和共享的平台，促进导师教练队伍整体水平的提高。

完善考核反馈制度。各个培养锻炼阶段结束后，导师、教练和总行人力资源部管理培训生项目组将按各自考核权重对管理培训生学习、锻炼情况进行考核评分，并以此确定每名管理培训生的年度考核等第。考核情况将由导师或总行人力资源部向管理培训生进行逐一反馈，以帮助其查找不足，明确努力方向。三年培养期结束后，对忠诚于交通银行事业、表现优秀并具备较强发展潜力的管理培训生，将给予更多的职业方向选择和更快的职位晋升政策。

完善激励保障制度。为吸引和凝聚优秀人才，免除管理培训生后顾之忧，交通银行为管理培训生提供健全保障，在编制归属、合同期限、落户办理、住宿安排、职位设置、职级晋升、培训投入等方面，出台了

一系列有针对性的政策，定期对标同业市场，确保管理培训薪酬待遇具有较强市场竞争力。

4. 注重持续培养，引导职业发展

经过 3 年的集中培养，管理培训生虽已具备一定的政治思想基础、业务知识基础和实务操作基础，但仍欠缺基层和艰苦环境历练，业务深度还不够，理论结合实践能力，特别是应对复杂疑难问题的能力还不够强，队伍整体成长发展速度与项目培养目标和总行党委要求相比还有一定差距。

在推进总行管理培训生招聘培养的基础上，根据项目建设持续管理和实践导向的要求，2015 年在管理培训生项目创立十周年之际，启动了管理培训生持续培养项目，加强对定岗管理培训生持续培养和跟踪管理，实施职业发展路径规划，加快培养优秀经营管理干部和青年业务专家。对重点培养对象实施名单制管理，逐一量身定制培育计划和职业发展路径图，给予持续跟踪关注，综合采取优先安排到基层挂职锻炼、组织境内集中研修等一揽子举措进行强化培养，加快选拔管理序列干部，畅通专家序列发展路径。每年选定两期定岗工作 3 年以上的管理培训生作为持续培养重点对象，组织开展集中研修活动，重点加强党性教育、管理能力等方面培训。定期召开定岗管理培训生座谈会，了解管理培训生到岗后的学习生活和发挥作用情况。牵头定期举办管培论坛和活动沙龙，建立管理培训生日常交流微信平台，方便不同岗位、不同地域管理培训生之间及时交流业务工作信息和实践工作经验，加强管理培训生队伍之间横向纵向联系，切磋思路，增强团队黏性，提升凝聚力。切实加强道德操守和职业忠诚度教育，组织管理培训生持续接受政治理论、理想信念、党史党风党性党纪教育，进一步坚定理想信念、激发奋斗精神，不断提高队伍整体思想政治素养。

（二）项目成效

项目推进十二载以来，在行业内树立起别具一格的品牌形象，取得了积极成效。

持续为交通银行事业输送了大批优秀人才。先后招收 12 期、共 374 名管理培训生；目前已有 10 期完成培养，共 274 名管培生定岗在交通银行工作，遍布在总行、省直分行及子公司相关岗位上，从事业务领域专业能力、创新能力、协调能力要求较高的岗位，其中已有 3 名优秀的管培生经过实践磨炼，升任至部门管理岗位。

社会影响力持续提升，受到广大毕业生的热烈追捧。依托管培生项目，交通银行连续多年获得上海交通大学等多所高校“最佳雇主”称号，管理培训生持续培养项目也获得中央金融团工委、全国金融青联“金点子方案”优秀奖。

三、打造“青年才俊”工程，深挖高学历人才潜能

“青年才俊”工程聚焦交通银行集团内的高学历、高素质青年人才，着力提升人才创新能力和发展潜力，为交通银行未来一个时期改革创新、转型发展提供充足的智力支撑和人才保证。根据中央“青年拔尖人才支持计划”，结合本行实际，交通银行自 2015 年开始实施“青年才俊”工程。每年从省直分行、海外分（子）行、子公司、总行部门选拔若干名全日制博士研究生、博士后，实施为期两年的持续跟踪培养。

（一）实施方案

青年才俊工程坚持以人为本，把创新实践能力的培养贯穿项目全过

程，以课题研究、方案实施、服务锻炼、拓展提升为主要方式，注重实际工作与专题研究紧密结合，促进理论成果及时转化为实务创新；既重视激发高学历人才的智慧和才干，又兼顾高学历人才的道德及情商修炼，促进情感、性格、沟通协调等非智力因素协调发展，使人才在人格、胸襟、品德、修养等方面获得全面提升。通过成立课题攻关小组、博士服务队、境外鉴学、交流挂职锻炼等形式，着力培养博士的经营管理实践能力和综合素质，不断激发他们的创新创造热情。

业务实操。将培养对象以组为单位，征集主要条线或省直分行当前经营发展过程中面临的问题及未来业务发展亟须破解的难题。各小组结合成员专长和优势，在半年时间内，有针对性地研究设计一套专项解决方案。

博士服务团。以“人岗相宜、重在服务、加强锻炼”为原则，开展交通银行博士服务团工作。由总行党委组织部根据实际工作需要，以“博士服务团”的形式深入业务前沿或分支行基层一线，将前期设计的专项解决方案落地，增长实践才干，解决关键性的实际问题。

境外鉴学。利用国际化的人才培养资源，有重点地安排“青年才俊工程”培养对象参加境外专题业务培训。赴世界知名大学、权威研究机构或一流国际金融集团等，参加专题学习访问。通过实地观摩、现场考察、经验介绍、问题研讨，学习借鉴国际前沿的经济金融理论、企业经营策略、创新理念思维、企业社会道德责任等，加快高层次人才与国际金融行业发展步伐的全方位对接。

选送挂职任职。积极选拔和推荐“青年才俊工程”项目中表现突出、成果明显的优秀培养对象，赴中央部门、地方政府、监管机构、行业协会、专业机构等挂职任职，充分发挥交通银行参与经济金融创新和区域经济发展的重要作用，扩大交通银行影响力，同时进一步提升并丰富高学历人才多岗位、多领域的实践能力和锻炼经历。

（二）项目成效

目前青年才俊项目已成功举办 2 期、共 47 名学员参训，取得了积极成效。一方面，帮助广大博士生进一步熟悉业务，提升能力，促进理论与实践深度融合。项目针对青年才俊培养对象学历层次高、研究能力强的特点，组织才俊学员赴基层开展调查研究，按照“课题选择—方案设计—行动落实—服务实践—任务达成”五个步骤有序推进实践活动，在帮助解决基层实际问题的过程中，有效提升了学员的创新能力和执行力。另一方面，构建交流共享平台，有效提升了团队凝聚力。借鉴英才计划较成熟的培养发展手段，在青年才俊项目中加强培养过程化管理，通过编制每日学习快报，激发学员学习动力，累计收到学员个人成长日记 100 余篇。成功举办 1 期“博士论坛”，交流研究成果，通过行刊、行报、新观点等形式进行推广，进一步增强了学员的团队精神和合作意识。

四、推出战略性专业人才培养计划，抢占专业人才高地

战略性专业人才培养计划聚焦行内业务基础好、思维活跃、视野开阔、具备较大发展潜力的优秀青年业务骨干，致力于培养具有国际视野、综合素质全面、实务技能卓越的专业人才，是交通银行一支重要的基础性、专业型人才储备计划。2012 年，交通银行围绕转型发展目标，启动了战略性专业人才培养计划，计划用 3 年时间，培养 500 名“两化一行”发展战略急需的专业人才。

（一）实施方案

战略性专业人才培养过程坚持前瞻性、系统性和实战性原则，注重理念传导和实践运用相结合，境内培训和境外见习相结合，择优选拔和严格考核相结合，科学培养和合理使用相结合。由人力资源部、交银金融学院及相关单位部门负责人和工作人员等组成各条线培养项目组，建立完善的培训制度。目前已针对私人银行、投资银行、国际业务等转型发展的重点领域，分别制订战略性专业人才培养计划，实施差异化、个性化的培养。

私人银行顾问战略性人才重点选拔具有高端客户维护经验的专业人才，着力更新私人银行服务理念，熟练掌握私人银行核心产品和服务，熟悉国内外前沿私人银行业务的发展策略、运营模式、盈利模式和内控管理。

国际业务战略性人才重点选拔熟悉国际结算、外汇财资、外汇政策等国际业务的专业人才，熟悉国际金融规则和前沿理念，掌握跨境经营管理、金融创新、风险管理等专业技能，提升国际业务专业服务和产品开发能力。

投资银行业务战略性人才重点选拔现从事或拟从事投行业务的人员，着力更新国际先进投资银行运作理念，熟悉国内外前沿投资银行业务的发展策略、运营模式等，培养较为切合业务实际和交通银行需要的投行实务能力，达到具有国际视野、综合素质全面、实务技能卓越的培养目标。在项目推进过程中，重点把握以下四个方面。

1. 做好人才遴选

系统开展人才盘点。建立全行重点领域人才开发名录，明确对各级各类专业人才的近中远期需求数量和专业能力素质要求。以着眼当前需求、满足未来需要为目标，根据各专业队伍现状和人才紧缺程度，逐年研究制订各类战略性专业人才选拔培养计划，不断丰富项目所涵盖的专业领域。加紧研究启动资产管理、市场交易、互联网金融等专业人才培养。

拓宽选材视野渠道。在做好“自下而上”选拔同时，加大组织发现和推荐力度，建立优秀专业人才绿色通道，对在重大工程建设、重点项目推进、重点课题研究中做出突出贡献、取得显著成果的专业人才，经条线部门、所在单位认定和推荐，可以打破学历、任职资历等要求，简化选拔程序。

严把推荐选拔质量。各单位、各部门广泛宣传动员，切实承担起推荐、把关责任，积极支持和选送优秀员工参与选拔。总行人力资源部和相关业务管理部门设定合适的选拔资格条件，丰富甄选评价手段，灵活采取专业笔试、面试评价、素质测评等多种方法准确评估人才培养发展潜质，坚持标准，真正把职业忠诚度高、综合素质好、业务知识扎实的优秀人才纳入战略性专业人才队伍。

优化队伍层次结构。按照全行重点人才工程体系分层分类培养、衔接配套要求和战略性专业人才项目定位，战略性专业人才以 B 职等青年员工为主，占比不低于 80%。兼顾战略性专业人才培养对象在各机构、各地区分布，实行条线管理的专业每年选拔的培养对象中，来自基层业务一线的应不少于 50%。

2. 创新培养形式

科学定制培养计划。按照高效集约原则，根据战略性专业人才培养对象的业务基础、专业类别、岗位特点和工作实际，差异化、菜单式选取集中培训、跟岗学习、在岗实践等培训模块，合理划定各阶段培训时间。

加强培训课程建设。围绕专业性、前沿性、国际化要求，设置与行业发展动态接轨、代表专业前沿水平的专业知识提升类课程。开发适应国情、社情、行情，实用性、关联性强，与实际业务有机结合的实战应用类专业课程。进一步提高师资水平，聘请行业内资深的内外部专家授课，保证培训质量。

创新培训方式。创新运用讲授式、启发式、研究式、体验式、互动式等多种方法，强化案例教学和模拟体验培训。针对跨境、跨业、跨市场三类专业培训，发挥集团优势充分利用子公司、海外机构培训资源，加大选送境外学习实践力度。

做好培训管理和评估。严格执行学员管理制度、学习汇报制度、带教辅导制度和评估考核制度。加强教练队伍管理，签订带教责任书，明确职责要求和考核标准。加强海外培训管理，安排素质过硬、责任心强的高级经理带队，确保培训取得预期效果。加强培训质量评估，从学习成效、技能提升、业绩达成等方面全面评价培训表现和培训成效。

筑牢思想基础。把坚定理想信念作为战略性专业人才队伍建设一项根本任务，将政治思想教育贯穿于培养全过程，教育引导战略性专业人才坚守正确的信仰信念，增强团队荣誉感、岗位责任感，提高职业忠诚度。加强职业道德教育，培养过硬职业操守。加强法律法规、监管规定和行规行纪培训，强化战略性专业人才法制意识、合规意识、风险意识，牢固树立依法经营理念。

注重持续培养。实施战略性专业人才持续培养计划，每年轮动式选择一部分已完成集中培养任务、工作表现优秀的战略性专业人才实施专项培训，巩固前期培养成果，弥补缺失内容。将实践锻炼作为持续培养的重要手段，有计划地安排在本专业各主要岗位之间、本专业与相关专业之间、业务管理部门和基层经营单位之间进行岗位轮转，使人才在实践中拓展知识结构、提升专业素养、增强应用能力。推动战略性专业人才专业知识更新，优先安排战略性专业人才参加行内外各类培训学习，确保每名战略性专业人才每年至少参加一次条线组织的专业知识培训或新产品、新业务培训。

3. 加强队伍管理

落实专业岗位安排。经过培养的战略性专业人才应在本专业持续工作一定时间以巩固培训成果、提升专业能力，原则上 5 年内不得调离本条线。现岗位与培养方向不一致的战略性专业人才，应在集中培养结束后 6 个月内调到相应专业岗位工作。

建立协同管理机制。总行人力资源部负责战略性专业人才队伍全面管理，健全培养档案，定期听取情况汇报，提出具体使用发展建议。各条线主管部门负责跟踪本条线战略性专业人才工作表现情况，通过建立微信群，定期组织论坛、沙龙活动等形式强化对战略性人才的业务辅导和沟通联系。各战略性专业人才所在单位要定期向总行人力资源部提交培养使用情况报告，战略性专业人才岗位调整、工作调动、离职审批等事项须事前报总行人力资源部备案。

切实保持队伍稳定。强化契约约束手段，完善培养服务期协议，明确服务期限和各项培养费用追偿标准。做好战略性专业人才服务保障，加强组织关心，建立定期谈心谈话制度，密切关注人才思想动态，及时发现和化解潜在性、苗头性问题，做好人才保有工作。战略性专业人才流失率将纳入各单位人才工作年度考核。

（二）项目成效

目前首批 500 名战略性专业人才已全部完成培养，大部分学员经过严格遴选，已纳入专家型人才队伍。项目推进中，逐步积累了一套较为有效的青年专业人才培养方法，形成了初具规模的战略性专业人才队伍，取得了明显成效。经过项目培养，学员的综合素质和创新能力有效提升，五年来先后有50名战略性专业人才荣获总分行各类业务竞赛奖项，以及优秀工作者、十佳客户经理、优秀理财师等称号，成为专业领域的佼佼者。私人银行顾问、投行人才等专业人才队伍得到有效充实，国际条线队伍在跨境业务、汇率市场化等专业领域的能力得到有效提升。18%的学员获得职等或职位晋升，其中包括支行行长和副行长、部门总经理及助理等职位，成为交通银行经营管理和转型发展的中坚力量。

五、抓好国际化人才培养项目，夯实国际化人才储备

国际化人才选拔培养项目是列入交通银行“十三五”时期人才建设规划的重要项目。为加快推进国际化战略落地和境外银行机构转型发展，2015年起，交通银行实施国际化人才分层分类培养储备，进一步完善选拔培养机制，优化人力资源保障，满足海外机构各层次、多种类的国际化人才需求。根据交通银行“十三五”时期国际化发展目标，交通银行将继续实施分层分类培养储备，进一步完善选拔培养机制，确保国际化人才培养储备符合全行国际化战略和转型发展的需要。

（一）实施方案

国际化人才选拔培养项目由海外机构管理干部（C职等）、海外机构专业人才（B职等）、国际员工储备生（A职等）三个梯队鲜明、重点突出的子项目构成，旨在为海外分子行培养储备管理干部和业务骨干。其中，海外机构C职等管理储备干部交流培训重点提高国际化经营和

领导能力，培训内容主要包含跨文化沟通与交流、海外机构业务精要、领导力提升等课程。国际员工后备培训重点提高国际化经营和管理能力，培训内容包含专业知识、总行岗位实践、海外培训等。国际员工储备生项目培训重点培养和储备国际化专业人才，提高团队凝聚力，建立职业心态，培训内容主要包含素质拓展、银行基本业务、职业素养等课程。在推进过程中，重点把握以下方面。

优化数量安排。选拔培养若干名C职等干部，定位为海外机构主要业务部门管理干部和业务领军人物；选拔培养若干名B职等专业人才，定位为海外机构专业岗位的骨干力量；选拔培养若干名应届储备生，定位为海外机构的基础岗位人员。

优化专业结构。按照“倾斜前台、加大中台、保障后台”的原则，培养储备公司、国际、资金交易等前台岗位人员若干名，风险合规、授信审查、财务会计、信息技术、人力资源等中后台岗位人员若干名，尤其要增加风险合规、授信审查专业人员的培养储备。

优化培养方式。灵活运用集中培训、岗位锻炼、教练带教、交流任职等方式，注重培养人才的政治素养、专业能力和语言能力，进一步提高海外工作的适应性和履职能力。在培养方式上，针对国际化人才的特点，以跨文化沟通、语言提升和专业技能培养为重点，以外派交流任职为主要方式实施培养，培养周期为2~3年。

优化管理使用。把握各类人才特点，根据专长、特质和潜能灵活用好各类人才。围绕国际化人才的使用、轮调、期满调回等，做好配套人力资源管理，优化职业发展路径，激发人才队伍活力。搭建内部人才流动平台，突破部门和地域壁垒，提高人才配置使用效率。通过建立组织人事部门联系人才、联系专家制度，加强同各类人才的感情交流和日常沟通联系；结合用人薪酬考核制度改革，加大核心人才薪酬与业绩挂钩力度，探索实施人才协议制薪酬；注重人才职业发展规划引导，建立业务专家序列，拓宽专业人才职业发展通道和晋升空间，使专家人才干事有动力、展业有舞台。

（二）项目成效

截至目前，项目已培养储备国际化人才 100 余人，为海外行经营发展输送了大量优秀人才，有效满足了国际化战略推进中的人才补给。第一期国际员工储备生中，已有若干名小语种专业毕业生通过 2 年左右轮岗学习，达到赴海外行工作的要求，顺利分配到相关海外分子行任职。2017 年底，计划再安排一批管理储备干部赴海外交流挂职，助力交通银行国际化战略取得新成绩。

第四节 薪酬机制改革创新

薪酬分配在商业银行经营中发挥核心引领和导向作用，是传导战略导向、优化资源配置、激励约束员工的重要抓手。近年来，随着内外部环境变化和战略转型的深入推进，国有商业银行深化薪酬机制改革势在必行。深化改革中，交通银行坚持业绩导向，把握一次分配和二次分配两大关键，探索完善与效益挂钩的薪酬形成机制和增长机制，建立充分授权、灵活高效的二次分配体系，打破“大锅饭”、“平均主义”，提升薪酬资源配置效率，强化激励约束效果，充分调动员工积极性，发挥薪酬对全行改革发展的引领和保障作用。

一、深化薪酬机制改革的重要意义

（一）深化薪酬机制改革，是完善现代企业制度的重要举措

薪酬分配是现代企业制度的重要组成部分。党的十八大以来，党中央全面推进国有企业改革，指出要推动国有企业完善现代企业制度，深化企业内部“管理人员能上能下、员工能进能出、收入能增能减”的制度改革。2015 年 8 月，党中央、国务院颁布《关于深化国有企业改革的指导意见》，明确指出要完善既有激励又有约束、既讲效率又讲公平、既符合企业一般规律又体现国有企业特点的分配机制；建立健全与劳动力市场基本适应、与企业经济效益和劳动生产率挂钩的工资决定机制和正常增长机制；以业绩为导向，科学评价不同岗位员工的贡献，合理拉开收入分配差距。作为中管金融企业，唯有深化薪酬机制改革，理顺内部收入分配关系，才能充分贯彻落实中央要求，进一步完善规范运作、协调运转的现代企业制度，重塑自身竞争优势，不断提高市场竞争力。

（二）深化薪酬机制改革，是优化资源配置的有效途径

薪酬分配是企业内部资源配置的重要内容。近年来，在经济增速换挡、利率市场化、金融脱媒、行业竞争加剧的背景下，商业银行利润由高速增长进入低速增长区间，薪酬资源增量非常有限，改革薪酬配置机制，优化内部薪酬资源配置尤为迫切、至关重要。面对新形势、新挑战，唯有深化薪酬机制改革，全面完善薪酬的形成机制、增长机制、兑付机制和调节机制，统筹资源、聚焦重点、优化结构、加大杠杆，才能有效提升薪酬资源的投入产出效率，切实将有限的资源分出效益、用出杠杆，突破薪酬资源约束，实现“小预算撬动大产出”，推动全行改革发展。

（三）深化薪酬机制改革，是激励约束员工的重要抓手

薪酬分配是激励约束员工的主要方式。2005 年以来，交通银行推进人力资源改革，建立“以职位职级为基础、以劳动力市场价格为目标、以薪酬自合为纽带”的新型薪酬体系，在调动员工积极性、推动全行业务发展中发挥了积极作用。随着经营环境的变化、市场竞争的加剧和战略转型的推进，改革红利已释放完毕，现行机制已难以适应全行改革发展的新任务和新要求。相比股份制商业银行、互联网金融公司和其他泛金融企业，薪酬的竞争优势逐渐减弱，对人才的吸引、激励和保留带来一定困难。面对激烈的人才竞争，唯有深化薪酬机制改革，打破“大锅饭”、“平均主义”，才能真正实现薪酬的精准配置，有效激励高绩效、高潜能的员工，鼓励先进、鞭策平庸、淘汰落后，激发广大员工干事创业的热情，为改革发展凝聚智慧和力量。

二、深化薪酬机制改革的探索实践

深化考核分配机制改革以来，交通银行始终坚持业绩导向，聚焦薪酬的一次分配和二次分配两大关键，不断完善与效益挂钩的薪酬形成机制和增长机制，探索建立充分授权、灵活高效的二次分配机制，健全薪酬的风险调整机制，强化激励约束，发挥薪酬在业绩提升和风险管控中的导向作用，具体体现在三个方面。

（一）把握一次分配的“总开关”，提高薪酬资源配置效率

一次分配是收入分配的源头，是传导战略目标、明确价值导向的关键，直接决定可分配的薪酬总量和配置效率。围绕薪酬的“一次分配”，

交通银行建立完善了“存量+增量”的形成机制、“挂钩效益和综合考核”的增长机制、“实付与延付相结合”的兑付机制、“内部借支和偿还”的调节机制，优化集团薪酬资源配置，不断提升薪酬资源的投入产出效率。

优化与效益挂钩的薪酬形成机制和增长机制。在经营单位全面推行“存量+增量”的薪酬总额管理模式，建立与经营效益、综合考核“双挂钩”的薪酬增长机制，实现对省直分行、直营机构、海外行、子公司的全覆盖。存量薪酬兼顾历史水平和当期绩效达成，以上年薪酬总额为基础，根据经营绩效考核得分调整确定；增量薪酬聚焦业绩贡献，以经济资本调整后的利润为基础，按利润增量的一定比例提成确定，突出利润指标在薪酬配置中的牵引作用。薪酬总额管理模式的推出，改变了以往管理模式，实现薪酬增长与利润增长紧密挂钩、与人员增长脱钩，引导经营单位树立业绩导向，强化人工成本意识，主动控制人员增长，提高人力资源的投入产出效率。在薪酬总额范围内，充分向经营单位授权，经营单位可根据经营管理需要，自主安排增人增薪、职位晋升、考核激励等各项资源，实现自我管理、自我约束、自我平衡，充分激发经营管理活力。此外，我们还探索建立“全额全口径利润提成”的薪酬总额管理模式，打破存量基数，采取“零基”方式，直接按全年净利润的一定比例计提薪酬总额，进一步加大业绩挂钩力度，强化激励约束。

完善内部借支和偿还的薪酬调节机制。一方面，为熨平薪酬的年际间波动，建立“以丰补歉”的薪酬池调节机制，明确薪酬池存入、取用、借支、偿还等规则。“存”是提前储备资源，“取”是保证激励延续，“借”是满足基本保障，“还”是强调责任约束。通过界定封顶保底的合理区间，设置取用偿还的触发条件，平滑年度间薪酬波动，实现相对平稳的薪酬增长。另一方面，为平衡薪酬的行际间差异，解决总量供给不足、内部配置不均等问题，探索建立内部市场化的薪酬互借机制。按照“平等自愿、有偿占用、契约管理”的原则，在集团内部各经营单位之间，建立薪酬资源短缺单位向薪酬资源宽裕单位借支的机制，采取借入单位付息、总行适当贴息的方式，调动经营单位参与的积极性，实现集团薪酬资源的统筹调度和优化配置。

构建多渠道的薪酬配置机制。目前全行建立了综合考核、专项行动、专项嘉奖等多渠道、多维度的薪酬配置体系，多措并举，多元激励，提高薪酬配置的精准性和导向性。综合考核以经营战略为源头，聚焦效益、发展、质量三大核心，根据利润和综合绩效达成配置资源，是薪酬配置的主渠道和各单位薪酬的主要来源。专项行动聚焦重点领域、重点产品和重点业务，是综合考核的有效补充。近年来围绕转型发展重点，相继推出了公司、零售、同业、国际化、综合化五大板块专项行动，设置业绩指标和门槛条件，专项配置财务资源，根据指标重要性程度实施差异化配置，通过总量控制，鼓励先到先得，引导经营单位聚焦重点、精准发力、创新突破。专项嘉奖针对深化改革、转型发展的突出贡献和重大创新，发挥对创新的培育孵化作用，近年来针对全行级重大创新项目、重大转型工程等，实施专项嘉奖，树立标杆典型，调动深化改革、转型发展积极性。

（二）用好二次分配的“分流器”，激发员工的积极性

二次分配是收入分配的延展，是收入分配在员工个体层面最直接的体现，直接影响薪酬的激励约束效果。围绕薪酬的二次分配，交通银行创新体制机制，努力营造业绩导向的分配文化，创建合理有序的分配秩序，引入灵活高效的方法工具，切实提升分配的有效性，激发员工的积

极性。重点体现在以下方面。

把握关键少数，激发管理人员活力。深化改革中，交通银行以经营单位一把手为试点，建立职业经理人制度，推行“契约化管理、目标化考核”，探索形成“一年考核薪酬能高能低、三年考核职位能上能下”的激励约束机制。在薪酬分配上，突出业绩导向，引入单位和个人两个考核结果，职业经理人的年度绩效工资既挂钩个人绩效考核，又链接单位业绩达成，充分拉开差异，实现能高能低、能增能减。在此基础上，探索职业经理人薪酬改革，对标同业市场，明确达成绩效目标下的年薪目标和业绩挂钩规则,强化收入预期,传导发展责任,激发管理人员活力。

坚持充分授权，激发管理的主动性。在薪酬总额管理的基础上，充分授予各单位绩效工资分配的自主权，允许各单位结合自身实际，自主制定考核分配办法，实施员工绩效工资的二次分配，充分激发经营单位管理活力。在下放权限的同时，加强指导监督和服务支持，出台二次分配指导意见，指导经营单位坚持业绩导向，健全制度体系，构建灵活高效的配置结构，选取有效管用的方法工具，形成合理有序的分配关系，切实做好绩效工资的二次分配，重点处理好三个关系。首先，坚持效益优先，处理好经营单位和管理部门的关系，将有限的薪酬资源向经营一线、前台部门集中，向效益产出高的领域倾斜；其次，突出业绩导向，处理好不同考核等级间的关系，打破以往按职级、资历确定薪酬的做法，严格根据考核结果兑现绩效工资，进一步拉开高绩效员工与低绩效员工间的分配差异；最后，兼顾内部公平，处理好干部员工的收入关系，建立干部薪酬增长与单位业绩挂钩、与员工收入联动的分配机制，实现干部员工“收益共享、责任共担”。

创新分配模式，调动员工的积极性。紧密契合不同行业、不同单位、不同族群、不同岗位的特征，创新方法工具，构建形成了灵活多样的二次分配模式。对客户经理、综合柜员等直面市场、直面客户的一线经营岗位，全面推行全员全产品计价考核分配，显性计量、直接兑价，上不封顶、下不保底，提高薪酬分配的时效性和激励性，激发员工拓展市场、营销客户、提升业绩的积极性。对市场化引进的高端人才和紧缺人才，探索建立协议薪酬制，以契约形式明确绩效目标、薪酬目标及兑现方式，实施显性化的激励约束。探索项目团队制分配模式，针对项目团队紧密耦合、充分协作的工作特性，根据项目整体业绩达成配置薪酬资源，授权项目经理根据员工的角色和贡献，自主实施二次分配，缩小分配粒度、提高分配精度，提升分配的针对性和有效性。顺应金融科技创新趋势，针对信息技术类岗位专业化程度高、强调专业能力发展等特征，借鉴银行同业及互联网金融公司的先进经验，优化薪酬结构和发放节奏，单独建立适用 IT 人员的薪酬体系，实行差异化的考核分配，更好地吸引、激励和保留优秀 IT 人才。针对中后台岗位以服务内部客户为主、工作内容相对稳定等特征，坚持稳中求进的分配原则，优化目标绩效工资分配模式，适当拉大绩效考核差异、缩小职位职级差异，引导中后台员工提高工作效率和服务质量。此外，一些经营单位还结合行业特征和自身实际，创新运用“底薪 + 提成”、“12+N 薪”等分配模式，在打破大锅饭、调动积极性等方面发挥了积极作用。

加强指导监督，提升分配的有效性。在充分授权的同时，健全“事前指导、事中跟踪、事后反馈”机制，重点加强授权后的指导监督和服务支持。通过向经营单位派驻人事经理，直接对接、嵌入管理，协助各单位建立科学有效的分配体系，做好薪酬的二次分配。依托直属机构联系人制度，及时了解、及时跟进、及时解决各单位遇到的实际问题。建立二次分配后评估制度，采取各单位自评和总行评估相结合的方式，定期分析梳理、回顾检视各单位薪酬分配情况。聚焦二次分配的市场化、差异化和创新程度，对各单位二次分配的有效性进行评估。强化评估结果运用，对二次分配做法先进、科学有效的单位进行表彰，复制推广先进经验；对二次分配评估结果不理想的单位，通报批评，必要时适度调减薪酬总额，运用经济手段，形成反向倒逼，督促各单位做好二次分配，切实提高分配的有效性。

（三）健全风险调整的“控制器”，切实强化风险约束

在突出业绩导向、提高分配效率的同时，我们也高度重视风险质量，充分考虑银行业的经营特性，通过风险调整、延期支付等方式，传导风险责任，强化风险约束，切实平衡好收入当期性与风险滞后性的关系，引领长期、稳健、可持续的业绩观。

一方面，在薪酬配置上充分考虑风险水平。以风险调整后的利润（即经济利润）作为增量薪酬挂钩计提的起点，剔除了预期损失、风险资本成本等因素。同时根据经营绩效考核得分对增量薪酬进行调整，聚焦效益、发展、质量三个维度，其中资产质量类指标权重不断提高。从近几年的分配情况来看，部分风险暴露较大的分行，年度薪酬总额降幅明显，有效发挥了风险约束作用。

另一方面，在薪酬兑现上考虑风险期限。交通银行严格按照银监会监管要求，建立了规范的薪酬延期支付制度。出台绩效工资延期支付管理办法，明确延期比例和延期期限，规定了不良资产责任、违纪违规等止付追索情形。制度推出以来，对存在风险责任或违纪违规行为的管理人员，严格实施延期绩效工资处理。拓展延期支付的适用范围，指导经营单位结合自身实际，自主制定单位内部的延期支付制度，范围广泛覆盖分行内部中层管理人员、客户经理等经营风险相关岗位，有效促进了

风险责任的传导和落实。此外，我们还依托电子化管理平台，开发了绩效工资延期支付管理系统，支持延期支付的计提、维护、兑付、止付等基本功能，实现全流程电子化管理，提高管理效率，为延期支付制度的推广运用创造了条件。

三、深化薪酬机制改革的主要成效

深化薪酬机制改革推进三年来，交通银行内部逐步形成了业绩导向的分配文化，建立了科学有效的方法工具，理顺了内部不同单位、不同岗位、不同员工间的分配关系。一次分配上，走出薪酬资源粗放投入误区，实现精准配置、精确投入、精细管理，有效提升了薪酬资源的配置效率；二次分配上，打破“大锅饭”、“平均主义”的弊端，实现能者多劳多得，充分调动了员工的积极性。具体而言，体现在以下四个方面。

1. 理念牵引上，实现从“要薪酬”向“挣薪酬”的转变，有效激发了经营活力

在以往的薪酬预算管理模式下，各单位习惯于向总行要编制、要薪酬，既缺乏激励约束，也容易造成资源配置的不经济。薪酬总额管理模式的推出，让经营单位深刻认识到，薪酬增长不再取决于总行的编制计划，而是要靠自己努力经营挣出来，讨价还价的少了、埋头苦干的多了。在总行统一的配置规则下，各单位同台竞技、相互竞争，发动员工聚焦经济利润和重点任务，一项一项完成指标、一分一分赚取薪酬，由以往“向计划看”变为“向市场看”，放眼同业市场，撬动外部收益，从源头上做大薪酬总量，经营管理的积极性得到了充分调动。在薪酬资源的使用上，从以往“进了人、再算账”变为“先算账、再进人”，主动控制人员增长，平衡薪酬供给与激励需求，促进分行业务发展。例如，某

分行近几年经营业绩排名持续靠前，近年来经济利润增幅达到35%，人均薪酬增幅达到24%，真正实现了企业与员工共赢。

2. 管理机制上，实现从“大一统”向“定制化”的转变，切实增强了管理的弹性与灵活性

以往全行基本适用同一套薪酬体系，采取相同的薪酬分配方式，不仅加大了管理幅度、提高了管理难度，也缺乏必要的弹性和灵活性，未能充分适应不同岗位、不同员工差异化的激励需求。深化薪酬机制改革以来，通过建立充分授权的二次分配模式，既坚持总行统一指导、实施一体化管理，又契合经营管理实际、鼓励各单位自主创新，从经营管理的实际出发，探索建立了产品计价制、协议薪酬制、项目团队制、“底薪＋提成”、“12+N薪”等灵活多样的二次分配模式，受到员工普遍认同，有效提升了薪酬分配的针对性和灵活性。

3. 资源配置上，实现从“粗放型”向“集约化”的转变，持续提升了资源投入产出效率

实施与效益紧密挂钩的薪酬总额管理模式，进一步增强了“薪酬—业绩”之间的相关度，实现薪酬的精准高效配置。从实际配置情况来看，近几年增量薪酬主要向业绩达成好、效益产出高的单位集中，经营业绩排名靠前的分行，薪酬总额和人均薪酬均有明显增长。经营业绩排名落后的分行，薪酬总额和人均薪酬则不同程度的下降，前后分行的薪酬增长差异超过15个百分点。从集团整体来看，每百元薪酬创造的净利润（即投入产出效率）稳步提升，在上市银行中保持领先优势。

4. 薪酬分配上，实现从“重和谐”向“重激励”的转变，充分调动了员工的积极性

通过二次分配模式的改革创新，重点解决了以往分配中“干好干坏一个样”的问题，实现多劳多得、少劳少得、不劳不得，强化了激励约

束效用，激发了广大员工干事创业的热情。从评估检视情况来看，各单位薪酬分配主要向经营一线、前台岗位和高绩效员工倾斜，前台人均绩效工资最高达到中后台同职级人员的1.6倍；考核优异和考核一般员工的人均绩效工资相差超过50%；特别是客户经理等实行全员全产品计价考核分配的岗位，业绩好的员工绩效工资得到明显提升，甚至可超过上级主管，业绩差的员工“没有安慰奖”，充分体现了业绩差异，调动了员工的积极性。

CHAPTER 6

第六章　利率市场化条件下的利率预期管理

2015年10月存款利率上限彻底放开，标志我国利率市场化开启了新的阶段，未来改革推进的重点将是建立健全与市场相适应的利率形成和调控机制。加强对利率走势的分析研判对商业银行经营管理意义重大，交通银行积极开展利率预期管理，构建了全集团的利率预期管理体系，加强对各类利率走势的分析和预判。在此基础上，交通银行推进实施资产负债动态平衡管理，推动优化资产负债结构，顺应经济周期和利率市场化环境变化，持续完善内外部定价管理机制，加强利率市场化环境下的流动性风险管理和市场风险管理。通过对利率走势的科学研判，并前瞻性地做好资产投向与配置，将有效帮助商业银行获取资产业务超额收益。做好利率预期管理下的资产投向管理，关键是做实目标优质授信客户。从中台授信管理角度，主要包括利率预期管理与资产投向管理的协同联动，协助前台努力寻找目标优质授信客户，前中台融合提升授信服务效率，强化风险、管控管牢客户风险和强化全流程定价管理等五个方面。

第一节　新常态下利率分析预测的背景和意义

一、利率市场化的历史沿革及展望

（一）我国利率市场化进程回顾

自1993年党的十四届三中全会《关于建立社会主义市场经济体制

若干问题的决定》首次提出利率市场化改革的基本设想以来，中国利率市场化改革已经走过了20多个年头。我国利率市场化改革的基本目标是，逐步建立由市场供求决定金融机构存、贷款利率水平的利率形成机制，央行通过运用货币政策工具调控和引导市场利率，使市场机制在金融资源配置中发挥主导作用。

20世纪90年代中期至今，我国的利率市场化改革遵循“先外币、后本币；先贷款、后存款；先长期、大额，后短期、小额”的原则和步骤循序推进。1996年，我国基本实现了同业拆借市场的利率市场化，并且在随后的10多年里不断完善货币市场利率的市场化程度；金融债、国债、企业债的利率管制先后逐步放开，债券市场基本实现了市场化利率；外币存贷款利率市场化始于2000年9月，至2004年11月基本放开了所有品种的外币存贷款利率管制；贴现利率也于2005年前后实现了市场化。

在人民币贷款利率市场化方面，中国人民银行于2004年10月决定取消贷款利率上浮封顶，下浮幅度调整为基准利率的0.9倍；2006年后，商业性个人住房贷款利率下限逐步扩大到基准利率的0.85倍、0.7倍；2012年6月、7月，中国人民银行将所有贷款利率下浮幅度调整为基准利率的0.8倍、0.7倍；2013年7月，中国人民银行进一步决定全面放开金融机构贷款利率管制，特别是取消金融机构贷款利率0.7倍的下限，由金融机构根据商业原则自主确定贷款利率水平。

在人民币存款利率市场化方面，2004年10月，中国人民银行允许人民币存款利率下浮，但不能上浮；2012年6月，中国人民银行首次允许人民币存款利率上浮，上浮幅度为基准利率的1.1倍。允许存款利率上浮开启了利率市场化的新时代，意味着我国利率市场化进入了实质性的攻坚阶段。从2014年11月开始，伴随着货币政策逐步放松、基准利率不断下调以稳定经济增长，人民银行顺势不断扩大存款利率上浮，直至 2015 年 10 月，人民银行彻底放开了存款利率上限。至此，我国利率管制基本放开，利率市场化改革迈出了非常关键的一步，未来利率市场化进入新的阶段。

表 6-1　我国人民币利率市场化的进程

阶段	时间	措施
第一阶段：银行间同业拆借利率和债券利率的市场化	1996 年 6 月	银行间同业拆借利率正式放开，标志着利率市场化迈出具有开创意义的一步
	1997 年 6 月	银行间债券回购利率放开
	1998 年 9 月	国家开发银行的金融债券在银行间债券市场首次以公开招标的市场化方式发行
	1999 年 10 月	国债发行也开始采用市场招标形式发行
第二阶段：贷款利率、贴现利率的市场化	1998 年 3 月	中国人民银行改革贴现利率形成机制，贴现利率根据再贴现利率加点生成，最高不超过同档次贷款利率（含浮动）
	1998—1999 年	中国人民银行三次扩大金融机构贷款利率浮动幅度
	2004 年 1 月	中国人民银行再次扩大金融机构贷款利率浮动区间，并且不再根据企业所有制、规模大小分别制定
	2004 年 10 月	中国人民银行决定贷款利率上浮取消封顶，下浮幅度为基准利率的 0.9 倍；贴现利率与贷款利率同步实现下限管理
	2005 年后	金融机构办理贴现业务的资金来源逐步转向自有资金或货币市场融入资金，与再贴现资金无关，贴现利率与再贴现利率逐渐脱钩
	2006 年 8 月	个人住房贷款利率的浮动范围扩大至基准利率的 0.85 倍
	2008 年 10 月	中国人民银行将商业性个人住房贷款利率下限扩大至基准利率的 0.7 倍
	2012 年 6 月	中国人民银行将金融机构贷款利率下限扩大至基准利率的 0.8 倍
	2012 年 7 月	中国人民银行将金融机构贷款利率下限扩大至基准利率的 0.7 倍
	2013 年 7 月	中国人民银行决定全面放开金融机构贷款利率管制：（1）取消金融机构贷款利率 0.7 倍的下限，由金融机构根据商业原则自主确定贷款利率水平；（2）取消票据贴现利率管制，改变贴现利率在再贴现利率基础上加点确定的方式，由金融机构自主确定；（3）对农村信用社贷款利率不再设立上限

续表

阶段	时间	措施
第三阶段：存款利率的市场化	1999 年 10 月	中国人民银行批准对中资保险公司法人试办五年期以上、3 000 万元以上的长期大额协议存款业务，利率水平由双方协商确定
	2002—2003 年	存款人的试点范围扩大至社保基金、养老基金和邮政储汇局等机构
	2004 年 10 月	中国人民银行决定允许人民币存款利率下浮，但不能上浮
	2012 年 6 月	中国人民银行将金融机构存款利率上限扩大至基准利率的 1.1 倍
	2014 年 11 月	中国人民银行将金融机构存款利率上限扩大至基准利率的 1.2 倍
	2015 年 3 月	中国人民银行将金融机构存款利率上限扩大至基准利率的 1.3 倍
	2015 年 5 月	中国人民银行将金融机构存款利率上限扩大至基准利率的 1.5 倍
	2015 年 8 月	中国人民银行决定放开 1 年期以上（不含 1 年期）定期存款的利率浮动上限，活期存款以及 1 年期以下定期存款的利率浮动上限不变
	2015 年 10 月	中国人民银行决定对商业银行和农村合作金融机构等不再设置存款利率浮动上限

资料来源：中国人民银行。

表 6-2　　　　我国外币利率市场化的进程

时间	措施
2000 年 9 月	放开外币贷款利率；放开大额外币存款利率，300 万美元（含）以上或等额其他外币的存款利率由金融机构与客户协商确定
2002 年 3 月	人民银行将境内外资金融机构对境内中国居民的小额外币存款，统一纳入境内小额外币存款利率管理范围
2003 年 7 月	境内英镑、瑞士法郎、加拿大元的小额存款利率放开，由各商业银行自行确定并公布。小额外币存款利率由原来国家制定并公布 7 种减少到境内美元、欧元、港元和日元 4 种
2003 年 11 月	小额外币存款利率下限放开
2004 年 11 月	放开 1 年期以上小额外币存款利率
2014 年 3 月	上海自贸区内小额外币存款利率上限放开
2014 年 6 月	放开小额外币存款利率上限的改革试点扩围至上海市

资料来源：中国人民银行。

（二）未来利率市场化改革展望

放开存款利率上限后，我国的利率市场化开启了新的阶段，未来改革推进的重点将是建立健全与市场相适应的利率形成和调控机制，提高央行调控市场利率的有效性，同时推动和促进金融机构提高市场化自主定价能力，尽快适应利率市场化环境。在此过程中，金融风险管控仍会不断持续加强。

通过央行利率政策指导体系引导和调控市场利率。借鉴国际经验，积极构建和完善央行政策利率体系，央行以此引导和调控包括市场基准利率和收益率曲线在内的整个市场利率，以实现货币政策目标。对于短期利率，人民银行将加强运用短期回购利率和常备借贷便利（SLF）利率，以培育和引导短期市场利率的形成。对于中长期利率，人民银行将发挥再贷款、中期借贷便利（MLF）、抵押补充贷款（PSL）等工具对中长期流动性的调节作用以及中期政策利率的功能，引导和稳定中长期市场利率。

各类金融市场以市场基准利率和收益率曲线为基准进行利率定价。货币市场、债券市场等市场利率可以依上海银行间同业拆借利率（Shibor）、短期回购利率、国债收益率等来确定，并形成市场收益率曲线。信贷市场可以参考的定价基准包括贷款基础利率（LPR）、Shibor、国债收益率曲线等，在过渡期内央行公布的贷款基准利率也仍可发挥一定的基准作用。各种金融产品都有其定价基准，在基准利率上加点形成差异化、客户化的利率体系。

进一步理顺利率传导机制。在完善央行政策利率体系、培育市场基准利率的基础上，人民银行将进一步理顺从央行政策利率到各类市场基准利率，从货币市场到债券市场再到信贷市场，进而向其他市场利率乃至实体经济的传导渠道。同时，通过丰富金融市场产品，推动相关价格改革，提升市场化利率传导效率。

推动金融机构尽快提升自主定价能力。人民银行仍将在一段时期内继续公布存贷款基准利率，作为金融机构利率定价的重要参考，并为进一步完善利率调控框架提供一个过渡期。待市场化的利率形成、传导和调控机制建立健全后，将不再公布存贷款基准利率。同时，人民银行还将通过发挥好市场利率定价自律机制的作用、进一步完善宏观审慎管理、督促金融机构提高自主定价能力等方式，引导金融机构科学合理定价，维护公平有序的市场竞争秩序。

持续加强金融风险管控。国际经验表明，利率市场化始终伴随着金融监管等风险防范制度的不断完善。事实上，2017 年 7 月召开的全国金融工作会议已经明确了未来金融工作要以服务实体经济、防控金融风险、深化金融改革为主要任务。预计未来金融监管和风险防范的重点将主要围绕以下几个方面展开：综合经营规范的重点将是统筹监管金融控股公司，特别是近年来一哄而上、大小不一、参差不齐、有潜在风险隐患的各类地方、民营金融控股公司；互联网金融监管和整治仍会按照既有的部署继续加以推进；未来“僵尸企业”处置可能会呈现力度加大、节奏加快、手段创新的特征。

二、新常态下利率走势分析预测的必要性和可行性

（一）新形势下利率预期管理对银行经营管理意义重大

随着我国利率市场化改革深入推进及货币政策框架逐步向间接型、价格型转型以及金融去杠杆、防风险的持续推进，利率呈现影响因素增多、传导路径复杂、波动幅度加大等新特征，商业银行的资产负债配置、业务产品定价管理、利率风险管理、息差管理、预算考核管理、流动性管理等面临新的、更大的挑战。对利率走势的准确预判是银行做好上述

管理工作的基本前提。资产负债配置以战略为根本导向，同时也要根据市场环境变化进行主动、前瞻、灵活、动态调整。而准确的利率研判通过对产品结构、期限结构甚至区域结构的灵活调整和前瞻配置来获取超额收益。利率频繁波动给银行带来较大的重定价风险、收益率曲线风险等利率风险，管控好利率风险需要银行在对未来利率走势准确判断的基础上选择相应的方法和工具。在产品定价上，需要通过在利率上升或下降之前提早对贷款、存款、理财等产品确定合适的定价策略来获取更多收益。通过精准研判利率走势来主动超前地进行资产负债配置及定价策略调整有助于管控好利率风险，在确保流动性、安全性的同时获取超额收益，进而稳定和提升息差，提升盈利能力。

（二）交通银行开展利率预期管理具备一定的条件和基础

交通银行很早就在总行发展研究部（以下简称发研部）设立了专门的研究团队，从事宏观经济和金融研究。经过多年的发展和积累，目前交通银行在宏观经济、金融市场、银行业等方面已经形成了较为完成的研究团队、较强的研究实力和良好的市场形象。交通银行的金融市场中心、资产管理中心和资产负债管理部也分别在银行间市场、债券市场、理财市场和存贷款市场等领域具备了一定的研究能力。除此之外，交通银行集团下属的交银基金、交银国际、交银人寿以及香港分行都在A股市场、港股市场、海外市场等形成了专业化研究优势，在部分领域具有很高的市场声誉。另外，我们也必须看到，尽管目前交通银行的利率研究及其运用具备一定基础，但也存在职责分工不够清晰、专业研究队伍不够健全、内部协同合作不够充分和机制流程不够完善等问题，迫切需要健全完善全集团统一的利率预期管理体系。

第二节　利率预期管理体系下的资产负债配置与管理

交通银行积极开展利率预期管理，初步构建了全集团的利率预期管理体系，通过组建专家队伍、厘清工作职责、明确任务分工来加强各类利率走势的分析和预判。在加强利率研判的基础上，交通银行推进实施资产负债动态平衡管理，推动优化资产负债结构；根据经济周期和利率市场化环境变化，持续完善内外部定价管理机制；着力加强利率市场化环境下的流动性风险管理和市场风险管理。

一、交通银行对利率预期管理体系建设的探索

（一）搭建利率预期管理体系的基本框架

交通银行构建利率预期管理体系的总体设想为，由总行发展研究部牵头，资产负债部、预算财务部、金融市场业务中心、资产管理业务中心、交银基金、交银国际、交银人寿、香港分行等参与，通过组建专家队伍、厘清工作职责、明确任务分工、梳理工作流程和加强沟通交流，形成行内合力，完善分析逻辑，构建先行指标，进而建立起完整、科学的利率预期管理体系，切实提高利率走势预判的专业性、前瞻性、协同性和应用性，加强对利率及与其相关的宏观经济、政策变动、金融市场、汇率走势等方面的研判，为持续优化资产负债配置、业务产品定价、利率风险管理、息差管理、预算考核、流动性管理等工作奠定基础、创造条件。

利率预期管理团队负责对我国和欧美等经济体主要利率品种的走

势以及宏观经济、货币政策、金融政策、监管趋势、汇率走势、金融市场(银行间市场、债券市场、股票市场、期货市场等)、利率市场化等与利率走势密切相关领域的发展变化趋势和重大突发事件进行更有系统性、深入性、前瞻性、专题性、应用性的研讨，并加强与外部相关机构、相关人士的交流沟通。在此基础上，得出或调整关于短期(1个月至3个月)、中期(3个月至半年)、长期(1年至3年)利率走势的研判结论，定期、不定期向行领导及行内相关会议进行汇报。同时探索优化相关研判结论在交通银行经营管理中的应用机制，加强利率走势研判与本行经营管理的协同、互动，形成交通银行优化资产负债配置策略、产品定价策略等方面的建议，定期、不定期向行领导及行内相关会议进行汇报。

(二)建立利率预期管理体系运行机制

加强组织领导，成立了由行领导任组长的利率预期管理领导小组，指导、督促、评估利率预期管理分析体系建设、利率走势研判应用工作。相关分析报告和策略建议以利率预期管理领导小组名义报送行领导，突出其权威性、专业性。

组织专业团队，各成员单位应高度重视利率预期管理工作，在其内部固定专职团队和专门人员开展相关工作，并由一名负责人和高级经理参加利率预期管理小组。

明确研究任务，合理进行分工、突出研究重点。发展研究部作为利率预期管理体系的牵头部门，重点做好中长期利率研判的相关工作。资产负债部从资产负债管理专业部门的角度搞好利率研判，提出优化资产负债配置和业务定价管理的对策建议。其他成员单位按照工作职责，共同做好利率预期管理工作。

做好外部沟通和内部调研。密切与人民银行、金融监管机构、市场研究机构、相关财经媒体的交流沟通，准确把握政策逻辑、及时掌握政策动态、密切跟踪前沿热点。同时做好基层调研。选择代表性省直分行（如北京市、上海市、湖北省、湖南省、贵州省等分行，可轮换），做好沟通、调研，了解基层机构和当地同业在利率走势、资产负债配置、业务定价等方面的观点与做法。

畅通研讨机制。每月定期召开由成员单位参加的会议，加强交流研讨。依托邮件、微信、电话、视频会议等形式，加强日常沟通交流。遇有重大突发事件，或在关键时间节点，可召开专题研讨会议。

（三）不断优化相关研判结论在经营管理中的应用机制

各成员单位按照分工，定期撰写利率走势简报，由发展研究汇总后报行领导。建立月度研讨例会制度，形成利率走势研判和交通银行对策建议报告呈送行领导。资产负债部等成员单位应在利率研判结论的基础上，定期提出（调整）资产负债配置及业务定价的策略建议，提交高管层作为决策参考依据。高管层以行长办公会、流动性与市场风险季度例会等为平台，定期听取关于利率走势分析和资产负债配置策略建议的报告，作为调整相关经营管理决策的参考依据。由发展研究部牵头，每年对利率预期管理体系的运行机制、利率走势研判结论和配置策略建议的准确性及其应用情况进行评估，根据实际运行情况进行调整和优化，进一步完善相关工作机制，努力形成常态化的利率预期管理体系。

二、实施资产负债动态平衡管理，优化资产负债结构

现代商业银行资产负债管理体系是一个涵盖本币外币、离岸在岸、

表内表外业务、境内外银行机构，涉及业务总量、价格、内外部定价、流动性风险、市场风险等几方面构成的有机体系，其目标是确保银行收益与风险的优化与平衡。资产负债管理是多目标约束下的决策管理，在利率市场化环境下，价格和风险因素影响日益突出，必须从全表管理和中长期发展规划的角度进行有效配置，更好地与资本管理、主动负债管理以及本外币流动性管理相结合，进一步提高资产配置效率、优化负债期限结构和防控流动性风险，在复杂局面中保持资产负债业务适度均衡及可持续发展。

（一）形成资产负债动态平衡的配置策略

资产负债管理统筹协调和“纲举目张”作用的充分发挥，要求能在监管不断强化及货币政策环境复杂多变的新形势下，围绕改革与发展目标，统筹集团境内外、表内外、本外币、离在岸的资产负债结构，制定明确的配置策略，并建立定期评估和动态调整的机制。

首先，综合平衡安全性和盈利性，在充分评估对盈利带来积极作用的基础上进行配置安排及进行动态调整。资产负债配置策略应在满足MPA、资本充足率和流动性风险等监管要求前提下，充分考虑流动性风险和利率风险管理成本，以资金来源总量决定资金运用结构，围绕效益优先的原则，实施“表内表外协同有序、资产负债动态平衡”的配置管理模式，把核心客户和核心负债作为重中之重，坚持内生性业务支撑增长，根据所处经济周期、央行货币信贷政策取向、实体经济增长需求、行业区域金融生态等因素综合考量，合理控制资产增速，合理安排表内表外业务摆布,做好表内外资产与负债业务的结构调整优化匹配的工作。

其次，统筹兼顾，做好流动性风险、市场风险及合规监管等风险监测和防控。受利率市场化、金融脱媒和内外部环境变化影响，当前，银行的资产负债结构发生较大变化，资产长期化、负债同业化、存款理财化、传统业务表外化对银行保持息差稳定、利润增长形成的挑战和压力较大，需要进一步强化资产负债管理动态调整的重要作用，充分平衡好规模、速度、质量与效益的关系，紧盯市场适时对资产负债配置情况进行分析评估和优化调整，确保发展目标积极稳定，进一步提升资产负债管理的主动性、灵活性、协调性和有效性。

（二）优化资产负债结构

聚焦核心负债，进一步优化负债结构，降低负债成本。核心负债是客户在享受银行提供的金融服务时沉淀在银行系统内的长期资金，是银行核心竞争力的重要标志之一。核心负债具有成本较低、稳定性高、抗风险强、监管关注度高等特点，长期来看是银行稳定的低成本资金来源，能够有效规避市场风险和流动性风险，是银行实现利润的基础，是稳健可持续发展的保证。大力发展核心负债、降低对主动负债的依赖程度已成为国内外先进银行的共识。

在利率市场化环境下，核心负债的发展需要沉下心来做客户、抓结算、促留存。从利率市场化国家和地区的经验来看，利率市场化后各家商业银行均将业务发展重点放在了客户建设上，通过抓客户、抓产品、抓服务、抓流量提升核心负债增长。当前我国利率市场化改革进入深入推进阶段，虽然价格可作为获客的阶段性策略选择，但不能将价格作为主要的竞争工具。而且，大力推进核心负债同步增长并成为资产扩张的基础应该是商业银行长期坚持的原则。通过大量吸收市场化负债支持资产投放，将承担过多的流动性风险和利率风险，在当前风险对冲工具缺乏、市场波动加大的环境下，不利于商业银行效益持续稳健提升。因此，在利率市场化环境下，归根结底，要紧盯客户这一影响业务发展的根源问题，坚定不断夯实客户基础的信念和信心，通过专业全面的服务、持续高效的创新巩固客户关系，做结算、做交易、做流量，持续发展核心负债，优化负债结构，降低负债成本。

坚持资产投放与负债业务发展相匹配，进一步强调动态调整和综合收益。在利率市场化进程加快过程中，商业银行依靠做大规模就能获取利润的发展路径已不再适用，但在实际发展模式上仍未完全摆脱过于追求速度和规模、高资本占用、以外延扩张为主的传统方式，导致实质性盈利能力弱化。一方面，资产与负债配置的要素变异，顺序错位。为了做大规模，通过贷款派生存款、通过资产拉动负债成为市场主流。另一方面，因为资产负债配置方向倒置，商业银行流动性压力总是通过负债缺口来被动平衡，进一步拉升市场资金价格水平，致使银行负债端资金价格趋势性上扬，不断挤压收入和利润。

因此，资产投放应加快理念更新，摆脱短期化、碎片化、面子化的管理冲动和对传统“制度性利差”的依赖，主动改变行为方式的起点坐标，坚持资产投放与负债相匹配，稳增长和调结构并重，相机抉择、动态平衡，充分体现负债约束资产和短期性协调周期性的管理要求。同时，抓住国内企业、个人客户对于利率、汇率风险存在大量的避险需求，借鉴发达地区商业银行交易业务和代客业务发展经验，积极开展交易业务、代客业务，成为重要的收益增长点，逐步减少对市场化资金的依赖。

（三）统筹流动性风险和利率汇率等市场风险管理

在利率市场化环境下，作为资产负债管理重要成分的利率和流动性风险管理的重要性日益凸显，资产负债管理在总量规模大发展方面的作用在递减，带有商业模式设计性质的资产负债管理模式已成为过去式，资产负债管理要统筹考虑利率风险和流动性风险。例如，之前利率风险和流动性风险不突出，一些国内大行采取的“双大”战略和“一卡通”业务推广模式皆是在总量方面大的作为。无论是外部宏观经济金融环境，还是 MPA 监管以及资本内生增长，都要求在调整经营结构中实现稳步增长。

防范流动性风险。流动性风险管理要求优化资产负债结构，适度发展同业存款。近年来兴起同业业务的盈利模式对商业银行转型发展和竞争力提升做出了重要贡献，但是，与传统各项存款相比，市场化利率负债特别是同业资金的稳定性差、逐利性强，对错配收益的过度追逐难以抗衡市场流动性的重大变化。国际上，流动性覆盖率（LCR）和净稳定资金比例（NSFR）作为《巴塞尔协议Ⅲ》流动性风险监管指标的提出，以及 2008 年金融危机中英国北岩银行过分依赖同业融资而倒闭的经验教训，对负债结构中同业存款比重较高提供了借鉴，当时正是市值管理与盈利增长的压力才迫使北岩银行选择主要依靠向其他银行借款与在金融市场上出售抵押贷款证券筹款的高流动性风险商业模式。

管控利率风险。利率市场化条件下银行经营的利率风险因素在强化，如前所述，之所以近两年主要商业银行息差下降较快，主要是因为在利率市场化环境下遭受了一定的利率风险损失。虽然绝大多数银行已建立了 FTP 管理体系，但 FTP 在利率和流动性风险管理方面功能尚未完全发挥，在衍生工具交易不活跃和缺乏交易对手的环境下，司库对冲利率风险的能力又较为有限。另外，监管也趋于更加严格。国际上对银行账户利率风险的监管，从巴塞尔资本框架的“第二支柱”提升到“加强的第二支柱”，监管触发值较过去更低，补充资本的要求更为严格，同时进一步明确和细化了定性和定量强制性公开披露的规定格式。新标准将从 2018 年起实施，需要银行开展标准法计量、资本评估、系统建设和管理应用工作。所以，应紧密结合利率预期管理，统筹运用利率分析结果，根据市场变化情况及时对配置策略进行动态调整，引导全行各项业务稳健可持续发展。

（四）改进和加强资产负债配置方案的过程管理

一方面，将资产负债配置与绩效考核进一步相结合，充分发挥考核指挥棒作用促进配置策略的实施。例如，可以探索将表内存款和表外理财合并为表内外负债进行考核，根据表内存款完成情况核算表外理财增量；加大结算类活期存款等核心负债指标考核力度；建立健全同业存单和金融债发行的常态化安排机制和考核机制等，确保各项存款序时增长，整体负债业务有序发展。

另一方面，紧盯市场适时对资产负债配置情况进行分析评估和优化调整，确保发展目标积极稳定，进一步提升资产负债管理的主动性、灵活性和协调性，不断巩固和提升市场地位和服务实体经济的能力。

三、顺应经济周期和利率市场化环境变化，完善内外部定价管理机制

完善的内外部定价和利率风险管理机制是打造利率市场化条件下先进资产负债管理体系的要求，交通银行采取统一管理、分级授权、条块结合模式开展定价管理，为资产负债总量及结构的配置、调控和调度提供了工具和手段支撑。

（一）优化完善内部定价机制，助推利率风险管理和转型发展

交通银行于2010年起在境内分行及经营单位全面推行FTP定价，按贴近市场、公平公开和正向激励的原则，力求通过FTP价格工具引导全行资产负债结构持续稳定向好，提升定价管理和息差管理效率，平衡好整体资产负债结构的流动性风险、利率风险及盈利水平。为适应利率市场化加速推进的外部经营环境，2014年以来，交通银行每年修订和编制FTP政策纲要及年度实施方案，持续加大FTP定价机制的改革创新力度，动态评估调整各项产品的FTP定价方法和策略。

FTP定价体系实施以来，对交通银行转型发展起到了较好的促进作用。一是传导业务发展战略意图，推动资产负债管理策略实施。根据全行整体资产负债结构及对市场价格走势的判断，以FTP为价格杠杆，推动业务结构调整和落实资产负债配置要求，在确保利率风险可控和流动性和安全性的同时，有效稳定和提高息差水平。二是促进外部定价管理效率提升。通过将FTP与外部定价管理要求及预算考核有机结合，对经营单位的定价行为起到有效约束，对息差管控形成第二道防线。比如，分行发放低于定价要求的贷款将无法覆盖FTP成本，或吸收高价存款将无法获取FTP收益，需自行承担亏损并寻求途径弥补预算缺口。三是有利于实现精细化考核。FTP可实现业务资金成本及价值的逐笔计算，经营单位开展资产业务需支付FTP资金成本，开展负债业务可获取FTP资金价值。基于合理的FTP定价，可以衡量板块、条线、机构、客户、产品等多维度对象的盈利水平，支持建立公平合理的业绩考核基准，有利于促进转型发展目标实现。四是提高了应对利率市场化改革挑战的本领。随着我国利率市场化改革的不断深化推进，国内主流商业银行已经广泛采用了FTP定价模式，监管部门对商业银行FTP体系建设

也十分关注，利率自律机制、存款保险等在对商业银行进行评估时，都将 FTP 作为有效定价机制评估的重要内容。

加大 FTP 改革创新力度，发挥价格杠杆对业务的引导作用。搭建以“等效等价”和“暗补变明补”为原则的市场化的 FTP 定价框架，目前已经对大部分同业业务采用统一的、跟随市场的 FTP，存贷款业务 FTP 的市场化程度也逐步提升。建立和持续完善前台部门 FTP 定价授权机制，在总量控制的前提下，由前台部门对部分业务和客户给予差异化的 FTP 补贴，兼顾 FTP 的统一性和灵活性。建立司库预算分类管理机制，明确了各类子预算的功能定位，并在司库调度预算下建立了分行流动性成本征收 / 奖励机制，弥补二元利率体系下 FTP 工具的不足，引导分行资产负债业务协调发展。

（二）完善外部定价管理机制，提高增收创利能力

首先，紧盯同业和市场，强化贷款精细化管理，提高资产收益水平。预判经济金融发展趋势，根据全行年度工作要求和利润增长目标，制定全行贷款定价目标，并将目标细化至分行与条线，同时在条线考核中设置相应的贷款定价考核指标。坚持贷款定价下限管理，以对公贷款定价模型利率下限和分行业、分产品、分客户、分期限贷款定价下限的孰高值作为每笔新发放贷款定价的下限要求，突破定价下限发放贷款，必须经过相关流程审批。实施贷款差异化定价策略并适时调整，分行业、分产品、分客户、分期限对贷款设定差异化定价策略要求，充分挖掘细分市场、区域差异、产品特征，通过差异化定价策略稳定贷款定价水平。紧跟国内宏观经济发展趋势和区域产业政策导向，在风险可控的前提下，将更多地信贷资源投入到资金需求旺盛、定价水平高的行业、地区和中

小型客户。提高高收益资产占比，合理调控收益相对较低资产在贷款规模中的占比。按照“盘活存量，用好增量，提升资产收益”的要求，加强存量未到期贷款的存续期管理，分类别采取不同的定价策略，并在全行范围内对移位再贷贷款进行统筹平衡，进一步优化全行信贷结构、区域结构、期限结构和客户结构，在符合投向政策和准入基础上实现风险可控下的效益最大化。

其次，加强利率定价自律管理，完善不同区域差异化授权，有效控制负债成本。总分行共同落实好全国及地方市场利率定价自律机制的定价自律要求，加强与监管部门的沟通协调，杜绝非理性定价行为。不断完善存款定价授权机制，有针对性地动态调整定价授权及策略。做好事后评估与监控，确保分行利率上浮符合总行授权及定价自律要求。根据客户、产品、区域等多维度细化差异化定价，提升负债业务发展质效。一般性存款采取“上限管理、分类授权”的利率定价管理机制，实行“挂牌利率 + 重点客户 / 业务利率授权上浮”的授权模式。同业存款实行“量价结合、每日竞价”的管理模式，定价审批采用“价格优先、时间优先”的原则。进一步鼓励低成本负债业务发展，狠抓现金管理、代发工资等结算型业务，扩大活期存款来源。充分运用价格手段，压降高成本临时性存款，严格管理协议存款、结构性存款、表内理财等成本较高的负债，不断优化负债结构。

最后，不断完善利率风险管理机制，促进资产负债有效配置。建立完善利率风险管理治理架构，明确了董事会、高级管理层、专门委员会及银行相关部门在银行账户利率风险管理中的作用、职责及报告路线，保证利率风险管理的有效性。制定审慎的利率风险偏好，根据压力测试结果，制定较为审慎的风险限额，同时在高度关注重定价风险的基础上，加强基准及收益率曲线风险的管理。实行集中管理，采用情景模拟分析、重定价缺口分析、久期分析、压力测试等方法计量、分析银行账户利率风险，主动前瞻地提出资产负债优化方案，确保整体利率风险水平保持在管理目标以内，且保障了息差的稳定运行。在资产负债配置策略和日常业务调度中，结合利率预判机制，制定有关业务结构及其久期等要求，同等条件下优先选择有利于缓释利率风险的业务、产品或定价方式，确保业务发展符合总体的利率风险偏好，并形成良好的利率风险管理实践。密切跟踪监管动态，按照利率风险监管新标准的治理结构、计量模型、披露等要求，进一步完善利率风险管理框架。

四、加强利率市场化环境下的流动性风险管理

在利率市场化和监管要求趋严的背景下，流动性风险管理的重要性日益凸显。交通银行根据外部监管与内部管理的双重要求，从日常流动性管理与流动性应急管理两维度，识别、计量、监测和控制流动性风险，具体包括政策策略、管理架构、规章制度、管理工具、日常运行、压力测试、系统建设、风险监测、风险报告、应急管理与应急演练等方面。

（一）以监管指标达标为统领，坚守流动性风险管理“四道防线”

交通银行着力围绕流动性覆盖率（LCR）和净稳定资金比例（NSFR）的实施推进，加快推动流动性管理从传统保支付为目的向全面风险管理和资金流量流向监测管理转变，从资金头寸调度管理向资产负债的综合平衡管理转变的进程。

坚持以 LCR 等监管指标达标为约束，结合全行流动性风险偏好，从流动性风险管理角度对资产负债配置纲要和年度配置实施方案提出建议，合理配置各项资产负债总量和结构目标。

充分发挥季度市场与流动性风险管理例会、月度流动性管理工作例会、每周业务情况沟通会作用，保持流动性策略的延续性和灵活性，引导全行资产与负债均衡协调发展，确保中期流动性安全。

全面整合 LCR、MPA、存款偏离度、备付率等多维度目标要求，模拟不同目标约束条件和资产负债业务组合情境，测算相应的备付率和 LCR 水平，并根据测算结果，在满足多目标要求和效益最大化的前提下，提出流动性调度策略方案。

建立完善流动性成本管理机制，有效传导负债成本压力。优化完善流动性成本管理制度办法；进一步加强宣传引导，提高板块部门、直营机构和境内分行流动性管理的积极性和主动性；细化奖励措施，鼓励板块部门、直营机构和境内分行推进资产与负债总量和时序均衡发展，合理优化业务结构，提升低成本负债占比。

（二）做好流动性风险的日常管理，确保支付安全有效

交通银行流动性风险采取总行统筹、分行配合的模式开展管理。总行司库负责按监管要求和审慎原则管理流动性状况，强调宏观经济研判，通过宏观分析及定量建模，对央行基准利率、法定存款准备金率以及市场利率进行预判，加强司库对全行流动性管理的前瞻性；根据总量平衡、结构均衡的要求，实行分层次的流动性风险事先平衡管理；强化每日头寸预报管理，加大预报外资金进出监控，坚持重点客户名单制管理，针对季度末、节假日等关键时点的资金波动提前做好排摸和备付，确保每日流动性安全；强化资金缺口监测与管理，运用缺口管理的方法预测未来资产负债表内外项目现金流缺口变化状况；定期或不定期对资产负债表内外项目进行流动性风险评估，根据流动性风险政策和风险限额要求，

通过主动融资安排、资产负债组合调整，确保业务发展总量平衡、结构均衡，有效满足适度流动性管理的目标要求。

日常流动性风险管理方法和工具包括但不限于：资产负债调度配置，优化资产结构，控制信贷投放进度，实现贷款规模平稳运行；促进核心负债稳定增长，加大存款拓展力度；主动负债管理，根据自身流动性和市场利率走势，灵活开展同业存单、大额存单等主动负债，并择机启动金融债发行工作，募集长期资金。

市场调节要结合对于市场资金面和自身流动性缺口的预判进行统筹安排，通过各类线上和线下同业业务调节流动性资金起息、到期的规模和时点分布。计划调节以业务计划和资金预算管理为手段，调控流动性风险。价格引导应根据流动性风险状况，通过调节内部资金转移定价的流动性风险溢价，引导经营单位合理适度的开展各类资产负债业务，实现调节流动性的目的。对于个别资产、负债业务失衡的经营单位，总行及时进行窗口指导。

（三）加强压力测试及风险缓释安排，提升流动性风险防御实战能力

交通银行定期开展压力测试评判能否应对极端情况下的流动性需求，除监管机构要求开展的年度压力测试外，按季度对本、外币流动性风险进行压力测试。压力程度上分为轻度、中度、重度三个类别。根据每次压力测试的结果，提交流动性风险压力测试报告，报告内容包括压力情景、前提假设、测试结果及其相关措施建议等。流动性风险压力测试结果和后续应对措施逐级提交资产负债管理委员会、高级管理层、董事会，同时报送监管机构。

交通银行制定了详尽的流动性应急预案和应急管理流程，涵盖集团与法人、境内外、离在岸、本外币、表内外、时点性和阶段性的三级别、四大类和八个场景，并定期结合流动性风险压力测试中暴露的风险点，开展流动性应急演练，各部门和分支机构承担流动性风险应急管理中的相关工作职责，提升全集团应急响应速度和风险化解能力。压力情况下的应急措施包括但不限于：通过货币市场进行同业拆入和债券正回购；通过同业市场吸收存款、发行同业存单和票据正回购；扩大外汇多头敞口（适用于外币）；出售流动性资产；进行货币掉期；向央行申请资金支持等。

五、加强利率市场化环境下的市场风险管理

（一）建立完善专业化的市场风险管理体系

交通银行建立了以董事会、监事会和高管层为核心，覆盖全集团各机构，包括了利率风险和汇率风险在内的各类市场风险架构和体系，以量化指标对市场风险进行统一管理。

要明确董事会、高管层、专门委员会及牵头主管部门、经营单位的职责分工和报告路线，确保市场风险管理的有效性和及时性。董事会作为全行市场风险管理的最高领导机构，承担全行市场风险管理的最终责任和最高决策职能，负责制定市场风险管理政策和风险偏好；高管层设立全面风险管理委员会，作为全行风险管理的领导者和组织者。在“1+3+2”的全面风险管理架构下，市场与流动性风险管理委员会作为全面风险管理委员会的专门委员会，负责审议市场风险与流动性风险专题事项。

总行资产负债管理部是市场风险管理的牵头部门，负责制定市场风险容忍度和关键风险指标，统筹市场风险限额管理，承担全行市场风险的识别、计量、监测、控制和报告职责。在直营机构嵌入风险管理“小中台”，建立前、中、后台分离的风险控制机制，前移风险关口，提高风险识别能力。风险“小中台”向事业部和风险管理部门双线报告，实现风险集中管控，为平衡业务发展与风险控制提供保障。

（二）整合研究资源，加强市场形势研判

在利率市场化形势下利率和汇率的形成机制、传导路径均发生了革命性的变化，加强金融市场行为的研究，研究关键风险因子的变动趋势就尤为重要。交通银行充分发挥综合化经营优势，整合集团内部各机构的研究力量，强化对金融市场走势，尤其是利率、汇率走势的研究。通过发展研究部牵头组建市场预期分析团队，密切监控利率汇率走势，通过量化手段进一步分析利率市场和汇率市场的传导路径，传导速度和传导效率，为资产负债配置和产品定价提供前瞻性指导。交通银行重视外汇市场、衍生品市场和债券市场的品种变化，持续跟踪成交量和持仓情况，充分发挥金融市场的价格发现功能和风险预警功能，控制交易风险。交通银行还大力推进金融产品创新，如大额存单、资产证券化、信贷资产流转等创新产品，通过市场化手段优化资产负债结构。

（三）建立高效完备的市场风险管理信息系统

市场风险管理的前提是建立市场风险监测体系，运用风险评估工具，精准定位风险，做好市场风险的有效识别、审慎评估和准确计量。

交通银行依据银监会商业银行资本管理办法和市场风险监管指引的要求，建立起了覆盖全集团的市场风险内部模型，具备风险识别、风险计量、头寸管理、限额管理、压力测试、资本计量、返回检验和风险报告八大功能。交通银行强调在合规前提下实现全行信息共享，以信息管理系统对接或一体化，逐步完成业务数据和风险信息整合，分批实现海外银行机构和非银子公司系统全覆盖，提升集团有效风险数据加总和风险报告能力。目前交通银行正在推进的“531”工程海外行系统建设工作，上线后资金业务前、中、后台数据将实现一体化管理，对持续提高全行市场风险计量管理水平提供了系统保障。

第三节　利率预期管理下的资产投向管理

利率市场化背景下利率波动弹性空间加大，商业银行急需建立科学的利率预期管理体系。通过对利率走势的科学研判，并前瞻性地好资产投向与配置将有效帮助商业银行获取资产业务超额收益。坚实的有效客户基础是实现上述经营策略的关键支撑。因此做好利率预期管理下的资产投向管理，关键是做实目标优质授信客户。从中台授信管理角度，主要包括以下五个方面：从宏观、中观、微观三个层面做好利率预期管理与资产投向管理的协同联动；加强研究，协助前台努力寻找目标优质授信客户；前中台融合，提升授信服务效率，用心经营客户；强化风险、管控管牢客户风险；强化全流程定价管理，提升客户收益贡献。

一、利率预期管理与资产投向管理的影响与关系

（一）根据利率预期管理优化资产投向有助于提升资产收益

2015 年 10 月人民银行放开存款利率上限，标志着我国利率管制基本放开，利率市场化迈入新的阶段。各类金融市场以市场基准利率和收益率曲线为基准进行利率定价，金融机构按照商业化市场原则自主确定存贷款利率水平，利率波动的弹性空间加大。在目前商业银行仍主要以息差收入为主要收入和盈利来源的背景下，急需建立科学的利率预期管理体系。同时实践表明，根据利率走势前瞻性做好资产投向管理，将对银行提升资产收益大有裨益。比如根据不同金融市场利率走势，在表内表外、境内境外、信贷与非信贷等合理摆布大类资产配置，将有助于获取超额收益。又如根据利率预期管理合理选择定价策略，可进一步获得贷款收益。比如预期利率上行时，增加浮动利率贷款或短期贷款占比，提高再定价频率,预期利率下行时增加固定利率贷款或中长期贷款占比，可以锁住收益。再如在行业选择时，预期利率上行时可提前布局一些高成长性行业，比如战略性新兴产业、高端装备制造业等，分享行业高速增长带来的红利，预期利率下行时可多布局一些基建领域的中长期贷款投放，稳定高收益资产规模等。

（二）复杂经营环境下优质资产获取难度持续加大

当前宏观经济仍处于三期叠加的复杂局面，经济结构正处于新旧动能转换期。随着政府投融资体制改革深入推进，政府类业务投放持续放缓，以往以重点投放某个行业或板块支持资产增长的模式已难以为继，新的引领经济的支柱产业凸显之前，优选细分行业客户、龙头

客户将是资产业务发展更适合的策略。另外，当前金融风险形势依然复杂严峻，经济不确定性仍然较高，“黑天鹅”等大额信用风险事件层出不穷，党中央、国务院以及监管机构高度重视防控金融风险，明确要求金融机构将防控金融风险摆在经营管理更重要的位置，这对商业银行合规经营、稳健发展、强化风险管理提出了更高要求。此外，随着资金紧平衡，负债利率持续抬升，需要进一步提高资产收益以弥补资金成本和风险成本，上述种种因素都加大了商业银行获取优质资产的难度和压力。

（三）坚实的有效客户基础是联接利率预期管理与资产投向管理的关键

银行所有的经营管理、风险收益来源最终都落脚于客户。在市场经济中，每个市场主体的金融需求千差万别，有些是资金敏感型，有些是利率敏感型，有些是服务敏感型，有些是产品敏感型等。只有拥有广泛的客户基础，才能根据他们的需求匹配提供差异化的金融服务，进而使利率预期管理下的资产投向策略、定价策略都有对接的落地点和支撑点。但光有广泛的客户基础还不够，还需要在此基础上甄别筛选出大量有效客户加深合作，这样才能既防范金融风险，又能在银企合作中形成共赢互利的局面。因此客户是基础，是关键。从资产投向管理角度，至少应做好以下四个方面工作：拓展和储备大量目标授信客户；提升产品与服务价值提高客户黏性；有效管控好客户风险；挖掘提升客户收益贡献促进银企互利。要紧紧抓住客户这一纽带，将精细化的利率预期管理和精细化的资产投向管理紧密结合，形成应对激烈同业竞争、市场波动以及金融风险冲击的有利竞争优势。

二、利率预期管理下做好资产投向管理的原则

（一）客户是基础，前中台融合聚焦做客户

只有具有广泛的有效客户基础，才能通过提供差异化的金融服务并将这些服务与业务累积起来支撑起商业银行利率预期管理下的各项资产投向策略、定价策略等，否则是无源之水、无根之木。在实际拓展客户中，需要前中台共同着力。前台要以夯实客户基础为核心做好各项营销拓展工作；中台要帮助前台过滤风险，从与前台不同的角度来评估风险，并结合历史数据积累、政策研究和行业趋势分析，引导前台梳理出可加大营销投入的方向和目标授信客户。同时前中台要协同形成合力，通过提高授信服务效率增强客户黏性。

（二）稳定的风险偏好是资产投向管理之锚

银行是经营风险的，实际经营中存在利润当期性和风险滞后性的错配。如果将提高风险偏好作为利差空间缩小的应对手段，那么客户标准、政策导向就容易变成没有风险底线的短期逐利之策。近年来随着信贷风险高发，以追逐短期利润而导致大量信贷资产陷入不良的案例屡见不鲜，成为了部分银行长期难以摆脱的沉重负担。历史经验告诉我们，要做百年经营屹立不倒的银行，稳定的风险偏好更要坚守。只有这个锚点稳定，我们才能把准准星，去衡量和筛选优质客户。

（三）体系建设与精细管理协同配套

不仅要建立精细化的利率预期管理体系，也要建立精细化的资产投向管理体系，同时还需要建立两个体系间的联动机制。从建立科学的利

率预期管理体系，到根据长期、中期、短期利率走势研判匹配建立前瞻性的资产投向与配置，再将资产投向与配置进一步聚焦落地到具体授信客户，需要政策、授权、流程、工具、系统等各项机制和措施的有效协调配合。因此，既要从整体考虑整个体系的建设，同时也要考虑好配套机制和工具，方能将多目标约束的管理要求有效传导落地。

三、加强资产投向管理的举措与方法

（一）结合利率预期管理做好资产投向的统筹摆布

根据对利率走势的预期研判，前瞻性做好资产投向与配置，主要从宏观、中观、微观三个层次做好协同联动。

1. 宏观层面

依托利率预期管理的成果，结合全行经营发展战略，统筹考虑MPA考核框架、流动性风险、利率风险、资本监管等因素，前瞻性地做好资产的大类配置，包括大类资产在表内外、境内外、不同业务品种如信贷与非信贷、债券投资、同业业务等之间的配置与摆布，以及资产的期限、定价策略等。

2. 中观层面

结合国家产业金融政策、行业与市场运行趋势等，明确行业、区域的发展策略，比如提升特定领域的资产投放占比，维持或缩减资产投放占比，或特定领域的产品策略等。

3. 微观层面

将资产配置进一步具象到具体客户，将目标客户需求与利率预期管理下的资产投向策略和定价策略匹配起来，实现风险和收益双赢，企业和银行双赢。

（二）加强研究努力寻找优质目标授信客户

目前商业银行实际业务操作中，普遍存在营销客户“脚踩西瓜皮”的现象，在拓展授信客户过程中，没有明确的总体规划与安排，这种业务发展模式不仅是盲目的，也是低效的。为解决这一问题，交通银行已经着手从以下几个方面入手。

1. 加强前瞻性课题研究

紧跟国家经济转型升级发展大势，结合近期国家政策和行业、区域、市场运行特点，优选一些具有发展潜力与机遇的基础性、前沿性课题进行研究。通过前瞻性研究，做好对政策的系统梳理与把握，并能在业务逐步发展过程中有效切入介入的时机与力度。

2. 加强行业系统性研究

持续追求行业不断细分，目前交通银行的投向政策已对国标门类、大类行业实现全覆盖，2018 年将实现对行业中类的全覆盖，并制订计划逐步推进实现行业小类全覆盖。在对行业细分基础上，依托行业联系人管理机制通过持续调研和研究不断提升对行业的分析把握能力。比如要求行业联系人要向政策制定部门延伸、向行业协会延伸、向龙头特色企业延伸等方式加强对行业发展态势的研究和认识。

3. 加强区域系统性研究

提出要建立和刻画财富地图，将国家和区域规划、各类经济数据映射到地理单元上，熟悉和把握各个区域的财富禀赋特点。2017 年组织开展省辖分行全覆盖调研，通过全面调研主动把握市场和区域最新运行情况，为对接和指导分行业务拓展提供支撑。2018 年将继续延伸扩张，包括向中心支行延伸，向区域政策制定部门延伸，向区域研究智库延伸等，全面了解和把握区域经济发展机遇。

4. 以名单制推动研究成果落地

按照“名单对号入座”的原则，将前述对前瞻性课题、行业、区域的研究成果以客户名单为载体进行体现。既梳理形成“白名单”，也梳理形成“黑名单”，以介入核心优质客户和核心业务板块为目标通过名单制为前台营销拓展、聚焦全行资源投入提供方向，改变“脚踩西瓜皮”的盲目状态。其中“白名单”是指可跨周期经营而不倒的优质客户，既涵盖交通银行存量客户，也包括尚未介入的客户，对存量客户要求争做客户主办行，对非存量客户要择机介入。“黑名单”是指不符合国家政策与交通银行投向政策导向的客户，类似于“负面清单”，通过持续减退加固改善存量资产结构，并引导避免介入新增风险客户。同时建立动态维护机制，做好“白名单”、“黑名单”的及时更新。

（三）提升授信服务效率用心经营客户

在找到好客户的同时，要精准对接客户需求，为客户提供量身定制的融资服务，同时提高经营效率和服务能力，增强客户在交通银行获得金融服务的价值感和获得感，全面构建银企共赢的合作关系，增强客户对交通银行服务的黏性。从交通银行授信管理角度，主要有以下几个方面。

1. 协同强化金融创新

随着经济改革开放不断推进，各类新动能、新业态、新模式不断涌现，企业对商业银行提供多样化和综合化的金融服务要求日益提高，在这一背景下金融创新不断涌现，作为金融市场参与主体，始终要保持创新的精神，不断激发自己的创新力，通过产品创新、模式创新、服务创新等更好地满足市场诉求。一方面持续加大金融创新力度，比如通过搭系统、建平台更好地拓展客户流量，创新金融产品和服务模式构建企业资金在交通银行系统循环的闭环等；另一方面加快创新落地的时效性，市场机遇瞬息万变，需紧紧把握时间窗口，加快创新产品落地进程，才能做到与市场需求的及时对接。

2. 增强前中台融合

交通银行始终秉持“中台要有前台的风采”，通过持续向前台输出授信服务与支撑，提高前台对客户的渗透能力。比如将投向指引归纳浓缩为主要面向前台分管营销的行长和客户经理的查阅版；有效运用授信政策调整反馈机制积极为分行和前台答疑解惑；组织开展全覆盖调研，对接项目诉求，提供政策指导；建立覆盖所有总行部门和直营机构与授信管理部一对一的部门联系人机制，建立沟通桥梁与机制；中台授信部门定期开展与前台对公部门的部总联系机制等，努力从中台出发，帮助前台看得懂、说得清、摸得进。

3. 积极推动“跳出审查抓管理”

一方面着力提高授信审查审批效率，为强化管理腾挪资源与空间。总行将“审结率90%”打造成为服务前台和分行的品牌，每个月授信项目审结率常态化保持在90%及以上。建立廉洁高效的授信项目送审和审查审批机制，从提高总行服务效率的角度积极杜绝内部营销。另一方面始终认为审查存在的问题是管理不到位的集中反映，只要管理做到位了，审查就可以精简。提出“一个理念”（审查为管理服务的理念）和“三个作为”（将审查作为收集管理需求的途径、将审查作为传导管理意图的渠道、将审查作为加强管理的手段），着力推动强化授信管理。

4. 着力优化授信流程

目前交通银行正在推进客户分层分类分级建设，并按照“好客户短流程、高效率，其他客户严把关、控风险”的总体原则配套优化授信流程。比如针对重点集团客户，提出“集团授信 + 单户审批”的优化模式，着力解决跨省集团客户单户申报平行等待时间长、效率低等问题。建立重点项目储备机制，在全行范围内寻找优质客户和项目并以专项规模予以对接，同时配套建立重点储备项目的授信申报审批“绿色通道”，从“夯基础”（夯实拟入库项目申报材料）、“扩授权”（扩大分行对重点储备项目的专项融资授权范围）、“简申报”（简化申报流程）、“优审批”（优化总行审批流程）、“短放款”（缩短额度提用时间）五个方面对流程进行优化等。

5. 创新建立专项融资授权机制

自 2014 年起交通银行就着手在常规融资授权之外建立专项融资授权机制,在有效控制核心风险基础上以专项融资授权精准对接客户需求，减少审批流程环节。专项融资授权设置的维度包括机构、区域、行业、产品、业务、担保及其组合设定，按照“一行一授、一事一授”原则进行差异化授权。2017 年交通银行已累计授予差异化公司和同业专项融资授权 148 项，覆盖 37 家省直分行、57 家省辖分行、8 家海外分行、7 个总行部门和直营机构，授权运用的广度和覆盖度大幅扩展。同时为持续推动专项融资授权运用与推广，交通银行还创新建立了专项融资授权方案制订的“三种方法”（复制成熟模式、运用标准化模板、灵活设计新方案）和“三套工具”（可选菜单、要素模板、申请模板），通过建模建制持续推动深化运用。

6. 根据新形势发展需求设置审批中心

为适应全行经营发展战略和体制改革需要，交通银行在总行层面设置授信审批中心，推动理顺集团授信管理体制，以进一步提升授信审查审批和授信管理的专业化水平。

（四）强化风险管控管牢客户风险

通过利率预期管理对资产投向与配置进行前瞻性管理可以提升资产收益空间，而收益的实现依赖资产质量的基本稳定。交通银行积极采取有效措施，确保稳定的风险偏好通过多种途径和机制进行传导，切实防控客户风险。

1. 及时修订完善授信政策

交通银行每年根据国家经济金融政策、产业政策制定《授信与风险政策纲要》和《投向指引》，明确授信准入的总体要求、标准和做好当前授信风险管理的最新要求等，作为集团资产投向的总体纲领。同时编撰形成《信贷手册》与《非信贷手册》，将信贷与非信贷业务的各项授信管理规章制度集结成册，并及时根据最新制度规定进行修订，方便所有信贷人员查阅遵循，及时跟进。

2. 保持高度风险敏感性

在持续稳健的风险偏好引导下，交通银行已形成对风险类似条件反射式的应激反应，能够及时做好风险处置与应对。比如建立分行、行业、部门联系人管理机制，全方位了解和把握各个层面的风险信息；针对突发事件能快速组织开展风险排查；及时跟进国家及监管政策变化，第一时间修订相关政策保持政策合规性，并做好向前向下的政策解读；交通银行新上线的“531”系统为强化授信管理和风险管控提供强大的数据和系统支撑等。

3. 创新建立多项行之有效的管控工具与措施

比如针对钢铁、煤炭等产能过剩重点领域，在总量管理基础上建立限额领额申报机制。又如对房地产行业，建立总分行两级名单，对纳入名单内的客户方可开展房地产开发贷等业务。再如针对批发、纺织、机械等亲经济周期高风险行业，先后实行过余额管控、二次提用审核、熔断机制、全名单制等多项措施，有效遏制了上述行业资产质量下滑趋势。

4. 持续推进减退加固与重组工作

针对不符合国家和交通银行投向政策的客户，交通银行自 2008 年起就开始推动减退加固工作，逐步减退低层级存量客户，同时通过加固担保、提高资产覆盖率缓释风险敞口，尤其在近年风险持续暴露的阶段，坚持减退和加固并重、齐头并进。另外，近年来交通银行积极响应国家政策号召，对借款人主观还款意愿良好，但出现短期经营或资金困难、贷款偿还能力暂时不足的，合规运用续贷、调整利率和计息规则、变更借款主体等重组政策以时间换空间，帮助企业共渡时艰，对僵尸企业等高风险客户则坚决予以减退。

5. 健全完善贷（投）后管理体系

贷（投）后管理是信贷全流程环节最薄弱的一环，近两年交通银行高度重视贷（投）后管理体系建设。一是制定贷（投）后管理总纲——《关于全面加强全行授信客户贷（投）后管理的意见》，从“为什么做”、“谁来做”、“用什么做”、“怎么做”、“怎么组织去做”等方面提出整体指导意见，作为全行推进贷（投）后管理工作的抓手与纲领。二是完善各项配套制度。比如梳理形成授信业务内控风险分级分类标准，对授信业务管理中的各类重要风险点进行监控和考核；建立贷后管理、放款中心管理、放款及押品系统运行三项通报制度。三是创新管理机制。比如根据客户分层分类分级要求提升重要和重点风险领域客户的贷后管理层级；建立公司、授信、风险、审计等部门组成的贷（投）后管理四道防线；推进分行授信部门搭建“一部三中心”管理架构等。四是聚焦重点领域强化管理。比如以贷后现金流为中心强化资金用途监控，编撰形成操作指引，完善系统监测和管理工具等。五是加大检查力度。2016年以来，交通银行在常规贷后检查的基础上，先后又针对重点储备项目、类信贷业务、押品等组织开展专项检查，通过分行自查与总行检查相结合，有效督促经营单位改善管理薄弱环节。

6. 营造风清气正的信贷工作环境

自2016年起交通银行已连续两年开展“以贷谋私”深化治理工作，在全行范围内组织排查“以贷谋私”等案件行为，对检查发现的问题保持高压整治态势，坚决铲除腐败滋生的土壤。同时先后印发多个专项文件，明确信贷人员履职行为应遵守的规范和底线，引导各级信贷人员都能树立起纪律的红线和高压线，严防营私舞弊、欺诈、腐败等案件风险，积极倡导“尽职—高效、严谨—创新、服务—增值”的信贷文化。

（五）强化全流程定价管理提升客户收益贡献

银企合作是互赢互利的，在为客户提供金融服务产生经济效益和价值的同时，也需要通过强化精细化管理逐步培育和挖掘客户价值，形成相互支撑、合作共赢的可持续发展局面。

1. 贷前着力改变单纯的价格营销思路

客户是需要交流和培育的，交通银行持续引导客户经理树立客户是博弈出来的理念，在准确把握客户诉求基础上，从多方面充实营销思路，找准营销契机，通过提供差异化、综合化金融服务来形成竞争优势。同时结合全行资产负债配置、内外部定价管理要求，形成新增和存量最低定价管理要求，引导客户经理在遵循全行相关定价管理要求基础上，综合考量并努力挖掘客户收益贡献。

2. 贷中加大 RAROC' 内评工具运用

交通银行已建立完善的内评管理体系，目前正在推进高级资本法计量运用。经过多年开发运用，已建立起以 RAROC'（经信用风险调整后的资本收益率）工具为核心的授信业务综合收益测算体系。该工具将经营利润、营业成本、风险、资本等因素统筹考虑，能较为精确地量化客户对交通银行的整体收益贡献，已成为衡量客户、推进客户结构优化的一杆标尺。通过测算预测 RAROC'、实际 RAROC'，在授信准入、贷后督促客户经理推动客户达成收益承诺等方面发挥了积极作用，为全行达成资本监管目标、经济利润等目标提供有力支撑。后续将继续深化该工具运用，比如向同业客户、非信贷业务等领域拓展，并在完善基础数据、计量规则、系统实时反映等方面持续改进完善，以进一步提高工具的适用性和方便性。

3. 贷后着力建立完善客户风险收益后评估机制

定价全流程管理不仅包括贷前、贷中，也包括贷后、存续期管理。目前在贷前、贷中阶段，交通银行已有相对完善的定价要求和准入规定，但在贷后仍然缺少推动收益贡献实现的机制和工具。目前交通银行已在贷后强化客户风险收益监测方面做了一些尝试，比如对未达 RAROC' 预测目标的提示客户经理采取多种措施推动客户提高收益贡献等，但总体尚未形成精细的管理体系，相配套的考核、督促、约束机制还有待进一步研究和优化完善。

CHAPTER 7

第七章　金融科技创新与探索

当前，金融与科技的融合已成为不可逆的历史潮流，创新科技、创新金融与创新经济之间无时无刻不在交融、互动、互助共进。从商业银行视角来看，信息科技的飞速发展，互联网与金融日益深度融合，客户的金融意识和行为模式加速变迁，金融服务门槛大幅降低，客户对银行服务的转移成本和忠诚度明显减弱，呈现出服务对象长尾化、服务终端移动化、服务渠道多元化等特征。因此，如何借助互联网金融模式创新突出重围，如何借助线上金融业务重塑打造特色，如何借助渠道智能重构创新体验，又如何借助全行各版块条线、各业务单元的产品创新创造新的利润增长点，成为交通银行深化改革之路能否走得稳、走得实、走得远的关键。

第一节　交通银行互联网金融建设的总体思路

为实现传统金融业务与服务互联网转型升级，在新时期更好地落实“两化一行”发展战略，交通银行将“以互联网思维发展互联网金融”列入“十三五”时期深化改革、转型发展的重要举措。其改革决心之坚、改革力度之大，就是旨在以自我革新探索普惠金融新路子，走出一条传统银行服务的重构和转型之路。

一、互联网金融战略环境分析

（一）经济社会快速发展，长尾客户金融需求释放，互联网金融发展潜力巨大

经过改革开放近四十年的发展积累，我国正处于由上中等收入国家向高收入国家迈进的发展阶段，工业化、信息化、城镇化、农业现代化同步推进，社会公众创新意识、创业热情不断提升，居民消费水平和消费结构渐入上升期，蕴藏着巨大的内需潜力。“千禧一代”（1984—1995 年出生）、个体户、企业主、消费者逐步成为社会发展新生力量，创业需求、消费需求将获得持续拉动，为支持经济持续发展提供强大动力，也将衍生一系列庞大投融资需求。与此同时，大数据等新兴技术的出现与应用，优化了资源配置，降低了服务成本，提高了服务效率，丰富了风控手段。在此背景下，未来若干年我国以互联网金融为代表的普惠金融必将迎来崭新的发展局面。

（二）综合研判竞争环境，主动调配优势资源，以互联网金融助力全行转型发展

在中国经济步入“新常态”背景下，传统银行业金融机构面临传统产业去过剩产能、新兴产业有效信贷需求不足、金融“脱媒”加速、资产质量下降等一系列挑战。尤其是以 BATJ（百度、阿里巴巴、腾讯、京东）为代表的互联网巨头已纷纷在基础设施、场景、平台、渠道等互联网金融四大制高点积极布局，激发释放出庞大“草根”需求，获得众多长尾客户追捧，并在产品、业务、组织和服务等方面对传统银行业金融机构的经营模式、盈利模式和服务模式形成冲击。

尽管竞争格局和制胜要素不断改变，但与当前互联网金融参与者相比，交通银行仍具有雄厚的资本实力、卓越的品牌声誉、庞大的客户基础、广泛的线下渠道、完善的风控体系、严格的牌照壁垒等一系列重要优势。只有充分发挥现有优势和要素资源，紧密围绕长尾客户需求痛点，借助新兴信息技术，创新业务模式和组织形式，才能更好适应新常态下经济发展网络化、信息化发展趋势，主动开拓经济结构调整和转型升级带来的发展新空间。

二、交银集团互联网金融发展战略

为把握发展契机，构建多层次金融服务供给体系，交通银行制定了《交银集团互联网金融战略规划纲要》，以期走出一条传统银行服务的重构和转型之路。

（一）以双轮驱动战略引领发展

交银集团互联网金融战略以“金融互联网”与“互联网金融”为双引擎，核心在于“双引擎协同推进，动态融合发展”。短期看，金融互联网与互联网金融双引擎协同推进。金融互联网是借助互联网技术实现传统金融服务的精细化和效率化；互联网金融依托孵化创新业务和跨界合作同时布局金融与非金融领域，实现综合服务的智能化和生态化。中长期看，伴随金融互联网与互联网金融两者协同的深入、业务的相融，两者的边界将逐步模糊，最终共同构成全新的金融生态。

——金融互联网立足金融本业，通过以客户为中心的流程再造和产品整合完成公司、零售、同业与市场三大板块在产品、服务、渠道和营销等方面的精细化、便捷化和效率化。交通银行打造有交行特色的智能化服务链，实现跨境跨业跨市场的发展，推进“三位一体”渠道整合，为全集团业务搭建平台开放、跨界融合的经营网络，实现低成本获客、多客户来源、高客户黏度，为财富管理特色奠定平台基础。

——互联网金融遵循“相容互补”的平台定位，聚焦创新业务孵化、跨界合作与互联网基础设施建设。交通银行致力于打造内外部良性循环的数字化新金融生态体系，为金融和非金融服务的融合发展提供土壤，开展大数据、云计算、人工智能、物联网、区块链等科技创新在金融领域的应用探索。

为推进战略落地，交通银行先后成立了互联网金融业务中心、线上金融业务中心两家直营机构，分别致力于“互联网金融”与“金融互联网”的突破创新。

（二）交银集团互联网金融发展原则

——创新驱动。创新是引领发展的第一动力。实施互联网金融战略必须切实打造创新文化，全面优化各项机制，理顺责权关系，显著提升创新速度，推动理念、思路、模式、产品、服务、流程、方法和技术的持续深度创新，助力提升转型发展质效。

——市场导向。开门办互联网金融是实施互联网金融战略的内在要求。必须让市场化手段在内部资源配置与外部合作过程中发挥决定性作用，建设责权利高度统一的体制机制，构建内外部良性循环的生态环境。

——协同推进。协同推进是互联网金融战略实施的迫切需要，包含内部协同与外部协同。内部通过打破 “部门所有制”，提升互联网金融与金融互联网战略连接度，增强发展整体性，切实提升集团协同效应，形成经营管理合力。外部通过多层面的跨界合作，实现客户、渠道、产品、技术等方面的优势互补和协同增效。

——持续发展。持续发展是互联网金融战略生命力的重要保障。互联网金融战略必须走低资本消耗、低成本扩张的发展道路，坚持稳健经营，追求纳入风险因素后的长期效益最大化。

——风险可控。在满足监管要求的同时，建立符合互联网要求的风险控制模式。互联网金融业务纳入集团全面风险管理，采用风险适当隔离的策略。加大风险管理体制机制的创新力度，给予创新类业务一定的风险容忍度，做到风险公开透明可控。

为便于讨论，下文所称“互联网金融”仅指狭义的“互联网金融”，不包括“金融互联网”“金融互联网”在本章第二、第三节单独阐述。

三、互联网金融客户发展思路

交通银行互联网金融遵循“相容互补”的客户定位策略，聚焦银行传统服务模式中尚未有效覆盖、尚未很好服务或尚需深入培育的长尾客群，逐步构建起面向金字塔各层级客户的多层次金融服务供给体系。

（一）长尾覆盖，深耕普惠金融

聚焦处于客户分层金字塔中下层具有成长性的长尾客群，探索普惠金融实践，创新普惠金融经营管理体制，培育潜在中高端个人客户，助推微型企业发展，打造遵循客户成长生命周期由“微”至“大”的顺轨迹服务链，提升服务实体经济质效，助力全集团形成面向“大、中、小、微”客户多层次、广覆盖、差别化的金融服务体系。

（二）存量激活，深挖客户价值

以互联网金融“高频、快速、低成本、数字化”的服务模式，挖潜作为客户发展加速器的存量活跃客户，唤醒具潜在价值的睡眠客户。从“基础性金融产品服务”和“综合化金融解决方案输出”两大方面激活集团内部存量客户，推动客户服务由“被动、定时、低频”向“主动、全天候、高频”转变，嵌入创新金融产品与非金融产品提升金融服务延展性，借助业务流程再造提升服务体验，强化存量客户黏性。

（三）跨界引流，深化零售批发

打造以“高频交易、跨界共建”为特点、以“流量＋场景”为手段的获客新路径。重点围绕C端客户的衣食住行医娱，B端客户的销售管理、进销存管理、客户管理等生产经营活动嫁接商业场景，通过跨界合作实现金融解决方案与交易场景、技术解决方案与合作平台的“多场耦合”，实现客户资源的批量导入，零售业务的批发销售，低成本、高质量地向全行各业务单元批量输送可画像、可触达的新客户。

（四）技术输出，创新服务方式

在围绕金融功能产品化转型，不断完善互联网金融基础性金融服务的基础上，打造可输出、可嵌入的差异化金融技术，服务于综合平台及垂直链（产业链）平台，以“技术＋平台”模式提升交通银行全方位客户服务能力。

四、互联网金融业务发展策略

基于对内外部发展形势的研判，交通银行形成了打造线上版“新三位一体”互联网金融发展格局的策略，即手机银行侧重银行现有业务的数字化转型，交通银行“买单吧”APP聚焦以信用卡为媒介的“衣食住行娱”，而互联网金融业务中心则聚焦长尾、构建“果实微金融”互联网金融APP，三个渠道互相联通、互为支撑，创造互联网金融盈利新模式，推动线上版“新三位一体”成为交通银行发展的新动能，打开可持续发展的新空间。

（一）应用互联网思维搭建“果实微金融”总体架构

围绕“融合内外、整合集团、贯通上下”平台定位，交通银行将构建线上版“新三位一体”平台——“果实微金融”。

“果实微金融”APP借鉴互联网企业“小而美”、“极致思维”、“跨界合作”等思维模式，以创造新的利润增长点为立足点，以大批量获取新客户、提升客户黏性为主要目的、以金融产品批发化输出为主要手段，以线上创新业务研发为发展动力，将通过“跨界＋自建＋聚合”三层子平台建设，实现大批量、场景化获客，不断增强客户黏性，发挥平台经济效能。发展思路是：搭建跨界平台，探索跨界合作模式，逐步嵌入跨界合作方的产品与服务，引流客户资源并反哺集团；搭建自建平台，承载互联网小贷产品创新成果，以跨界合作丰富其外延是搭建聚合平台，全面整合集团丰富金融产品资源，凝聚线上线下协同合力，丰富金融服务供给；在“跨界＋自建＋聚合”的基础上，建立极简易用的多主题界面，满足族群客户个性化金融需求。

“果实微金融”对于商业银行传统经营模式的转变是较为深刻的。

一来转变获客方式，变“自有渠道零星获客”为“合作平台批量获客”；二来转变营销方式，变“千人一面”为“千人千面”，实现族群精准营销；三来转变产品输出方式，变“机构平行自行输出”为“集团交叉融合输出”，真正做到一个客户视角下的集团综合化。

“果实微金融”将以“流量＋场景”作为制胜关键，借助客户需求的深入洞察和准确把握，打造具有高频交易特点及丰富应用场景的互联网平台。

（二）把握竞和关键，构建跨界合作业务模式

当前，互联网金融的发展已不是单一业务的竞争，而是生态体系的竞争。因此，交通银行提出探索一条“以共建促自建，以自建促发展”的建设路径，即秉持“开放合作、互利共赢”原则，以跨界合作创新推进零售业务批发化，寻求与大型互联网企业及垂直细分行业的优势平台紧密合作，加强合作双方战略协同，推动资源优化配置，形成优势互补、互利互惠的良性合作循环，实现交叉引流、场景渗透以及综合金融服务能力的输出，不断提升服务实体经济质效。

2017年8月22日，交通银行与苏宁控股集团有限公司、苏宁金融服务（上海）有限公司在上海签订了智慧金融战略合作协议。通过本次合作，双方将全面深耕金融与互联网领域的跨界合作，并致力于成为智慧金融深度合作和创新发展的新典范，主要合作方向包括智慧金融、全融资业务、现金管理及账户服务、国际化和综合化合作等，双方约定共同成立交通银行—苏宁智慧金融研究院。

与苏宁合作是交通银行迈出跨界合作的第一步，为推动跨界合作向纵深发展，交通银行又积极研究跨界合作业务模式，力求紧抓金融服务

内涵，基于合作方特色业务与独特场景为合作切入点，实现目标客群的场景化批量导流，并借助双方优势领域，推进双方客户资源的共享与共赢，将服务触角延伸至非金融服务领域，在高频交易中不断增强巩固与用户的关联关系。同时，推进在合规前提下的客户资源与信用体系共享，共同探索共享型发展道路。

此外，交通银行还积极布局旅游、教育、租房、购物、物流、商贸等垂直细分领域电商平台，或与电商平台建立合作关系的新兴互联网金融企业，广泛开展跨界合作。开展跨界合作有两方面好处：一方面可大批量、多源头引流互联网平台客户，对外连接用户互联网金融需求，输出金融产品及服务能力；对内以客户数据及信息反哺集团，增强全集团的客户数据积累和分析能力,并结合分析成果展开二次营销和交叉销售。另一方面可学习借鉴新兴互联网风控技术，并利用互联网企业科技优势在营销、交易环节实现与客户线上线下互动、获取特有数据信息，并为银行风险管理、贷后管理提供有益补充。

（三）助力普惠金融，试点互联网小贷

作为新型普惠金融供给模式，以小微信贷为代表的互联网金融在促进小微发展、扩大就业和拉动内需增长等方面发挥了积极作用。为此，交通银行积极响应监管指引，创新普惠金融供给模式，结合微型客户“用款较急切、提款无定时、原始积累少”等特性，专门设计互联网小贷产品，着力打造全新的“互联网+微信贷工厂”，构建生态融合化、产品标准化、渠道多元化、增信自助化、作业流程化、辨客全景化、评分拟人化、审批系统化、预警自动化、营运集约化、队伍专业化、风险分散化的微信贷模式。

新型互联网小贷产品具有以下几个鲜明的特点：

一是坚持了“小额、分散”。根据微型客户特点和经营规模，适度控制单户债项维度授信额度，防止信贷组合中大额资产比例过高所累积的集中度风险。

二是坚持了“快速、灵便”。结合微型客户“原始积累少、提还款不定时”等特性，采用信用方式授予授信额度，免抵质押免担保、免财务报表；白名单准入、在线申请、快速审批，额度循环使用，随借随还；分次付息、一次还本，缓解客户短期财务压力。

三是坚持了“专业化经营、集约化管理”模式。互联网金融业务中心事业部统一组织并承担产品研发、授信与风险管理政策制定、推广与销售、信贷营运管理、系统建设等职责，分行承担现场核身尽职调查，各司其职。

四是坚持了传统信贷经验和新兴互联网技术相结合。全面整合交易型客户行内外数据信息，建立客户经营结算统一视图，设计申贷倾向模型，在设计白名单筛选、搭建外部欺诈侦测防线、构建申贷评分卡的同时，引入外部成熟机构风控模型与征信数据作为信贷决策辅助，形成多维、立体的风控中枢机制。

五是坚持O2O理念。专门推出“果实微金融”APP，为潜在借款人提供自主在线申贷路径。

该产品的推出，一方面将切实满足当前贸易流通领域中确有临时、小额资金周转需要但银行传统服务通常难以覆盖的微小客户，另一方面也将唤醒存量睡眠客户，增强客户黏性，提升客户活跃度、结算资金回笼量和客户综合贡献。后续还将围绕客户日常经营需求，在“果实微金融”APP中陆续引入贷款、物流、进销存、快递跟踪、跨境收款等多纬度频道，打造多元、完整的生态服务体系，提升服务实体经济质效，深化普惠金融实践。

（四）整合集团资源，打造集团产品合力

交银集团已形成了覆盖银行、保险、基金、信托等多领域的金融产品体系，各家子公司均在金融各个细分领域中有所建树，而交通银行也立足银行本位实现深度经营。横线产品体系丰富、纵向业务经营充分，然而纵横贯通的集团综合化还有待进一步挖潜。特别是在获客黏客成本不断攀升的当下，集团创新合力的激活和释放或能打开新的增长空间。

鉴于互联网渠道的特性，交通银行依托集团强大的产品支撑能力，通过解构、重组等方式，深度整合集团内产品与资源，以“果实微金融”为渠道，针对族群客户需求痛点精准输出定制化产品，实现客户新画像、产品新定义、营销新触达。

这一方式打破机构壁垒，以互联网整合思维盘活集团资源，真正实现集团金融产品与服务的综合化，客户资源与营销资源的有机融通和高效利用，使“果实微金融”成为综合金融生活服务提供商，连接起客户的生活、消费、金融场景。伴随客户数据的持续积累，交通银行将运用“人工智能 + 大数据”探索智能投顾，根据交易记录与风险偏好，快速定位并推送个性化产品或投资组合；深度推进大数据应用，支撑精准营销维度下的目标客户定位、营销过程监控、营销效果评估等。

第二节　线上金融业务中心落地

2016 年 11 月，交通银行整合手机银行、网上银行和电话银行等线

上渠道成立线上金融业务中心（以下简称线上中心）。自线上中心成立以来，交通银行线上金融业务实现了快速发展，线上中心建设取得了良好的成果。

一、线上金融业务中心建设成果和线上业务发展情况

（一）补短板，加强交通银行线上渠道建设

1. 手机银行功能已处于同业先进水平

自 2016 年手机银行项目组成立以来，手机银行建设速度大大快于以往，保持 2~3 周一次的版本功能更新频率。截至 2017 年 6 月末，已进行了 32 次版本发布、上线 700 个功能更新，2017 年以来新增手势登录、基金诊断、年金保险、外币理财与大额存单在线质押贷款、在线预约办卡等功能，手机银行 3.0 版本实现了全面普及，客户体验显著提升，业务功能处于同业先进水平。

2. 建立起了全行的电话营销体系

目前全行已经形成了 600 人左右总行集中式外呼团队和 37 家分行 9 000 名客户经理的网点分散式外呼团队。总行集中式外呼团队重点开展新客、生客营销；网点客户经理分散外呼团队重点开展熟客、高价值客户营销，实现了全行电话外呼“有任务、有录音、有监控、有质检、有考核”，有效弥补了网点客户经理过程管理中的短板。

（二）促发展，线上渠道的获客和活客能力大幅提升

1. 收入利润快速增长，盈利能力大幅提升

2017 年上半年，线上金融业务中心实现经营利润 7.45 亿元，进度

计划完成率达 176.91%；实现非利息净收入 9.09 亿元，进度计划完成率达 111.53%。其中表外理财业务收入 5.59 亿元，占零售板块表外理财业务收入的 39.99%；保险业务收入 2.74 亿元，占零售板块保险业务收入的 19.88%。

2017 年上半年，电子渠道（手机和网上银行）实现净经营收入 8.37 亿元，已接近 2016 年全年净经营收入的 90%；电话渠道实现净经营收入 0.72 亿元，其中第一季度 0.1 亿元、第二季度 0.62 亿元，进入 7 月发展形势更好，仅 7 月 1—20 日已实现收入 0.39 亿元，累计收入突破 1 亿元，为 2016 年全年的 1.38 倍。

2. 聚焦获客活客，客户经营能力显著提升

线上渠道的获客能力持续增强。2017 年上半年，线上电子渠道客户保持快速发展，手机银行和网银客户数分别增长 500 万户和 345 万户。在传统线下网点之外，手机银行通过优化Ⅱ类账户注册体验、开户嵌入改造、开放用户注册体系等措施，打开了新的线上获客渠道。截至 2017 年 6 月末，手机银行成功吸引他行客户超过 4 万户，通过Ⅱ类账户累计获客 12 万户，通过开放注册体系当月新增的手机银行注册量即超过 55 万，登录转化率达到 85%。同时，电话渠道通过一表两卡客户激活，发展借记卡新客户 150 万户，净增标准户 14.5 万户，年度计划完成率 145%。

线上客户的活跃度进一步提升。手机银行月度活跃用户数在 2017 年 6 月达到了 865 万户，为历史峰值，比线上中心成立前的均值增长 200 万户；线上渠道客户月度活跃数（含手机和网银）首次突破 1 000 万，达到 1 009 万户；线上渠道交易量在 2017 年上半年达到 24.13 亿笔，同比增长 63.3%；手机银行通过开展“睡美人”项目对沉睡客户实施精准营销，在 2017 年 3—5 月期间，平均每月成功激活 62 万存量睡眠户登

录手机银行，平均每月带动 13 万客户通过手机银行购买理财产品，累计贡献交易金额高达 5 654 亿元。同时，电话渠道 2017 年上半年执行 33 个外呼任务，外呼营销 975 万人次，在上半年末储蓄存款冲刺中电话渠道发挥了较好的作用，15 天内共营销理财产品 104.6 亿元，为全行流动性指标达标起到了积极作用。

3. 市场排名持续提升，月总有效使用时间显著提高

根据第三方 APP 市场权威监测机构的数据显示，交通银行手机银行 APP 在 2017 年 6 月的排名中位列 196 名，较 2016 年末提升了 31 位，在金融行业的 APP 排名中也从第 10 位跃升至第 8 位。虽然按照第三方机构口径，交通银行月活跃客户数（MAU）总量与行业先进还有一定差距，但交通银行手机银行客户在月度总有效使用时间上已有显著提高，可见交通银行手机银行客户在访问深度和使用黏性方面都取得了长足进步。

4. 发挥“五专机制”优势，推出贴金券等工具

专项团队、专项政策、专项资源、专项授权和专项考核的“五专机制”，成功打破了部门制约束，破除了政策流程束缚，突破了资源瓶颈，走出了授权困境，解决了激励相容难题，确保了项目跨越式发展。“五专机制”为手机银行项目组创新发展提供强有力的支持，项目组以此为依托，坚持创新引领发展，持续加大创新力度，创新能力不断增强。例如，为解决交通银行零售业务客户营销工具缺乏，无法形成系统化、脉冲式的营销刺激，且营销活动独立割裂、客户感知度弱的问题，近期手机银行开发上线“沃德贴金券”，作为交通银行零售业务客户回馈的主要工具。“沃德贴金券”通过不同形式的贴金券，与客户发生接触，促使获客、活客、交易量、收入等指标增长。一是定位精准。针对特定客户发放，具有一定目标指向，获客活客率高。二是数据导向。在客群分

析精准投放后，利用投放数据指导后续投放，促进交叉销售和二次销售，提高手机银行交易频次和支付渗透率。三是成本可控，发券量可控。只有购买相应产品才会产生成本，如未使用不计入营销成本，可使总成本只低不高。

5. 用好用活大数据，着力“以数据服务业务，用分析创造价值”

自线上中心成立以来，始终坚持“以数据服务业务，用分析创造价值”的理念，紧跟业务发展，运用大数据分析，对业务发展提供了有力的支撑。

建设数据模型，支撑客户经营策略制定。结合个人金融和线上中心的业务需求，为线上中心建立了涵盖近300个模型变量的数据建模模型变量库，并在不断地优化和扩大。目前，“睡眠户和流失客户预测模型”投入运用，“理财、保险、贵金属”等多个响应率预测模型也建立完毕。

加强重点项目的数据支撑，着力增加项目效益。在“貔貅项目”、“新客礼包 / 回馈礼包”、“广场舞大赛”等重点项目上，数据团队充分利用大数据分析，强化对项目的数据支持。

加大数据分析课题研究，提升营销精准度。围绕业务中的突出问题和矛盾，数据团队积极开展课题研究，完成了代发现状分析、活期富客群分析、理财到期规律分析等课题研究，提高了客户营销的精准度。

开展数据服务，支持业务发展。数据分析团队为线上中心和个金部共完成数据提取和分析工作共50多单，以精准的数据、快速的响应，紧贴业务最前线，为业务发展提供了有力又有效的数据支持。

（三）谋转型，线上线下一体化经营体系雏形基本建成

围绕落实行“三位一体”经营模式，全面推进线上线下一体化经营。

以大数据精准营销为手段，形成了客户线上线下一体化的经营策略。围绕客户综合经营和客户价值最大化，中心基于大数据平台应用，制定了个金条线统一的客户经营策略，以白名单方式，基本实现了诸如代发、理财到期、临界资产、广场舞等客群的精准营销。例如，对理财到期客户实施白名单精准管控，不仅保持了75%以上的对接率，更促进了客户资金的体内循环。再如，利用1个多月时间，对1 600万位白名单客户，开展资源性产品精准销售，带来约56.8亿元资金，行外新资金占比达到65%。

打通线上线下渠道，建立了统一的策略部署平台。打通手机银行、智易通、ATM机具、网银、电话银行、短信、消息盒子、柜面和客户经理等九个销售渠道，实现了全渠道营销信息统一发布和配置化展现，形成立体化营销宣传快速部署机制。

发挥线上和线下两个优势，初步建立起行之有效的客户线上线下协同运营体系。在多个场景打通流程，推动线下线下相互引流、服务接力。例如，手机银行预约服务实现了线上引流线下，广场舞大赛实现了线下流量导入、线上业务落地，做到了线上线下资源有效整合、宣传活动与销售拓展有效结合、事件营销与社会化传播有效融合，打造了立体化营销新模式。

（四）市场化、灵活的用人机制初步建立

充分发挥事业部市场化机制优势，中心初步建立了“干部能上能下，工资能高能低，人员能进能出”的“六能”人力资源管理与激励约束机制。同时，推动业务人员和科技人员紧耦合，创新跨部门的灵活用人机制，试点中心数据团队和个人金融客户部联合工作机制，探索科技和业

务深度融合的有效途径。

（五）新的文化理念在线上金融业务中心逐步落地扎根

以客户体验为根本的观念、敢于破除传统制度和流程的创新意识等新理念，在中心已逐步渗入人心，成为指导和引领业务的精神动力。比如，手机银行建立了客户体验为导向的工作机制，站在客户角度诊断服务“痛点”，快速改进产品现有的交互体验，让客户在使用产品中更加易懂、易操作。

二、线上金融业务未来发展的趋势和挑战

在未来，零售线上金融业务发展将呈现以下几个趋势和特点。

——终端移动化。随着移动互联技术和智能手机的广泛运用，手机银行逐渐成为移动金融平台，集支付结算、投资理财、在线贷款、客户服务等功能于一体。

——行动精准化。充分利用大数据，对客户各类数据建立模型，开展客户白名单精准营销，有效提升营销效率。

——手段智能化。在投资理财、客户服务、风险管理等领域，充分利用人工智能。

——运营集中化。客户经营集中化趋势日益明显，主要借助综合账户，形成统一的客经营策略，交叉销售存款、理财、消费、缴费等业务，开展客户综合营销，盘活个人金融业务，追求客户价值最大化。

——服务品牌化。着力打造至少一个打动人心的服务亮点，让客户永远铭记，成为银行的服务品牌。

——支撑一体化。加快总行专业人才团队建设，特别是在产品研发、

营销策划、大数据分析、人工智能、IT开发、风险管理等领域的专业人才，为全行提供一体化支撑。

移动互联、大数据、人工智能，这些新科技带来的冲击彻底颠覆了传统零售银行的经营管理模式，正在并将持续地改变传统零售银行，这一点不会以任何人的意志为转移。

站在时代巨变的转折点，面对金融科技浪潮的冲击和挑战，传统零售银行面临生死抉择。应对挑战、主动变革是出路，被动改变是死路。我们应主动变革，迎上前去，拥抱金融科技，勇于在体制机制上变革，在规章制度上突破，在业务流程上创新，积极适应新的生产力。

三、线上金融业务中心下一步工作计划和发展措施

经过实践探索，线上渠道对零售业务转型发展承担起越来越重要的角色，线上中心的定位与方向也越来越清晰，那就是顺应市场、领先同业、直面客户、快速反应，通过科技与金融的深度融合，打造以移动互联、大数据、人工智能等新科技为支撑、线上线下一体化经营的个人金融服务平台，搭建完善全渠道的立体化营销服务体系，发挥线下比较优势，实现线上线下一体化经营，成为交通银行又一个直面市场、直面客户的经营主体。下一步，线上中心将着重推进以下三方面重点工作。

（一）着力于发挥“线上线下两个优势”，融合线上线下，完善全渠道、立体化营销体系

1. 依托大数据深化精准营销机制，建立客户黑白名单制

完善初见成效的客户白名单营销机制，灵活调控客户沟通策略，将

名单化的经营手段与客户沟通渠道的个性化改造结合在一起，结合大数据分析下的数据模型，实现以合适的营销手段，在合适的渠道，向合适的客户，推广合适的产品与服务，真正做到用数据驱动产品、营销和渠道建设。同时，建立客户黑名单，改变“有存款就是好客户”的传统观念，根据客户贡献度在白名单之外建立黑名单，主动筛选客户。

2. 深化线上线下一体化经营，实现客户“离店不离行”

不仅要从客户经营策略、渠道整合和运营体系方面，更要从业务流程、考核体制等方面，将线上的流量优势、便捷优势、效率优势与广布全国的网点优势以及客户经理面对面营销优势结合起来，深入探索“线上获客、线下深挖”和“线下获客、转介线上”相结合的协同经营模式，实现相互引流、互为补充，扩大基础客户（即有卡、有手机银行、有风险测评、有千元存款、有鉴权工具的客户），实现线上线下一体化经营和客户“离店不离行”。

3. 全面推进“沃德杯广场舞大赛”，优化和推广贴金券

以“沃德杯广场舞大赛”为契机，着力于发挥“线上线下两个优势”，全面提升零售业务全渠道、立体化营销能力，力争实现全行报名参赛 10 万人，净增财富管理客户 35 万人的目标。同时，在客户经理系统中增加客户贴金券信息，与客户沟通应将贴金券作为首要营销内容。同时，在目前贴金券功能支持理财、基金等交易基础上，深化贴金券的应用场景，如支持贵金属、贷款、支付等。

4. 完善九大渠道部署

以全行统一的客户经营策略为统领，在已实现手机银行、ATM、电话外呼、智易通等渠道总行统一营销信息发布基础上，逐步分渠道实现个性化营销信息推送，着力推动客户综合经营和渠道统一部署。

（二）加大新技术创新运用，打造零售业务 Fintech 平台

1. 创新推出安心付、二维码支付产品，打造基于移动互联的场景支付服务品牌

顺应无现金支付趋势，安心付以安全、便捷为卖点，通过线上开户即开即用、保险赔付、移动支付一网打尽等功能设计，为客户提供便捷支付服务。二维码支付全面抢占 C 端和 B 端：抓 C 端，利用线下支付场景实现在线获客，抓 B 端拓展线下商户，扩大扫码支付场景，配套营销活动引流客户，促进资金留存增存款。

2. 推出“薪金宝”网贷和小额消费贷

针对优质代发工资客户，借助信用评分模型和集中审批，推出小额信用消费贷款“薪金贷”。2017 年计划试点推出，实施白名单营销，实现线上办理、实时自动审批，利率上浮，有效提升资产业务利差水平和线上中心的盈利能力。打造交通银行的线上小额消费贷，将银行信贷服务融入广大客户的日常支付。新产品针对客户日常支付小额、高频的特点打造，作为借记卡标配产品，嵌在账户层，直接与支付场景对接，从源头切入信贷业务，具有线上办理、自动审批，一次签约、循环使用等优势，并运用新技术风控，包括人脸识别、评分卡、贷后监控等。该产品客群广、定价高、风险分散，能带来较好的经济效益。

3. 推进理财直播间项目，提升线上直接经营能力

线上经营不仅仅是把线下工作迁移至线上，更重要的是充分利用线上渠道在智能化、互联网化上的优势，以创新的模式开展可视化、非面对面的营销。为此，手机银行正推进“理财直播间”项目，旨在打造交通银行在线直播销售平台，通过专属直播频道，以节目录播、直播的方式，全天多波次进行实时的产品销售和客户服务，利用主播和节目的人

气，集聚大批客户，集中式、爆发式地开展产品营销，提升客户黏性。项目紧密贴合市场趋势，适应网民的行为特征和需求，是转变线上渠道服务模式、利用金融科技提升服务能力的重要手段，将为手机银行带来客户规模的快速增长，并在极少增加人力成本的情况下，满足对大批量客群的定向营销和服务需求。

4. 借助人工智能技术，提供智能财富管理、智能外呼、智能客服、云质检和智能催收服务

沃德财富管理。沃德智能财富管理借助交通银行百年专业财富管理优势和亿万用户历史财富管理经验，充分利用大数据挖掘和人工智能技术，为大众客户提供大众化的、简单易用的、专业可靠的财富管理整体解决方案，解决 80% 的大众客户理财需求。通过人工智能开展智能化财富管理，线上中心不仅能替代客户经理、低成本地提供财富管理服务，而且能借助模型和线上渠道，提供高水平、高效率的资产配置和财管服务。为此，手机银行正在推进“貔貅计划”，计划在 2017 年上线。“貔貅计划”利用后台系统的智能分析能力，针对客户的资产、年龄、风险偏好和收益目标等，自动分析和制定投资规划，并为客户提供持续的投资管理服务。2018 年，线上中心将在推出手机银行沃德理财顾问基础上，继续深耕智能理财和均衡投资理念，优化财富诊断功能，打造“沃德财商指数”品牌，为用户提供个性化、综合化的财富管理解决方案，提升客户黏性和满意度。

智能外呼。利用智能外呼系统，对大众客户进行简单金融产品的销售，扩大客户经理的管户幅度和提升管户能力。智能外呼应用行业顶尖的灵云语音识别（ASR）、语义理解（NLU）、语音合成（TTS）技术，可根据预先设置的名单呼叫客户电话，按照预设的外呼逻辑与客户交流，通过多轮对话、话术引导，达到外呼业务目标，未来将优

先在卡片激活、贷款催收、活动推广等领域，对机器沟通失败或无法继续的通话将再转人工坐席处理，未来通过智能外呼计划将人工坐席再缩减 50% 以上。

智能客服。综合应用人工智能和多媒体通信技术打造 95559 智能客服平台，以智能语音识别、语义理解和智能知识库搜索为核心功能，实现呼入业务机器人自动应答、人工坐席协助等全新服务功能。

云质检。“云质检”项目通过人工智能和语音转文本技术，实现外呼质检全覆盖，计划年底前上线。实施后每名质检人员的质检量将提升 30 倍，若按当前 1% 质检率，将能节省 32 名质检人力；若按照 20% 的覆盖率，将能节省 640 名质检人力。

智能催收。智能催收依托于人工智能技术，利用社会网络分析、机器学习及行为分析等新技术，开展自动化、智能化催收。通过建立贷后行为评分模型，高效识别预测客户逾期，制定差异化催收策略，降低坏账损失；实施系统自动催收，综合运用短信、电话等系统的自动催收策略，并与传统人工催收相结合提升催收效率。

5. 推出无介质卡，方便客户快速申请借记卡，更好满足客户多元化的业务需求

2017 年底计划投产上线无介质卡（手机借记卡），该卡不仅可以在柜面开立，还可在手持终端、ITM、手机和网上银行等渠道申请开立，方便客户快速申请借记卡。开户时不配置实体卡，仅提供卡号，开户后客户如有需要，可申请实体卡片。客户通过卡号可在柜面办理无卡存款、取款、转账等业务，能在网银、手机银行等渠道绑定云闪付卡和二维码进行线下消费，也能在网上自助购买基金、得利宝、玖玖金、银保通等产品，办理网上支付等业务，使用方便。

（三）推动网点建设创新，积极打造智慧交行

1. 以客户体验提升为目标，优化升级智能柜

持续推动非现金、长耗时的柜面交易，以及分行端特色业务向智能机具迁移；加快整合网点各类自助机具，提升机具智能化性能；持续优化智能机具的业务流程，减少人工干预频度，提升客户操作体验。

2. 充分利用新科技，推进智能网点建设

以客户为中心，探索与未来银行发展相适应的智能化网点服务模式。围绕构建智能化、立体化的全渠道服务体系，增强跨渠道服务的支撑能力，全面提升“三位一体”综合竞争优势。以“获客、黏客和活客”为出发点，聚合更多金融和非金融服务，创新网点服务场景，更好满足客户多样化需求。以现有系统平台 +AI 平台为依托，通过线上线下平台协同、整合和升级，构建智能化服务基础设施集群，降低网点的成本。深化普惠网点和自助网点新定位，向智能化、无人化网点转型。

（四）深化改革，支撑线上金融业务发展

提高站位，以交通银行深化改革方案和事业部制改革方向为纲，进一步推动线上中心体制机制改革。重点是充分发挥线上金融业务中心事业部建制优势，积极推动资源配置、财务管理、人力资源管理、IT 开发等方面的体制机制创新，进一步释放线上中心经营活力，推动线上中心顺应市场、领先同业、直面客户、快速反应。例如，优化费用管理模式，研究线上中心费用向分行“先支后摊”机制，实施财务支出审批专项授权机制；继续探索创新灵活的人力资源管理机制，支持线上中心发展；建设手机银行与后台系统解耦平台，建立快速研发和灵活变更的机制。

第三节 交通银行“三位一体”建设推进经营模式转型

互联网金融的迅速崛起对我国大型商业银行以网点为阵地的经营模式提出了新的挑战，商业银行传统的以网点为基础的业务与运营方式已经不能充分满足客户对便利、及时、个性化的服务需求，并面临着资源消耗与贡献提升难以匹配的问题。为应对新形势下的挑战，交通银行提出了“网点 + 电子银行 + 客户经理”（“三位一体”）的顶层设计方案，指明了渠道经营模式转型的方向。

一、交通银行“三位一体”建设的背景和成效

目前，我国大型商业银行面临着利率市场化、金融脱媒、互联网金融等外部挑战，同时内部运营、人力和管理成本的急速增长也使得商业银行盈利承压。“三位一体”建设推进经营模式转型不仅是应对内外部挑战的根本途径，也是助力商业银行走“低成本扩张、低资本消耗”的重要战略。

（一）交通银行“三位一体”建设的背景

交通银行在 2010 年初电子银行业务工作会议上提出了“网点 + 电子银行 + 客户经理”的发展道路，即通过这种方式形成一个电子银行依托网点，网点支撑电子银行，客户经理维护电子银行客户的三位一体的经营网络。“三位一体”建设工作正式启动。

1. “三位一体”建设是大型商业银行应对内外部环境变化的根本举措

从外部环境看，以互联网为代表的现代信息科技，特别是移动支付、人工智能、大数据技术和云计算等，正在对现代金融运行模式产生根本影响。由科技创新引发的金融变革将不断改变银行作为支付平台和存贷中介的固有职能。在互联网环境中成长起来的年轻一代更加倾向于使用电子渠道，银行网点功能弱化的趋势不可逆转。商业银行如果仍停留并延续在传统的“铺人加柜”发展模式上，将难以在未来愈发激烈的竞争中取得优势，甚至难以生存。从银行内部看，线下网点产能和单点竞争力有待提升，电子渠道功能和布局亟待完善，客户经理营销能力和队伍建设尚未成型，多渠道“一体化”协同刚刚开始。唯有积极深化推进“三位一体”建设才是商业银行应对挑战的根本途径。

2. “三位一体”建设是大型商业银行转型发展的战略举措

在经济周期的不同阶段，商业银行经营管理体现出不同的战略举措。在经济扩张时期，重点是做大业务和抢占市场；在经济下行时期，更多注重审慎管理和控制成本。在当前宏观经济增长放缓、商业银行业务增速同步放慢、银行利润增幅不断下降的情况下，降本增效是商业银行渠道发展的着力点。商业银行必须从全行转型发展的战略高度出发，将“三位一体”建设作为一项长期的系统工程。改变依靠增量资源投入来支撑业务增长的发展模式，把有限的资源用在更有效率的地方。“三位一体”建设是一个整合、提升、深化的过程。一方面要顺应互联网时代发展的需要，在加快推进基层营业机构转型发展的同时，大力发展线上渠道，包括手机银行、网络银行、微信银行等新渠道；另一方面要加强多渠道“一体化”协同能力，实现渠道运营效率大幅提升，优化客户体验。

（二）交通银行“三位一体”建设的实践成效

当前，国内商业银行都在探索围绕线下网点、线上渠道和营销队伍的转型创新。谁能成功转型，谁就能掌握市场的主动权，否则就会丧失竞争优势。

自交通银行正式启动“三位一体”建设工作以来，经过几年的积极探索，明确了“三位一体”建设的方向和路径，全面推进基层营业机构转型、电子银行功能提升和客户经理队伍建设，取得了积极的成效。

1. 线下网点转型提升的现状和成效

线下网点布局方面，提出并深入推进基层营业机构转型提升，积极推动存量网点营业面积、运营费用和人员压降，促进网点产能提升。探索基层营业机构服务模式转型，推动综合型网点建设由数量型向质量型转变。截至 2016 年末，交通银行综合型网点数量达 574 家。简化普惠网点准入流程，持续完善普惠金融服务体系。交通银行对外营业普惠型网点已达 605 家。境内银行机构营业网点合计达 3 285 家，较 2010 年末增加 642 家；目前已覆盖 236 个地级及以上城市，地市级城市机构覆盖率为 70.66%，其中西部地区机构覆盖率为 43.51%。2016 年共有 140 家网点获评中国银行业协会“中国银行业文明规范服务千佳示范单位”，获评网点数量排名行业第一。在 J.D.POWER 公司 2016 年度中国零售银行客户满意度调查中，以 846 分的得分名列同业第一位，且连续三年排名第一。

2. 线上渠道建设和发展的现状和成效

交通银行线上渠道主要包括网上银行、手机银行和自助渠道等。自从 2010 年“三位一体”建设提出以来，加快推进电子渠道建设，持续优化电子渠道服务。截至 2016 年末，境内行电子银行交易笔数突破 49.40 亿笔，交易金额突破人民币 223.02 万亿元。电子银行分流率、柜面业务替代率、到店客户销售服务率分别达 91.42%、82.85% 和 19.29%。

网上银行方面，交通银行不断完善网上银行功能布局。截至 2016 年末，企业网银交易笔数同比增长 55.57%，个人网银交易笔数（不含手机银行）同比增长 52.72%。手机银行方面，交通银行紧跟市场趋势，持续加强手机银行团队、产品和营销等方面建设，积极布局新的业务增长模式，实现手机银行业务快速发展。截至 2016 年末，手机银行交易笔数同比增长 19.65%，交易金额同比增长 68.23%。离行式自助银行数量和联行式自助服务区覆盖率分别达到较高水平，自助银行（含离行式自助银行 + 在行式自助银行 + 普惠型网点）与传统网点（综合型网点 + 普通型网点）配比达到将近 3 ∶ 1，线上渠道服务能力持续提升。

3. 客户经理队伍建设成效

持续推进客户经理队伍建设，优化客户经理管理机制，畅通客户经理发展空间，加强客户经理教育培训。截至 2016 年末，境内行客户经理总数达 24 724 人，其中对公客户经理达 10 991 人，零售客户经理达 13 733 人。研究生以上学历 2883 人，较年初增长 15.41%；本科及以上学历 21 424 人，较年初增长 5.39%。分行客户经理占比 30.53%，人均存款和人均经营利润分别达 5 901.96 万元和 113.29 万元。

4. 渠道“一体化”协同的建设成效

根据“三位一体”建设精神，交通银行于 2015 年成立了网络渠道部，统一管理线上和线下渠道，为做好线上线下一体化转型提供了管理保障。

为了促进线下网点“一体化”提升，交通银行启动了“网点服务模式创新项目”，打造“智能设备”满足客户综合化交易需求，“营运人员”走出柜面辅助交易和厅堂营销的网点经营服务新模式，并取得良好成效。

压柜分流成效显现。试点网点高柜显著压降，网点厅堂人员占比显著提升。

营运效率提升明显。引导客户自助操作，重点改造流程、压降授权，推进客户化界面设计，同步开发高关联交易的套餐化组合，网点客户平均等候时长大幅压降。

交叉销售能力增强。新模式下厅堂人员开展贴身服务、精准营销，销售服务率进一步提高。

渠道分流效果明显。试点网点智能设备进一步分流现有柜面对私业务，网点柜面替代率高于全行平均水平。

网点业务稳步增长。试点网点日均储蓄存款、对私有效客户数均较年初大幅提升，新模式对网点零售业务发展的支撑作用初步显现。

为了促进线上线下“一体化”协同。交通银行成立了手机银行项目部，并在2016年底升格成为在线金融业务中心，全面负责手机银行的策略分析、产品研发和业务推广。引进行内外顶尖人才组成专项团队，并配套专项资源、专项政策、专项制度、专项流程，最大程度激发团队创新能力和执行力。2016年4月正式对外推出新版手机银行，围绕金融服务打造五大亮点：手机扫码支付，实现客户以及商户面对面快速收款和付款的支付场景；网点预约服务，客户通过手机银行提前预约、按时到达网点即可办理业务；Ⅱ类账户实时开户，客户可在线开立交通银行账户、享受交通银行金融服务；丰富理财服务，覆盖理财产品、基金、贵金属、保险、记账式原油、大额存单、“活期富”和结构性理财产品等多个品类，满足不同客群的财富管理需求；“小秘姣姣”智能提醒服务，实现产品净值波动提醒、投资收益达标提醒等，方便客户及时掌握投资变化。在创新产品功能的同时，手机银行安全防范也在升级，不断提升防范盗用、破解的安全能力，保障客户资金安全。2016年，交通银行手机银行荣获中国金融认证中心（CFCA）“最佳手机银行安全奖”、中国金融品牌“紫荆花”奖最佳移动金融服务平台等多个奖项。

二、交通银行“三位一体”建设的思路和重点举措

（一）“三位一体”建设的总体思路

当前，为了应对复杂多变的竞争态势，交通银行“三位一体”建设坚持以“两个转型工程”引领新形势下的转型发展，统筹推进物理网点智能化、自助银行便捷化、电子银行生活化、电话银行平台化、客户经理专业化建设，打造全新的“线上+线下”、“物理+虚拟”、“金融+生活”的全渠道协同服务和管理模式，实现公私客户发展、运营成本降低、渠道效能提升，为交通银行深化改革转型发展提供新的动力。

物理网点以“两个转型工程”为抓手，重点推进智能化、轻型化改造；电子银行以线上渠道为主，重点加快手机银行建设步伐；客户经理以职业人才队伍建设为契机，重点提升客户经理占比和履职能力。

探索网点智能化建设，持续推进智能化服务和营销平台建设，同步配套新型服务、营销和产品机制，推动网点三位提升、一体化见效。发挥渠道职能整合优势，引导传统交易和拓客向线上渠道转移，着力增强线下渠道客户体验和财富管理能力，推动线上线下一体化协同发展。

控制新增网点和自助银行数量，保证发展质量，保持并发挥交通银行物理网点的竞争优势。优先对存量网点和自助渠道进行调整改造，引

导存量网点压缩柜台、压降面积、提升营销，挖掘发展潜力。

综合考虑外部环境、资源约束、管理能力等因素，把握渠道发展速度，推动科学发展。注重定量化、信息化管理工具，加强精细化管理。

（二）“三位一体”建设的重点举措

1. 推动线下网点转型和“一体化”提升

明确网点营销职能。人工网点服务客群重点向小微企业客户、零售客户转移，服务重心以到店零售客户为主。网点外拓团队重点负责辖内社区、企业、商圈、市场、按揭楼盘等重点区域的客户批量集中营销。远程客户经理队伍重点协助网点中端及潜力客户挖掘和维护。

加快业务流程改造。转变网点服务模式。重点将非现金、高频等业务分批次向智能自助设备迁移，实现以客户自助操作为主的服务模式。加强人员分流。服务模式转型后，营运人员转化分流为客户辅助服务人员，明确其管理、考核体系和岗位职责，赋予分流人员更多的营销职能，并与网点客户经理、大厅经理进一步融合，强化厅堂的整体营销作用。加强智能设备支撑。统一推进新型智能柜员终端、智能打印设备、手持终端、多功能外拓移动终端等网点服务和营销平台的持续研发步伐，同步实现差异化的外观设计和功能配置，满足不同网点和客户需求，加快提升网点厅堂一体化营销和业务外拓发展能力。

提升客户体验。第一，提升网点人机之间的协同配合，研发具有自动向厅堂人员推送客户信息、客户业务办理进度功能的智能机具，提升响应速度。第二，提升网点机具之间的协同配合。统一机具界面，简化自助机具业务流程，提升交易效率；研发跨平台业务预处理功能，实现多平台间业务的智能衔接。第三，提升网点人员之间的协同配合，持续完善新模式下厅堂服务和营销模式，明确营运人员、大堂经理、客户经理、远程客服的职责分工，同步研发差异化的业务产品，支撑网点智能化建设，切实提升网点产能。

2. 加快推进线上渠道的建设步伐

推进手机银行的移动化建设。手机银行建设是下一阶段全行电子渠道，乃至全渠道建设的重中之重。全行正加快完善手机银行金融服务功能，着力提升客户体验。立足手机银行核心金融服务功能，突出手机银行金融服务的领先性，加强对于支付、转账、理财、贷款、预约等核心场景化应用功能。通过优化客户操作界面，提高客户对手机银行的接受度和使用意愿，把手机银行打造成为客户最便捷的支付工具、获取财富管理服务最直接的渠道，打造以手机银行为主的交通银行移动金融生态圈。

推进网上银行的功能化建设。持续开展个人网上银行的功能完善和优化，持续提升电子银行交易替代率，重点增强网上银行对柜面业务的替代能力，提升网上银行客户占比。在交易替代提升的基础上，承担更多的产品销售职责，通过大数据分析提升营销与交叉销售的精准度。

推进电话银行的平台化建设。将电话银行打造成为业务咨询和客户服务的主渠道。加强电话银行的平台整合和优化提升，加强电话银行与其他渠道的信息共享和联动，提升交叉销售功能，为客户提供全方位、专业化的业务咨询和交叉销售服务，进一步提升客户满意度。

推进自助银行的便捷化建设。将离行式自助渠道打造成为成本可控、快速便捷的重要交易渠道之一。增强经营效能，探索新型机具融入第三方商户，酌情开发拓客销售功能，提升综合效益。控制布局节奏，鼓励新设分行适量布局，暂停低交易量分行建设步伐。着力管控成本，建立评价体系，推动低效自助机具整合。

3. 同步推进客户营销平台和客户经理队伍建设

推进职业人才队伍建设。启动包括职业大堂经理、职业柜员、职业客户经理在内的职业人才队伍建设，积极探索职业人才队伍与存量专业序列队伍并行发展的“双轨制”人才队伍建设模式，不断提升各级营业机构专业序列人才队伍职业化、专业化、市场化水平。针对三类职业人才的不同职业性质和职位特点，按照“招得到、用得好、留得住”的总体要求，因地制宜，分类掌握，灵活调整应届毕业生招聘、社会招聘和外包人员录用的学历或任职年限条件。延展职业岗位职级范围，扩大晋升空间，引导职业大堂经理、职业柜员和职业客户经理安心在本岗位长期工作，增强职业稳定性，提高队伍专业技能。强化考核管理，对职业大堂经理、职业柜员、职业客户经理转入行内其他专业序列职位进行从严把控，确保职业人才队伍整体质量和人员有序流动更替。

加强客户经理能力提升。第一，加强客户经理队伍分类分层建设，健全公司、零售、同业客户经理三支队伍，完善客户经理任职资格管理体系，提升岗位胜任能力和专业化水平。第二，完善客户经理考核分配模式，严格按全员全产品计价考核结果分配绩效工资，把薪酬资源向高产出的客户经理倾斜。进一步明确支持分行试点“低保障、高激励”的协议薪酬制度，强化激励约束机制，实现客户经理收入能高能低的目标。第三，提升客户经理履职能力。持续举办精英客户经理培训班，加大板块培训融合的力度，并针对性地加入形势分析、风险防范等内容。在 e 校园中搭建知识中心，供客户经理之间经验分享。第四，进一步丰富零售队伍的形态和职能，分工协同。逐步建立厅堂、外拓、远程专业化营销队伍，突出线上、线下协同，围绕客户生命周期管理形成获客、黏客、活客的全流程、专业化分层管理。进一步健全零售队伍的分类管理模式，形成有效竞争激励机制。针对客户经理、外包人员、远程坐席三类专业队伍的展业特点，按照职责定位和场景式营销要求，制定标准工作流程和展业模板，优化移动营销工具，明确业绩标准，运用全员全产品计价考核统计，完善三类专业队伍的“岗位能进能出、等级能上能下、收入能高能低”的业绩评价体系。

4. 积极推进线上线下“一体化”协同发展

提升“一体化”协同能力。积极推进互联网金融、电子银行、物理渠道的信息、营销和客户体验“一体化”到位。

实现信息“一体化”。探索打破渠道壁垒，加快打通多渠道数据归集，统一各个渠道、机具之间客户信息的推送。提升大数据分析能力，深度分析、挖掘新客户和新需求，支撑交通银行业务健康持续发展。

实现营销“一体化”。建立各渠道互补式客群定位、多样化业务发展和差异化产品定价机制，实现渠道之间交易、客户、产品的顺畅衔接和交互营销，提升全渠道综合贡献。加大各类渠道的客户入口建设力度，根据客户潜在需求，主动实现客户转介，提升渠道之间的交叉销售能力。

实现体验“一体化”。统一各渠道触点上的产品服务、业务流程、交互逻辑、操作界面等，保证客户在各渠道获得服务无缝连接和一致性，降低客户渠道转移成本及学习成本。

三、交通银行“三位一体”建设的展望

新形势下，“三位一体”建设蕴含着新的意义。交通银行必须着眼长远，前瞻规划，加快线上渠道建设和线下网点转型步伐，依托线上便

捷化优势，提升和发挥交通银行高覆盖、多触点、优服务的线下优势，统筹推进“线下减面压柜控成本，线上整合优化增效率，线上线下一体化协同”的“新三位一体”建设。

1. 规划渠道一体化建设

明确差异化建设方向和策略，统筹推进线上线下渠道一体化建设。一方面，要大力发展线上渠道，加大资源投入；另一方面，要压降提升线下渠道，推进减面压柜，加快布局优化和智能改造。同时探索新型渠道，提升多渠道协同发展能力。

2. 探索渠道一体化获客

探索“线上获客、线下深挖”和“线下获客、转介线上”相结合的协同模式，实现低成本获客。借鉴互联网模式获客，打造场景化获客入口，提升线下获客能力。

3. 推进渠道一体化销售

通过建立客户营销名单，打造营销部署平台，线上线下协同外呼等一系列举措，实现网点客户经理以高端客户为主、集中外呼以中低端客户为主的差异化营销模式。

4. 实施渠道一体化考核

以“全渠道客户活跃度”指标为抓手，推动客户基数扩大的同时，提升低成本渠道客户活跃度，实现客户“离店不离行”。

第四节　以产品和技术创新获客

交通银行高度重视产品创新工作，及时把握金融科技发展趋势，努力打造具有市场竞争力的创新产品。交通银行自 2010 年成立了产品创新与推进委员会以来，紧紧围绕“两化一行”战略，针对产品创新全流程不断探索，初步形成了突出重点、分类管理的创新产品体系，建立了重大创新项目、常规创新项目、创新实验项目三大产品创新体系。同时交通银行不断改革科技研发体制机制，推进重大创新项目制试点。以项目制改革打造了手机信用卡等一系列具有市场竞争力的产品和品牌，取得良好市场反响。

一、手机信用卡创新

为顺应互联网发展趋势、满足消费者需要，更好地利用先进技术保护金融消费者权益，2017 年以来交通银行太平洋信用卡中心（以下简称交行信用卡中心）积极开展了信用卡领域的互联网金融产品创新——手机信用卡业务，建立基于互联网平台的信用卡账户，并建设相关的移动支付体系和应用场景，形成自有的消费金融生态圈。

（一）手机信用卡创新的背景和思路

1. 手机信用卡创新的背景

（1）客群向移动端迁移的趋势及金融科技公司的跨界竞争，给传统信用卡运作模式带来极大冲击。大量客群向移动端聚集、移动支付成主流支付模式。公开数据显示：2017 年天猫“双十一”网上购物节全天总交易额超 1 682 亿元，其中移动端交易额占比高达 92%；支付宝、微信支付等第三方支付机构，通过市场营销、舆论宣传等活动，吸引客户支付习惯向移动端迁移，同时从二维码支付切入延伸至线下，迅速抢占消费场景。

金融科技公司的跨界竞争日益激烈。“花呗”、“借呗”、“还呗”、“京东白条”、“微粒贷”等互联网消费信贷产品，借助补贴和场景优势快速抢占信用卡的消费信贷市场份额。

（2）金融科技的成熟和普及为信用卡业务发展提供了新思路。移动互联网的普及为信用卡业务发展提供了广阔空间。移动互联网突破了传统时代信用卡服务在时间、地域上的限制，为信用卡行业提供了广阔的市场和空间。

大数据应用的成熟为信用卡业务发展提供了充足动力。大数据技术及应用为金融行业提供更新的技术、更安全的保障，衍生出丰富的大数据金融业态。大数据与市场营销、服务创新、决策优化等环节的充分融合，将在优化用户体验、扩大客户规模、创新商业模式、提升市场占有率等方面起到积极的促进作用。

身份识别技术的突破为开卡模式创新提供了契机。人脸识别、证件OCR识别、远程视频、电子签名等新兴技术的日趋成熟以及在金融领域的广泛使用，为客户身份识别等银行传统业务创新提供了必要基础和发挥空间。

（3）交通银行信用卡中心具备开展手机信用卡业务的基础优势。相较于银行同业，交通银行信用卡中心具有机制、客户、队伍、品牌方面的基础优势。首先是机制优势，交通银行信用卡中心事业部制管理模式可有效整合资源，灵活应对市场变化，是实现转型发展的机制保障；其次是客户优势，交通银行信用卡中心已拥有超过5 800万的在册卡量，同业排名第三，有助于迅速形成移动互联网平台客户端（C端）规模；再次是队伍优势，交通银行信用卡中心已建立了完备的直销、分行及网络销售渠道，拥有一支高效执行力的万人规模直销团队；最后是品牌优势，以“方便实惠交给你”为品牌定位，不断改善服务细节与品质，形成了良好的品牌形象与社会信誉基础。

相较互联网企业，交通银行信用卡中心具有客群质量、专业人才、风控能力、外部数据方面的基础优势。首先是客群质量优势，拥有紧密联系的客群以及经过有效验证的客户数据，使交通银行信用卡中心具备了业务发展的优势客群基础；其次是专业人才优势，凝聚了一批职业、敬业、专业且具有共同目标、共同价值观的核心团队；再次是风控能力优势，拥有经过市场验证的信用卡和消费信贷模型和风控经验，已形成较完善的产品设计流程和体系；最后是外部数据优势，已经和央行、社保、公安、车辆、学历等全国性数据源形成紧密合作，并正积极拓展重点中心城市的地方性数据库。

2. 手机信用卡的创新思路

手机信用卡业务主要有基于传统信用卡互联网化的“信用卡 + 互联网”模式和基于互联网用户习惯的“互联网 + 信用卡”模式两种。

“信用卡 + 互联网”模式的核心要素在于：（1）承载信用卡账户和支付方式的移动互联网平台（APP）；（2）基于互联网平台的获客、审批、推送流程的整合；（3）具有完善的外部数据，以支持手机信用卡的“秒批秒用”。

“互联网 + 信用卡”模式由于互联网用户习惯难以适应现有“亲核亲访”的要求，必须以“非面对面”方式来确定客户的真实身份，因此除了上述要素外，还需要：（1）基于人脸识别、实名认证等技术的用户身份识别方式；（2）通过自建或与外部平台合作，使互联网平台拥有亿级的 C 端客户和百万级的 B 端商户，以实现跨边网络效应；（3）形成以二维码、近场支付（HCE）为主的支付通道和丰富的应用场景；（4）基于人工智能的线上客服平台；（5）较为完善的移动互联网安全监控体系；（6）监管部门对该业务的认可。

手机信用卡以满足互联网用户极致使用体验为导向，将手机移动终端与信用卡账户紧密结合，提供更好、更方便、更安全的支付体验。手机信用卡的推出是建立在互联网平台、大数据、移动支付、信用评分、风险控制等综合能力基础上的，交通银行信用卡中心通过近年来的不断创新，各个击破，通过发卡用卡全流程重塑及体验再造，探索行业合规经营、创新突破的方向，并以金融科技为基础，切实承担普惠金融的社会责任，维护国家金融安全。

（二）“信用卡＋互联网”模式手机信用卡的创新和成效

“信用卡＋互联网”模式的手机信用卡，即手机信用卡1.0，是基于交通银行已有直销渠道发卡、审批流程，为客户提供的“临时用卡服务”，实现客户在收到实体信用卡前，即可通过交通银行“买单吧”APP开通“临时用卡服务”并可绑定各类手机支付、开通二维码扫码支付，实现线上线下各类商户的刷（或扫）手机消费。

2017年4月17日，交通银行信用卡中心在上海召开发布会正式推出“手机信用卡”（即“信用卡＋互联网”模式的手机信用卡），同步发布了业内首份“手机信用卡白皮书”。

1. “信用卡＋互联网”模式手机信用卡的创新

“信用卡＋互联网”模式的手机信用卡首创“秒批、秒用、秒贷”模式，提供从发卡到使用全程的“秒级”服务体验，引领行业发展方向。

秒批方面。客户经过销售人员亲核亲访亲签后，在交通银行“e办卡”终端上提交申请，最短2秒即可完成审批，最长只需3分钟即可核发手机信用卡。

秒用方面。卡片核发后，客户只需使用手机登录交通银行“买单吧”APP，2 步即可完成手机信用卡开通，并可同步绑定各类手机支付方式，用于线上线下主流支付场景，同时，享受银行专业的风险监控服务，确保交易安全。

秒贷方面。对于优质客户，无须其提供额外资料、无须行为累积，在授予信用卡额度的同时，还可进一步授予专属消费信贷额度。同时，通过实体卡同步寄送满足更多支付需求。

2. “信用卡 + 互联网”模式手机信用卡的成效

业务得到市场的充分认可。至 2017 年 8 月 31 日，累计发行“信用卡 + 互联网”模式手机信用卡 135.4 万张，累计开通卡量 56.1 万张，累计用卡量 45.5 万张，累计交易额 7.8 亿元。当日开通总卡量 50 万张，当日用卡总卡量 40.6 万张。手机信用卡业务得到了客户的广泛好评，客户满意度调研达到 90% 以上。

信用卡申请审批效率大幅提升。最短 2 秒、平均 49 秒、最长 3 分钟即可核发手机信用卡；10 秒钟内处理率 81%、3 分钟内处理率达 99%；当日批核卡量 105 万张，当日批核率 52.5%。

安全性较实体信用卡更高。手机信用卡上线以来总体欺诈率仅为 0.29 BP，远低于同期传统信用卡 0.51BP 的欺诈率。

（三）“互联网 + 信用卡”模式手机信用卡的创新探索和展望

随着人脸识别、远程开户技术的成熟，在“信用卡 + 互联网”模式手机信用卡成功经验基础上，交通银行信用卡中心借鉴国际远程开户先进经验，充分发挥主观能动性和比较优势积极探索，综合运用 OCR 识别、人脸识别、远程视频、电子签名等技术手段，开展“互联网 + 信用卡”模式的手机信用卡创新和探索。

1. “互联网 + 信用卡”模式手机信用卡的创新探索

交通银行信用卡中心在获得监管部门认可和允许小范围试点基础上，探索以网络办卡的远程视频激活为特征的“互联网 + 信用卡”模式手机信用卡业务（手机信用卡 2.0）。

（1）手机信用卡 2.0 的创新。超越传统时空限制。客户通过互联网渠道提交信用卡申请后，可随时随地通过互联网渠道完成信用卡激活，无须到网点办理激活手续。申请信用卡和激活信用卡，不再受时间、地点限制。

客户身份识别实现重大突破。综合运用 OCR 识别、人脸识别、远程视频、电子签名等技术手段，通过对客户身份证件 OCR 识别，客户人脸图像与公安系统证件影像的交叉比对，与后台客服远程视频验证身份，以及用电子签名确认客户真实办卡意愿等步骤，实现了完全互联网化的信用卡申请、批核、激活功能，大幅提升客户申卡、开卡的效率及体验。

（2）手机信用卡 2.0 的试点。2017 年 8 月，交通银行信用卡中心进行小范围驻点模式的“招募式”产品试点测试。在北、上、广、深等四大城市由分中心直销业务人员向客户进行了产品试点推广。根据实地试点中客户反馈的产品问题，对产品不断打磨优化，确保后续产品的正常对外运行。业务试点获得了用户的一致认可，用户操作网络申请到在线激活环节，在顺畅情况下全流程体验不超过 20 分钟，其中在线申请环节最快不超过 6 分钟、在线激活环节最快不超过 5 分钟。

2. “互联网 + 信用卡”模式手机信用卡的展望

交通银行信用卡中心将继续深入推进“互联网 + 信用卡”模式手机信用卡的创新，逐步迭代和完善，探索以秒申、秒批、秒开、秒用、秒享为特征的区别于传统信用卡的“无介质”手机信用卡，并通过外部大数据深度合作及联合经营，准确定位客户行为特征，快速识别客户画像，实现“简单申请，快速审批，快速提额”的极致客户体验。

（四）手机信用卡背后的体制机制创新

手机信用卡创新产品的推出，与交通银行“改革先锋”的精神一脉相承，更离不开全行始终贯彻的稳健永续的体制机制创新。

1. 体制方面：深化改革

手机信用卡作为交通银行总行 2017 年 20 个深化改革项目之一，是推动“互联网+”的一次创新尝试。在总行牵头下，手机信用卡项目得到人民银行、银监会的高度重视，通过多次交流沟通，获得了监管部门的初步认可。

交通银行信用卡中心作为由总行直接经营的事业部，被赋予了灵活的经营管理机制。以利润为导向的商业化运作，以垂直一体为模式的条线化管理，以客户价值为核心的专业化经营，激发了创新活力。手机信用卡项目主要由交通银行信用卡中心互联网部牵头，该部门成立于 2016 年，具有灵活的工作机制和市场化的人才管理体系，很好地贯彻了卡中心“算清账、控比例、选对人、善经营”的理念。

2. 决策方面：重点项目管理，提升决策效率

手机信用卡属于交通银行信用卡中心的 2017 年十大重点项目。交通银行信用卡中心自 2007 年开始推行十大项目管理机制，每年根据工作重点和战略方向，确定十大战略性项目，充分发挥“集中力量办大事”的机制优势。交通银行信用卡中心定期召开管理层例会及手机信用卡专题会议，强化管理层与业务部门的紧密沟通，及时做出项目决策。

为提高决策效率，交通银行信用卡中心还出台了《关于进一步深化事业部制改革 提高决策效率的意见》，从会前沟通、会议召开、会后落实、办文效率、部门协作等多个维度提出高标准要求，进一步提高了手机信用卡项目各个环节的决策效率。

3. 文化方面：营造创新文化

百年交行，文化同行，企业文化在交通银行深化改革、转型发展、从严治党中发挥着重要作用。面对内外部的诸多挑战，交通银行信用卡中心树立了“创新 卓越 担当”的企业文化，用文化提升生产力。交通银行信用卡中心围绕秒级服务、“买单吧”APP 等手机信用卡相关领域发布季度创新主题，共收集到员工创新提议 300 余条，其中 50 条有效建议被办至业务部门，营造出了“全员参与，共同创新”的创新文化。

交通银行信用卡中心还多次举办创新相关的主题培训，邀请互联网领域的专家，系统提升员工业务创新的理念与思维，推动创新转型业务落地。在 2017 年第二季度工作会议上，交通银行信用卡中心中层以上干部共同畅想了手机信用卡业务创新，通过头脑风暴，总结出“你的信用卡，智能信用卡”的发展方向，为手机信用卡的下一步创新指明探索方向。

4. 科技方面：技术支持，实现创新引领

信息技术对于商业银行转型发展具有支撑作用，交通银行信用卡中心高度重视创新技术应用，在总行技术开发部门的大力支持下，打造安全可控、弹性灵活的 IT 基础架构，持续提升技术管理水平，手机信用卡项目就是金融科技在银行传统领域深入应用的集中体现。

在手机信用卡项目中，大数据技术在客户分析和风险控制等方面发挥了重要作用，身份证 OCR 扫描技术可以远程核对客户身份信息，人脸识别技术能够完成对客户的生物检测识别，电子签名技术保证了签署合约的真实有效性，远程视频技术落实了监管部门的面签要求，视频客服满足了客户随时随身的互动需求。通过以上创新技术的集成应用，打造出了手机信用卡这一符合市场和科技趋势、满足消费者需求的创新产品。

二、产业链金融创新

随着全球经济的整合，优势企业的市场竞争更多地体现为产业链之间的竞争，而产业链金融关系到整个企业乃至整条产业链资金流的通畅性，直接影响着整条产业链的生产运营和核心竞争力。随着互联网技术、金融科技等的不断发展，产业链金融也在加速创新。交通银行产业链金融践行“以市场为导向、以客户为中心”的原则，通过打造品牌产品、优化系统建设、线上线下一体化服务等方面探索实践，从而构建交通银行产业链金融业务差异化市场竞争优势。

（一）产业链金融发展的机遇与挑战

在当前金融脱媒加剧、产业转型升级、资金“脱虚向实”需求增强环境下，商业银行发展产业链金融其自身具有独特优势和一定劣势，外部环境上面临着良好机遇的同时也有诸多威胁。

商业银行是产业链金融发展的深度参与者，相较于非银机构优势明显。首先，商业银行对产品服务有长期深入的研究，金融产品丰富全面，既有标准化产品，也可以根据企业差异化需求设计产业链金融服务方案，没有行业范围限制；其次，商业银行资金规模雄厚，尤其大型银行资金相对充裕，在产业链金融产品定价上更具有优势，同时相较非银机构企业，银行更能获得低成本存款资金；此外，商业银行合作伙伴多，企业客户群体资源丰富、质优，许多大型央企国企都与银行有战略合作，银行的金融服务已经深入到对整个产业链的支持，从而为银行开展产业链金融服务提供了更好的切入点；最后，商业银行风险防控经验多、专业性强，一方面银行掌握资金流动态等数据信息，另一方面银行有强大的客户经理队伍、专业信贷从业人员队伍，通过“线上＋线下”风险防控相结合，优势更加明显。

我国商业银行在发展产业链金融业务时，常受到体制、流程、技术等方面的制约，存在一定劣势。

创新机制不够灵活，由于管理体制、经营理念的限制，在产业链金融创新业务发展、新技术应用、新兴行业拓展上往往比较谨慎，从而错过跑马圈地的最佳时机。

业务流程繁琐，电商平台等互联网企业更依赖于互联网技术来简化产业链金融业务流程，实现 T+0 融资放款，从而提升客户体验，而银行受传统风控手段限制，授信放贷审核流程较长，无法满足不断提升的客户需求。

信息获取成本较高、获取能力弱，无法完全掌握企业的真实的交易信息流和物流信息，对质押物监管审查难度大，与企业客户之间存在信息不对称的风险。

产业链金融生态圈建设有待加强，核心企业、电商平台、物流企业等主导的产业链金融业务往往依托于其自身的 B2B 互联网平台，本身有一定的客户群基础，而其发展的产业链金融业务往往比银行更加高效便捷，更容易吸引客户形成产业链金融生态圈。

当前商业银行产业链金融业务面临良好的发展机遇。一方面，经济换挡期产业链上企业转型升级压力大，催生出对产业链金融业务不同需求。产业链核心企业希望利用金融业务将其在行业中的竞争优势转化为实际的资金资源优势，而上下游的中小微企业则对解决“融资难、融资贵、融资慢”问题更具偏好，根据前瞻产业研究院发布的报告，预计到2020年我国产业链金融市场需求将达到15万亿元。另一方面，国家加快外向型倡议布局，开辟产业链金融业务新市场。在“一带一路”倡议鼓舞下，中国企业“走出去”规模、层次和水平也不断提升，产业链上下游企业的融资需求不断提高，为产业链金融业务提供了更广泛的客户群体以及难得的战略机遇。此外，国家出台了相关支持政策和法规，为产业链金融业务发展提供坚实基础。人民银行等五部门联合印发的《关于金融支持制造强国建设的指导意见》（银发〔2017〕58号）鼓励金融机构依托制造业产业链核心企业，积极开展各种形式的产业链金融业务。同时，《电子商务法》即将出台，中国互联网金融协会的正式挂牌，也为在线产业链金融在实践中的推广应用提供了法律基础和保障。

商业银行在产业链金融业务发展和实践操作中存在不少威胁和挑战。

产业链金融市场竞争日益加剧，一些实力较强的企业不再满足于原先的角色地位，积极向产业链的上下游延伸业务，发展了各类产业链金融业务模式，试图分享商业银行在产业链金融领域的市场份额。银行同业间的竞争也日益激烈，自2006年原深圳发展银行率先推出“供应链金融”品牌后，国内多家银行紧随其后纷纷布局产业链金融。核心企业及中小企业的议价能力不断增强。

核心企业，尤其是产业龙头企业，具备深厚的行业背景和资源，掌握产业链的物流、信息流、资金流，具有强大的议价能力。随着产业链金融产品服务平台的不断增多，中小企业为了降低融资成本往往“货比三家”，银行只能在贷款利率、保证措施等方面做出让步才能防止客户流失。

信息不对称带来的风险防控威胁。产业链上的企业往往分散且分布广泛，银行对质押物监管审查难度大，管理成本很高，由于对企业间交易、物流动态等真实信息获取的困难，一定程度上会出现信息更新不及时、监管不严、伪造数据等问题，给银行在抵押物监管操作和贷后管理等方面带来很大风险。

（二）交通银行产业链金融发展的创新探索

根据前瞻产业研究院发布的报告，预计到2020年我国的产业链金融市场空间将达到15万亿元。面对广阔的发展前景，交通银行将产业链金融作为转型发展“八大业态”之一贸易金融（供应链融资）的重要内容，近年来不断探索实践，从组织架构改革、业务方向调整和信息技术驱动三方面进行创新。

1. 组织架构变革以满足产业链金融业务的发展需求

随着产业链金融的兴起，交通银行自2012年起进行了相应的组织架构调整，在总行公司机构业务部下设产业链金融二级部，主要负责产业链金融企业客户拓展、公司小微业务联动、电子供应链金融系统搭建和产品创新业务发展等，并通过业务指导、资源倾斜、营销推动等多项措施，引导分行围绕核心企业搭建产业链网络，加大链属客户拓展力度，从而推动产业链网络的整体营销和管理。同时，为了促进汽车行业产业链金融的发展，总行公司机构业务部设立汽车金融二级部，并设立了4个汽车金融中心和16个汽车重点发展分行，从而促进特色行业汽车产业链的业务发展。截至2017年6月，汽车金融拓展的经销商客户数较2013年翻了7.5倍；融资发放量是2013年的31倍。

2. 业务方向调整实现产业链金融线上线下一体化联合

交通银行 2008 年正式向市场推出“蕴通产业链”品牌，先后推出了快易收、快易贴、快易付等系列产品以满足企业产业链金融服务需求。随着“互联网 +”战略的发展，交通银行产业链金融已从传统线下模式向线上化发展，聚焦“支付结算 + 贸易融资 + 增值服务”，全力打造面向全链条“线上 + 线下”的一体化服务。以“e 链结算”一点接入，为众多大型企业及其下属的 B2B 商城提供“线上 + 线下”方便、快捷的收付款服务；打造“e 链融资”，重点研发商业汇票、应收账款、代理付款类融资产品，实现融资申请全程在线办理，支持分行以“一家分行做全国”的模式，批量拓展中小企业；推出“e 链增值”服务，开辟企业网银的产业链金融专区，设置支付、融资、理财等多个频道，以此为链条上下游企业客户提供定制理财、结算套餐等各类增值延伸金融服务。

3. 系统架构建设实现产业链金融产品服务创新

自 2010 年交通银行正式启动产业链金融系统开发工作以来，已形成了由电子供应链、应收账款服务平台和全流程信贷系统管理系统等三个主要系统构成的产业链金融业务支持系统，通过企业网银和银企直联等渠道，与大型企业系统对接，实现银企信息的高效交互，使得交通银行能突破时间和地域限制，快速响应客户需求，全天候为全国客户提供便捷的产业链金融服务。目前交通银行已经与国内大型知名企业（如中远物流、中石化、苏宁电器、东风汽车和中国建筑等）合作，在线提供商品融资、应收账款融资、票据贴现、快捷保理等一系列服务。在特色行业的系统构建方面，以汽车行业为试点搭建了智慧经销商平台，通过对信息流、资金流、物流信息的动态跟踪和管理，实现了汽车销售融资业务的全流程电子化、智能化办理。

（三）交通银行产业链金融发展的实践成果

交通银行产业链金融通过布局产业链上下游、建设拳头产品、深化行业场景等不断创新实践，形成差异化核心竞争优势，在市场上也初步树立了品牌影响力，已成为深化重点客户服务、推动中小企业及零售信贷业务发展的重要手段。

交通银行“蕴通产业链”致力于帮助核心企业和其上下游中小企业拓展融资渠道，取得了良好的经济和社会综合效益。目前，交通银行产业链金融产品线共计6大类近30个产品，涵盖了企业采购、生产及销售各环节需求，已形成了针对核心企业、供应商、经销商、零售商和终端消费者的线上、线下产业链整体金融解决方案，并对客户开展分层分类分级管理，持续推动产业链网络的整体营销和管理，通过业务指导、资源倾斜、营销推动等多项措施，引导分行围绕核心企业搭建产业链网络，加大链属客户拓展力度。截至2017年6月末，交通银行已与2 000多家核心企业和约2万家链属企业开展业务合作，获得了社会的广泛认可。交通银行“蕴通产业链”金融服务方案连续五年在《首席财务官》杂志主办的“中国CFO最信赖的银行评选”中荣获“最佳供应链金融奖”，蝉联2015年度、2016年度由《亚洲银行家》评选的年度“中国最佳供应链金融项目”奖；2017年，交通银行荣膺《亚洲货币》年度“最佳供应链融资银行”奖项。

交通银行根据市场需求先后推出“快易贴”、“快易收”、“快易付”等拳头产品，从而提升交通银行在票据领域、应收账款领域以及在线融资领域的核心竞争力，并带动小微企业，获得低成本负债。“快易贴”即商业汇票服务方案，通过商票实现核心企业便捷支付和中小企业高效融资，并推出了“商票快捷贴现＋代理贴现”、“商票快捷贴现+无追索贴现”、“商票快捷贴现+买方付息贴现”等产品和业务场景创新；“快易收”即应收账款融资整体解决方案，通过保理和应收账款质押等方式有效提升企业应收账款融资效率；“快易付”是交通银行站在核心企业支付的角度上有效解决核心企业的延期付款和供应商货款快速回笼的问题，以批量的方式提高业务办理效率。截至2017年6月，产业链金融产品业务拓展客户超过2万户，达标产业链网络日均存款同比上升27.91%；“快易贴”开展商票快贴业务量同比提高54%，“快易收”办理国内保理业务额同比提高25%，“快易付”完成快捷保理业务发生额同比上升68%；其中，快捷保理和快捷贴现联合带动拓展小微客户2 000多户，有力地支持了全行小微业务的快速健康增长。

交通银行智慧汽车金融实现电子供应链重大突破。近年来，交通银行以汽车金融作为“智慧银行”建设的创新试验田，积极打造金融服务与产业链紧密耦合的金融服务模式，开发上线了智慧汽车金融系统经销商融资平台（简称智慧经销商平台）。智慧经销商平台通过独创的业务流程、智能化的业务模型，与汽车厂商的销售业务紧密耦合，实现了融资申请、质押监管、车辆赎回提取自助化办理，线上24小时释放监管物，客户体验极大提升，业务流程大大简化。与线下业务相比，系统平均单笔业务流程节点从29个缩减到8个，处理时间可缩减90%。同时，该系统全流程嵌入风险控制模块，控制经销商销售回款，提高监管物流动性，实现了对线下操作风险的有效规避和对信用风险的提前预警。2015年，该项目获得人民银行颁发的“人民银行科技发展奖”及《银行家》杂志颁发的“2015年中国金融最佳金融产品创新奖”。

（四）交通银行产业链金融未来发展设想

未来，产业链金融市场有望持续扩张，同业竞争与跨界竞争日益激烈，交通银行将突出遵循转型发展的“四条标准”① 和“六个领域”②，从深化场景应用、产品服务提升、金融科技发展、大数据应用等方面采取积极措施，增强交通银行产业链金融业务的核心竞争力。

深化场景应用，打造产业链金融生态圈。结合行业特色，深化企业系统场景应用。对重点行业的进行摸排调研分析需求，为重点行业提供嵌入式服务，通过与行业核心企业系统对接获取交易数据、物流信息等，将产业链金融产品服务全方位渗透到核心企业及其上下游链属企业“线上＋线下”日常交易行为中，并延伸到终端客户的消费金融，实现全产业链网络的整体拓展。渗透B2B、B2C电商平台，嵌入结算融资。围绕“产品服务→平台渠道→场景化→客户拓展”的生态链，以支付结算、投资理财、信贷融资等各类金融产品及服务作为“产品工厂”，嵌入B2B、B2C电商平台，以线上渠道为主、线上线下协同的渠道服务为纽带，将银行服务融入到平台客户的场景化应用中，为全量客户提供全方位金融服务，提升客户体验和忠诚度。从企业客户拓展到个人客户，打造产业链金融生态圈。未来，产业链金融将围绕“互联网＋产业＋金融”，利用互联网技术从终端个人消费数据追溯到产业链上下游交易信息，打通全产业链大数据，构建涵盖企业和个人金融服务场景的产业链金融生态圈。

---

① 四条标准：低资本消耗、低成本扩张的利润增长；“两化一行”的利润贡献，跨境、跨业、跨市场服务能力持续提升；互联网金融领先的创新型银行；做金融业服务最好的银行。

② 六个领域：“两化一行”战略引领转型发展，“改革创新”驱动转型发展，“三位一体”（“人工网点＋电子银行＋客户经理”）支撑转型发展，“服务提升”助力转型发展，“表内表外”协同转型发展，“风险管理”保障转型发展。

推动产品服务差异化、综合化、国际化发展。在产品服务差异化创新上，通过对客户的交易信息、市场上公开资料（如企业营业收入、应收应付账款、票据情况）等数据进行分析，对企业客户进行分层分类分级营销，为不同类型客户有针对性地设计个性化、专业化、场景化的产业链金融解决方案，提高交通银行产业链金融产品服务的市场竞争力；在产品服务综合化发展上，进一步丰富“快易收”、“快易贴”、“快易链”产品功能，扩展拳头产品应用场景，加大创新产品服务的研发及推广力度，通过在线产业链金融平台，向客户提供“支付结算+贸易融资+增值服务”的综合化金融解决方案，提升客户体验和核心竞争力；在产品服务国际化扩展上，针对跨境产业链金融需求，可通过整合国际业务部产品，统一并创新性结合国内外贸易融资产品，利用在线产业链金融时空上的优势，来满足客户国际化需求，充分体现商业银行灵活运用本外币、内外贸、离在岸等多种产品进行国际化营销的能力。

金融与科技结合，拓展大数据应用。加强金融科技发展。发挥自身金融优势和客户基础，借助云计算、区块链、人工智能等技术，创新发展产业链金融产品，通过电子签章、贸易背景线上化等功能的完善，授信融资等流程的优化，实现从 PC 端到移动端的互联网化创新，加速产业链金融产品申请、审批、融资、放款、支付、结算等的线上化效率，提升客户体验，增强客户黏性。开展跨界合作。与电商平台、核心企业 B2B 商城进行战略合作，实现系统对接，获取数据资源，丰富企业客户层次，拓展优质客户；与物流监管公司合作，利用 GPS、RFID、无人配送等物联网技术，实现货物监控，减少人工干预环节，提升运作效率，降低操作风险；与互联网企业、金融科技公司合作，利用社交网络、人工智能等创建新的产业链金融生态圈，加速产业链金融模式变革创新。提升数据应用能力。通过开发场景应用嵌入产业链获取数据信息，通过数据挖掘、大数据分析，一方面提炼指标，增强风险预警能力；另一方面，搭建信用模型，提升授信效率；此外，根据客户特征分析，匹配推送相应产品服务。

三、投行产品创新

中国最早的投资银行业务发端于商业银行，在混业经营的框架下，包括证券业的许多第一次尝试和创新均是由商业银行来实施的。在1993年底中国金融体制实施分业经营改革之后，投行业务在商业银行中逐渐边缘化，直至2005年人民银行允许商业银行在银行间市场开展债券承销业务以后，商业银行又陆续成立了投资银行部门，投行业务再次成为对公业务转型创新发展的重要方向。

（一）投行产品创新的动因

经过十几年的发展，商业银行的投行产品体系不断丰富，已经从当初的短期融资券、中期票据、财务顾问等少数几个产品扩展和延伸到除股票IPO承销与股票经纪之外的几乎其他所有投行业务领域，产品涉及债券主承销、信用衍生品、IPO及资本市场、直接投资、并购顾问及融资、产业基金、结构融资、资产证券化、资产管理、负债管理、银团贷款、市场研究与分析等诸多类别。特别是近几年，商业银行投行业务不断推陈出新，新产品、新模式、新结构层出不穷。总体来看，投行产品创新主要是受到以下几个因素的驱动。

1. 客户需求

商业银行投行客户需求主要包括以下几大类：一是直接融资需求，即在债券市场、交易所市场通过发行债券或股票来募集资金。二是并购重组需求，即为扩大再生产或打开境内外市场收购资产或目标企业。三是优化报表需求，即降低资产负债率或杠杆率。四是财务顾问需求，即为日常经营活动或实现特定目的所需要的分析、诊断、咨询、协调等方面的顾问服务。经过十余年的发展，许多投行客户已经不再满足于投行产品的“基本套餐”，而是不断要求“花色”和“口味”创新。客户需求日益多样化、个性化，而且这些客户需求的转换和升级频率也在不断加快，促使商业银行的投行部门在产品设计和开发方面“以变应变”，纷纷加快了产品迭代和创新速度。

2. 政策引导

政策对投行产品创新的引导作用主要体现在两个方面：一方面，监管部门出台的政策直接推动了某类投行产品的创新和发展。比如，在2014年资产证券化业务备案制政策推出之后，资产证券化业务近几年获得了突飞猛进的发展，不仅发行规模增长数倍，而且涌现了大量新的证券化产品形式和结构。再比如，银行间市场交易商协会近两年对债券品种的政策引导，也对绿色金融债、永续债（长期限含权中期票据）、信托型资产支持票据、扶贫债、双创债等品种的创新和落地产生了较强的推动作用。另一方面，监管部门加大了银行财务顾问收费检查力度，投行部门必须加快收入结构调整，通过持续开发新业务、新品种来实现利润增长目标。

3. 市场竞争

在2005年商业银行投行业务重新兴起之初，投行部门的竞争对手相对较少，投行产品可以获得较高的利润回报。随着竞争者队伍的不断壮大，特别是“大投行”、“大资管”时代的到来以及互联网金融的兴起，同质化产品的利润率必然快速走低，只有“人无我有”或者“人有我优”的产品才能获得高于市场平均水平的超额回报。以债券承销为例，

2005年人民银行推出短期融资券承销业务时，第一批仅许可了工商银行等12家金融机构从事该业务，到2017年6月末，银行间市场已经有主承销商51家，承销商52家。在2010年之前，债券承销费率长期维持在3‰左右，而近几年由于获得债券承销商资格的机构越来越多，同业竞争十分激烈，短期融资券、中期票据等常规品种的承销费率微薄，只有创新型品种才能维持在相对较高的费率水平。因此，获取更高的价差和超额收益已经成为商业银行投行部门产品创新的重要动力来源。

（二）投行产品创新的探索与成效

1. 债券产品创新

作为全国第五大国有股份制商业银行，交通银行一直是债券创新的参与者和推动者，近年来在银行间市场创下多个市场首单和首批。

（1）主承销首批“债券通”项目。2017年5月，央行与香港金管局联合公布了开展香港与内地债券市场互联互通合作的计划，即“债券通”。交通银行迅速响应，立即启动产品培训、客户营销和项目储备，于7月20日主承销华电集团第九期超短期融资券（债券通），发行规模5亿元，期限270天。该笔业务为交通银行首笔也是全国首批债券通项目，受到了境外媒体的广泛关注。同年8月17日，交通银行“债券通”再创佳绩，成功主承销福特汽车金融（中国）有限公司福元2017年第二期个人汽车抵押贷款资产支持证券，优先档发行规模33.2亿元，成为全市场首单债券通项下资产支持证券项目。

（2）熊猫债创下多个市场首单。熊猫债券是境外机构在中国发行的以人民币计价的债券，自2015年国际多边金融机构首次获准在华发行人民币债券以来，交通银行致力于推动熊猫债，扩大市场对外开放。2015 年 9 月 29 日，交通银行主承销境内首单国际性商业银行熊猫债——2015 年香港上海汇丰银行有限公司人民币债券，金额 10 亿元，期限 3 年，票面利率为 3.5%。2015 年 12 月 15 日，“大韩民国 2015 人民币债券”成功发行，发行规模 30 亿元，期限 3 年，发行利率为 3%，交通银行为主承销商，这是首只在中国市场成功发行的外国政府人民币主权债券产品。2016 年 10 月 26 日，主承销境内首单外资商业银行 SDR 熊猫债——渣打银行（香港）有限公司 2016 年特别提款权（SDR）计价债券，金额 1 亿 SDR（约计 9.25 亿元人民币），期限 1 年，票面利率为 1.20%。

（3）自贸区债券首发成功。2016 年主承销上海市政府自贸区债券，这是我国境内主体发行的首只自贸区人民币债券，发行总额 30 亿元，期限 3 年，区内及境外机构投资者认购踊跃，认购倍数达到 2.78 倍，中标利率为 2.85%。该笔业务不仅加深交通银行与上海市政府的联系，同时对推动上海自贸区金融改革、助推人民币国际化进程和地方政府债券市场发展具有深远而重要的意义。

（4）积极推动项目收益票据。2014 年银行间市场交易商协会正式推出项目收益票据。2016 年以来交通银行主承销南京金融城建设发展股份有限公司、淮安市兴淮水务有限公司项目收益票据共 3 只，金额累计 15 亿元，发行支数和金额的市场占比分别为 20% 和 35.71%，拓宽了企业融资渠道。

2. 权益产品创新

交通银行发挥“两化一行”战略优势，统筹全集团资源在产业基金、股债结合（投贷联动）、并购重组等领域实施持续创新，为企业提供优质服务。

（1）持续优化产业基金结构。积极通过产业基金模式解决客户产业务发展中的资金瓶颈,加强对国家战略布局中的重点项目予以资金支持,重点支持战略定位清晰、自主研发能力强、资本实力雄厚、具有规模或品牌优势的龙头企业,以及掌握关键核心技术、技术产业化产品较为成熟、具有商业持续性的项目。截至 2017 年 6 月末,交通银行合作产业基金已签约项目总金额超过 5 000 亿元。

(2)积极推动股债结合(投贷联动)试点。交通银行努力探索符合中国国情、适合科创企业发展的金融服务模式,依托科技金融专营部门、银行分支机构及集团投资子公司,在集团内部推动试点投贷联动,首单业务已于 2016 年 12 月成功落地。交通银行投贷联动试点工作的基本模式为:在总行科技金融专营部门的牵头协调下,分行与集团投资子公司开展集团内部联动,以"先贷后投"为基本方式,分行在贷款客户中挑选符合标准的优质客户推荐给集团投资子公司,作为选择投资目标的范围,并以签订入股选择权或投资协议等多种方式作为试点初期的联动模式。截至 2017 年 6 月末,集团投资子公司已与两家上海科技创新企业签署入股选择权协议,作为支持上海市建设具有全球影响力科技创新中心的重要举措。

(3)为企业并购重组、转型升级提供优质支持。近年来,为支持传统行业转型升级,交通银行在并购业务上进一步明确信贷政策、完善服务方案,重点关注企业生产改造的资金需求。为企业实施技术改造,增强创新能力,提高产品技术含量提供帮助;对存在产品附加值较低,创新投入不足的传统产业企业的转型升级提供金融支持,有力地支持了实体经济企业转型升级。此外,交通银行也积极助推境内优质企业"走出去"以及海外战略布局,依托海外分行与离岸业务中心创新融资模式,通过内保外贷、离岸与境外贷款的方式为企业打造量身订制的服务方案,先后为多家企业实现"走出去"战略,为"一带一路"建设提供了高效、优质的金融支持。

（4）参加市场化债转股首批试点。国务院《关于积极稳妥降低企业杠杆率的意见》及其附件《关于市场化银行债权转股权的指导意见》为商业银行指明了市场化债转股的努力方向和实现路径。交通银行在全行范围内对债转股业务的潜在客户及有关需求进行了多轮摸底，形成了多家重要央企和省属企业在内的第一梯队重点目标客户名单。截至 2017 年 6 月末，已与十家企业签署框架协议，签约金额 1 180 亿元。2017 年 8 月 28 日，交通银行与中国建材股份有限公司合作的债转股基金实现首期投放，该笔基金业务系交通银行在发改委备案的首单市场化债转股落地业务，标志着交通银行在市场化债转股业务上迈出了重要的一步。2017 年 9 月 26 日，根据银监会批复，交银金融资产投资有限公司获批筹建，标志着交通银行债转股实施机构设立正式金融筹建阶段。

3. 结构融资与资产证券化创新

把握资产证券化业务发展方向，积极参与信贷资产证券化、企业资产证券化、结构化融资业务创新。

（1）通过发行资产证券化产品实现融资模式创新和结构调整。交通银行作为中国资产证券化市场的初期试水者，早在 2008 年就着手研究推进资产证券化业务，但因各种原因并未落地。直到 2012 年，交通银行以企业贷款作为底层资产的资产证券化产品“交银 2012 年第一期信贷资产支持证券”顺利在银行间市场发行，成为金融危机之后首单由全国性股份制商业银行发起设立的证券化项目。随后，交通银行持续创新，在银行间市场发行了底层资产为信用卡分期资产、对公不良资产等一系列证券化产品，不断拓宽底层资产类型种类。2015 年成功发行了“交元 2015 年第一期信用卡分期资产支持证券”，该产品为人民银行信贷资产证券化“注册制”后发行的首单以个人信用卡分期债权作为基础资产的资产支持证券产品。2016年作为首批不良资产证券化试点银行之一，又成功发行了“交诚2016年第一期不良资产支持证券”。截至2016年底，交通银行信贷资产证券化产品发行合计规模达到276亿元，2015年发行规模为50亿元，2016年发行规模达到95亿元。

（2）成为信贷资产证券化和企业资产证券化业务的优质服务商。作为拥有丰富信贷资产证券化产品发行经验的主体，交通银行不仅在自身资产证券化上加紧创新步伐，还利用品牌优势、技术优势，依托集团全牌照优势，通过银行本部及下属信托公司和基金子公司，在银监会央行管理下的信贷资产证券化领域和证监会管理下的企业资产证券化领域，为不同的原始权益人提供丰富多样的资产证券化业务服务，包含财务顾问服务、托管服务、计划管理人服务、承销服务等。基础资产类型包括了信贷资产、租赁债权资产、个人住房抵押贷款、个人汽车抵押贷款、信托受益权等。客户涵盖国有大型银行、股份制银行、农村商业银行、公积金管理中心、租赁公司及实体企业等。近年来，成功主承销福特金融2017第二期个人汽车抵押贷款资产支持票据；成功承销杭州银行2017年第一期个人住房抵押贷款资产支持证券，发行总额40.58亿元；成功承销的江苏扬子大桥股份有限公司2017年度第一期资产支持票据。

（3）积极探索结构化综合融资业务。2017年，交通银行为了突破重资产发展模式，积极探索结构化综合融资业务，利用交通银行资产端获取优势、资金端信息优势，充分考虑资产端和资金端的需求后，形成产品满足双方需求的平台型业务。在该平台上，可以是简单的融资方和资金方的一对一撮合业务，也可以是N对1、1对N、N对N的复杂对接业务。通过该类业务，交通银行充分发挥自身综合化优势，以平台形式满足社会需求，既增加了自身综合收益，又提升了社会整体融资效率。

（三）下一步投行产品创新的方向和重点

1. 交通银行投行产品创新方向

一是轻资本。即不占用或少占用风险资本。积极探索以轻资本撬动高资本回报率的产品，体现投行核心能力。二是平台化。对内而言，主要是充分发挥综合化优势，打造自有的“投行大平台”，协同推进“大投行”发展战略落地；对外而言，应建立与市场上的银行同业、券商、保险、信托、资管、交易所、行业协会等第三方机构的合作平台，结成命运共同体，实现资源共享，互惠互利。三是交易型。持续深入研究资本市场，顺应市场趋势创造交易机会，做大投行业务流量，并通过交易实现价值，创造收益。四是绿色投行。为引导企业重视环境保护、推动社会经济可持续发展，以绿色金融服务为核心，以投行业务思维和产品为载体提供创新金融服务。

2. 交通银行投行产品创新重点

未来几年，交通银行投行产品的创新重点主要包括以下方面。

（1）积极参与银行间市场交易商协会开展的各项债券品种创新尝试。持续推进资产支持票据、扶贫债、双创债、美元债互联互通、各项专项债券、信用风险缓释工具等产品落地推广。发挥“两化一行”战略优势，重点打造具有市场影响力的境外债、金融债、债券通、熊猫债（SDR债券）等债券品种。同时作为交易商协会理事单位，交通银行将积极参与交易商协会创新产品开发和规则制定。

（2）丰富并购融资产品，助力国家战略实施及行业整合升级。顺应产业结构调整升级、国企改革、中国制造 2025 等国家战略及政策，交通银行将进一步完善并购类服务产品线，主动对接各地国资委、发改委、证监局等相关部门，跟踪政策信息及战略规划，加强并购服务产品的推广，为各行业领域兼并重组提供兼并重组财务顾问、并购融资贷款、并购债券承销发行、并购基金投融资等综合化金融服务，支持国有企业改革与混改进程中引入外部战略投资者、资产收购与重组、资产证券化、员工持股计划等各项需求，助力行业整合升级，降低企业融资成本，切实支持实体经济发展。

（3）加强业务联动和创新，积极支持“一带一路”倡议及“走出去”战略。进一步依托离岸业务中心、海外分行、集团海外子公司等境内外机构，联动本外币、离在岸、投商行，积极助推国内优质企业参与“一带一路”倡议及“走出去”战略，通过双边贷款、海外银团、境外发债等丰富的产品，满足境内外企业在海外扩张和全球化经营过程中各阶段金融服务需求，为企业“走出去”和全球化经营提供高效、便捷、专业、全方位、一站式金融服务。

主要参考文献

[1] 牛锡明 . 创新超越——新常态下大型商业银行改革与转型 [M]. 北京：中国金融出版社，2016.

[2] 牛锡明 . 大型银行集团公司的治理 [J]. 中国金融，2017（16）.

[3] 牛锡明 . 完善全面风险管理体系，强化风险管理责任制 [J]. 中国银行业，2017（4）.

[4] 牛锡明 . 加快推进改革转型，竭诚服务实体经济 [J]. 新金融，2017（1）.

[5] 牛锡明 . 借鉴互联网思维发展银行互联网金融 [J]. 新金融，2016（11）.

[6] 牛锡明 . 论商业银行供给侧改革 [J]. 银行家，2016（10）.

[7] 牛锡明 . 交通银行深化改革的总体设想 [J]. 银行家，2015（9）.

[8] 牛锡明 . 交通银行深化改革三大重点问题论说 [J]. 中国银行业，2015（9）.

[9] 牛锡明 . 建立大型银行职业经理人制度 [J]. 中国金融，2015（18）.

[10] 牛锡明 . 探索事业部制管理模式 [J]. 中国金融，2014（9）.

[11] 焦瑾璞，王爱俭 . 普惠金融基本原理与中国实践 [M]. 北京：中国金融出版社，2015.

[12] 焦瑾璞 . 构建普惠金融体系的重要性 [J]. 中国金融，2010（10）.

[13] 焦瑾璞，陈瑾 . 建设中国普惠金融体系 [M]. 北京：中国金融出版社，2009.

[14] 贝多广 . 好金融，好社会——中国普惠金融发展报告（2015）[M]. 北京：经济管理出版社，2015.

[15] 李森 . 当前制约我国普惠金融发展的因素与对策建议 [J]. 现代经济信息，2015（1）.

[16] 王佳 . 实现商业可持续 银行多平台践行普惠金融 [NB/OL]. 中国金融新闻网，2016.

[17] 董希淼 . 商业银行应如何发展普惠金融 [J]. 大众理财顾问，2016（10）.

[18] 常艳军 . 商业银行加力践行普惠金融 [N]. 经济日报，2016.

[19] 常艳军 . 商业银行加力践行普惠金融 可持续性不能忽视 [NB/OL]. 中国经济网，

2016.

[20] 宁凯娜 . 浅析我国普惠金融的发展现状与政策建议 [C]. 决策论坛——如何制定科学决策学术研讨会论文集，2015.

[21] 马维红 . 论商业银行普惠金融的必要性 [NB/OL]. 新浪网，2014.

[22] 柳立 . 经济新常态下如何构建普惠金融体系 [NB/OL]. 中国金融新闻网，2014.

[23] 潘功胜 . 关于构建普惠金融体系的几点思考 [NB/OL]. 中国金融信息网，2015.

后　记

为贯彻落实国务院2015年6月批复的《交通银行深化改革方案》，我们陆续推出了众多配套改革项目。这些项目始终围绕探索大型国有商业银行公司治理机制、实施内部经营机制改革、推进经营模式创新等展开。目前一大批项目落地见效，为交通银行转型发展注入强大动力，也为国有大型商业银行持续改革探索新路。

我们在深化改革过程中，形成了一些理论思考，也积累出一定的实践经验。2016年我们编著的《创新超越——新常态下大型商业银行改革与转型》，主要梳理了交通银行在深化改革过程中形成的一些理论思考。2017年这本《实践出真知——新常态下大型商业银行改革实践与探索》则主要聚焦交通银行在深化改革重点领域的一些实践经验和做法。这两本书可以说是交通银行深化改革的姊妹篇，从理论和实践两个不同的角度记录下交通银行深化改革的历程。

我作为交通银行党委书记、董事长确定了全书的总体思路、篇章布局、逻辑结构、内容范围和主要观点，多次审阅书稿并进行修改，最终审定书稿。交通银行人力资源部、资产负债管理部、预算财务部、公司机构业务部、金融机构部、国际业务部、个人金融业务部（消费者权益保护部）、小企业金融部（普惠金融事业部）、战略投资部、授信管理部、信息技术管理部、网络渠道部、发展研究部（金融研究中心）、金融服务中心（营业部）、北京管理部（集团客户部）、资产托管业务中心、私人银行业务中心、金融市场业务中心、资产管理业务中心、贵金属业务中心、离岸金融业务中心、票据业务中心、太平洋信用卡中心、互联网金融业务中心以及山西省分行、上海市分行、江苏省分行、陕西省分行等总分行多位人员参与了本书撰写并提供了鲜活的业务案例。

在本书的编撰过程中，交通银行发展研究部（金融研究中心）李杨勇等多位同志做了大量的组织、协调工作。交通银行办公室秘书部陈兴同志也参与了本书出版的部分协调和编辑工作。本书的出版发行得到中国金融出版社的大力支持，尤其得到魏革军社长和查子安副总编辑的大力支持，王效端主任等为本书出版做了很多工作，在此表示衷心感谢。

由于时间仓促，加上许多改革项目也还在持续实践摸索当中，虽经过多次修改，书中的不足、疏漏甚至错误之处在所难免，真诚欢迎大家批评指正。

2017 年 12 月